Uni-Taschenbücher 180

UTB

Eine Arbeitsgemeinschaft der Verlage

Birkhäuser Verlag Basel und Stuttgart
Wilhelm Fink Verlag München
Gustav Fischer Verlag Stuttgart
Francke Verlag München
Paul Haupt Verlag Bern und Stuttgart
Dr. Alfred Hüthig Verlag Heidelberg
J. C. B. Mohr (Paul Siebeck) Tübingen
Quelle & Meyer Heidelberg
Ernst Reinhardt Verlag München und Basel
F. K. Schattauer Verlag Stuttgart-New York
Ferdinand Schöningh Verlag Paderborn
Dr. Dietrich Steinkopff Verlag Darmstadt
Eugen Ulmer Verlag Stuttgart
Vandenhoeck & Ruprecht in Göttingen und Zürich
Verlag Dokumentation München-Pullach
Westdeutscher Verlag / Leske Verlag Opladen

Erich Feldmann

Theorie der Massenmedien

Eine Einführung in die Medien- und Kommunikationswissenschaft

Ernst Reinhardt Verlag München/Basel

ERICH FELDMANN ist 1893 geboren. Studium der Philosophie, Psychologie, Pädagogik, Germanistik und Geschichte an den Universitäten Bonn und Köln 1911 bis 1919. 1922–24 Dozent am Deutschen Institut für wissenschaftliche Pädagogik in Münster/Westf. 1925 Direktor des Pädagogischen Instituts der Technischen Hochschule Darmstadt in Mainz. 1933/34 Lehrauftrag für Philosophie an Staatl. Akademie Braunsberg. Fortsetzung der Lehrtätigkeit an der Universität Bonn. 1940 Ernennung zum apl. Prof. der Universität Bonn. 1953 Zusätzliche Forschung/Lehrtätigkeit über Film und Fernsehen, als Mitgründer, seitdem Vorstand, zuletzt Ehrenmitglied der Deutschen Gesellschaft für Film- und Fernsehforschung. 1960 Gründer der Internationalen Vereinigung für Film- und Fernsehwissenschaft und bis 1970 deren Präsident. 1971 Gründung der Internationalen Gesellschaft für Kommunikationswissenschaft, Wahl zum Vizepräsidenten.

CIP-Kurztitelaufnahme der Deutschen Bibliothek

Feldmann, Erich
Theorie der Massenmedien: e. Einf. in d. Medien- u. Kommunikationswiss. – 2. Aufl. – München, Basel: E. Reinhardt, 1977.
(Uni-Taschenbücher; 180)
ISBN 3-497-00680-7

ISBN 3-497-00680-7

2. Auflage 1977

Printed in Germany
Einbandgestaltung: Alfred Krugmann, Stuttgart
Satz: Verlagsdruckerei E. Rieder, Schrobenhausen
Druck: Ernst Kieser KG, Graphischer Betrieb, Augsburg
Aufbindung: Sigloch, Stuttgart

Vorwort

Seit der letzten Jahrhundertwende sind nebeneinander und nacheinander die Massenmedien Rundfunk, Film und Fernsehen technisch entwickelt und in der weiten Welt kulturell angewandt worden. Sie haben die Presseorgane in ihrer Verbreitung und Wirksamkeit übertroffen.

Eine umfangreiche Literatur hat sich mit dem Fortschritt ihrer Technik, mit ihrer Wirkung auf die Massen der Zuhörer und Zuschauer, insbesondere auf die Jugend, befaßt. Nur Regisseure und Künstler haben der Filmkunst von vornherein theoretische Untersuchungen gewidmet. Die Funk- und Bildmedien sind erst nach der Beseitigung dogmatischer Vorurteile der Wissenschaftslehre in die Forschung einbezogen worden.

Die vorliegenden Abhandlungen der beiden Bände zur Theorie der Massenmedien aus den Jahren 1954 bis 1968 sind in der internationalen Forschung anerkannt und in fremde Sprachen übersetzt worden. Sie haben dazu beigetragen, an führender Stelle die Wissenschaft der Massenmedien in ihrer interdisziplinären Vielseitigkeit, in ihrer kommunikationswissenschaftlichen und kulturwissenschaftlichen Grundlegung sowie in der theoretischen Bearbeitung der Möglichkeiten ihrer kulturellen Verwertung im Rahmen der angewandten Kulturwissenschaften auszubauen.

Zur Verwendung dieser bahnbrechenden Studien im akademischen Lehrbetrieb, im Privatstudium und in der fachlichen Fortbildung wird in dem hier vorgelegten Studienband eine Auswahl der wichtigsten Kapitel aus den beiden Bänden geboten:

Theorie der Massenmedien, erschienen 1962,

Neue Studien zur Theorie der Massenmedien, erschienen 1969.

Beide Bände im Ernst Reinhardt Verlag in München.

Prof. Dr. Erich Feldmann, Bonn

Inhaltsverzeichnis

Einleitung 9

I. Wissenschaftstheorie der Massenmedien 21

1. Versuch einer epistemologischen Begründung der Wissenschaft von Film und Fernsehen 21
2. Aufgaben der Entwicklung der Fernsehwissenschaft . 53
3. Versuch einer Gnoseologie der Bilderfahrung 67

II. Kommunikationstheorie der Massenmedien 82

1. Auf dem Wege zur Kommunikationsforschung . . . 82
2. Kultur und Kommunikation. Betrachtungen zur kultursoziologischen Beurteilung der Massenmedien . . . 127
3. Massenkommunikation und Massenkultur 157

III. Angewandte Medienwissenschaften 181

1. Fernsehperspektiven prognostischer Soziologie . . . 181
2. Die Aufgaben der Medienpädagogik 192
3. Die Bedeutung der Kommunikationswissenschaft für die experimentelle Pädagogik 209
4. Grundsätzliches über Sprache und Bild in der Fernsehwerbung 229

Sachregister 242

Einleitung

1. Einführung

Die Massenmedien gehören zu den aktuellsten Themen der Tagespublizistik und literarischen Produktion, seitdem sie als Organe der Massenkommunikation eine führende Stellung in Staat und Gesellschaft erlangt haben. Ihre wissenschaftliche Bearbeitung im Rahmen der Sozial- und Kulturwissenschaft ist indessen gegenüber ihrer technischen Entwicklung und ihrer organisatorischen Ausweitung nur langsam fortgeschritten.

Wer die Wissenschaft der Massenmedien in ihrer Theoriebildung und Systematik nach ihrem heutigen Stand kennenlernen will, wird sich zunächst an die Fachliteratur halten und sie in ihrer historischen Folge prüfen. Aber die Geschichte dieser Wissenschaft ist eng mit der vielfältig verwobenen Entwicklung der Technik aller Medien und deren Anwendungen verbunden. Es gibt in dieser Geschichte bisher keine Kontinuität der Forschung, keine Chronologie ihrer Literaturgeschichte. Jedes einzelne Medium ist in seinem Werdegang von der technischen Erfindung bis zur sozialen Konsolidierung seiner wirtschaftlichen und kulturellen Auswertung nach und nach durch Fachschriften bekannt gemacht worden.

In der technischen Revolution unseres Jahrhunderts sind Entwicklung und Erfindung zur Aufnahme und Ausbreitung von Massenkommunikationsfunktionen in weltweiter intensiver Konstruktionsarbeit außerordentlich schnell und erfolgreich betrieben worden. Nachdem das 19. Jahrhundert mit der Schnellpresse und der Zeitungsrotationsmaschine die Massenherstellung der Tageszeitung ermöglicht hatte, waren die technischen Voraussetzungen für weltweite Information und Beeinflussung der Bevölkerung gegeben. Mit dem Ende des 19. Jahrhunderts begann der Fortschritt der Photographie zum Film, welcher die revolutionierende Visualisation der Menschheit einleitete und durch das Fernsehen vollendet hat. Dem Fernsprecher des 19. Jahrhunderts folgte an der Jahrhundertwende das elektrische Fernmeldewesen und nach dem Weltkrieg die Massenkommunikation des Rundfunks über alle Kontinente.

Um die Ansätze theoretischer Erklärungen der kulturellen Anwendung dieser Massenmedien zu finden, welche der Erläuterung der Technik und der Schilderung der Kommunikationsfunktionen erst nach Erfahrung des Gebrauches zu folgen pflegen, ist es notwendig, die einzelnen Medien in ihrer eigenständigen technischen und organisatorischen Entwicklung zu verfolgen. Zu jeder Phase dieser Entwicklung läßt sich dann auf die wegweisenden Schriften hinweisen.

2. Die Presse

Der einfachste Medienkomplex ist das Massenblatt Zeitung, in welchem der Redakteur Informationen im Druck wiedergibt und die Zeitung an die Leserschaft verteilen läßt. Diese Massenkommunikation hat sich seit der Erfindung der Buchdruckerkunst zu Beginn der Neuzeit im Buchdruck, im Flugblatt und Plakat, in Tageszeitungen, Wochenblättern und periodischen Zeitschriften mit Sprachtexten und Illustrationen bewährt und die ganze Menschheit schließlich mit Papier überschüttet. Die Geschichte der Presse in all diesen Formen ist gründlich erforscht und vielfach dargestellt.[1]

Diese Geschichte ist durch die Vielheit und Wandelbarkeit der Massenprodukte der Presse in Kürze nicht zu behandeln. Es genügt hier anzudeuten, daß seit dem 16. Jahrhundert Zeitungen mit Nachrichten und Messerelationen gedruckt wurden und in den folgenden Jahrhunderten periodisch zur Ausgabe gelangten. Mit der politischen Bewegung der französischen Revolution trennten sich von den periodischen Zeitschriften die Tageszeitungen als Organe eigentlicher Massenkommunikation in der Aufmachung der Aktualität und Periodizität und gelangten im 19. Jahrhundert zur Machtstellung der Meinungsbildung im öffentlichen Leben.[2]

In der Wissenschaft ist die Zeitungskunde im 18. Jahrhundert von Kameralisten, im 19. Jahrhundert auch von Historikern betrieben worden. In Deutschland hat sie der Nationalökonom *Karl Bücher* im Jahre 1884 als akademisches Lehrfach in Basel zuerst eingeführt und im Jahre 1916 das Institut für Zeitungskunde an der Universität Leipzig gegründet.

Mit der durch den Ersten Weltkrieg in Bewegung gebrachten Politik und Wirtschaft ergab sich die Notwendigkeit methodischer Erforschung des gesamten Pressewesens an den Universitäten. In Deutschland wurden nach dem Kriege zunächst Lehraufträge für Zeitungswissenschaft in Berlin, München und Köln, in den 20er Jahren Lehrstühle und Institute in Nürnberg, Freiburg und München vorwiegend mit historischer Forschungsrichtung gegründet. Seit 1926 erschien die erste Fachzeitschrift für Zeitungswissenschaft, bald darauf das vierbändige System der Zeitungskunde von *O. Groth*.[3]

In diesem dritten Jahrzehnt verbreiteten sich die Rundfunkanstal-

[1] *L. Salomon*, Geschichte des Zeitungswesens von den ersten Anfängen bis zur Wiederaufrichtung des deutschen Reiches, 3 Bde. Oldenburg 1900—1906

[2] *K. Koszyk*, Die deutsche Presse im 19. Jahrhundert. Berlin 1960. — *H. Pross* (Hrg.), Deutsche Presse seit 1945. München 1965

[3] *O. Groth*, Die Zeitung, 4 Bde. Mannheim 1928—1930

ten und Rundfunkempfänger zugleich mit Filmprojektion und Kino über Europa und Amerika. So dehnten sich Apparat und Gebrauch der dreifachen Massenkommunikation mit allen Funktionen der Politik, Wirtschaft und Kultur aus und wurden zu einem Machtfaktor im sozialen und kulturellen Leben.

Beim Übergang der deutschen Reichsregierung an die Nationalsozialisten sahen sich die Vertreter der Zeitungswissenschaft genötigt, im Hinblick auf die Intensivierung der Information und Propaganda die Erforschung der neuen Medien Film, Funk und Fernsehen in Angriff zu nehmen und die Zeitungswissenschaft zu einer umfassenden Wissenschaft der Publizistik zu erweitern. Die wissenschaftliche Bearbeitung der Medien war zu dieser Zeit so weit fortgeschritten, daß eine reiche Filmliteratur alle Seiten der Filmkunst in ihrer praktischen Gestaltung und ästhetischen Begründung beleuchtet hatte, um dem Bedürfnis nach Orientierung der Praktiker und Kritiker zu genügen. Mit den Funkmedien Rundfunk und Fernsehen waren neue Organe der Massenkommunikation entstanden, welche der Wissenschaft spezielle Problemstellungen auferlegten, wie etwa die Formgebung von Information und Propaganda, die Gestaltung der Unterhaltung mit allen brauchbaren Künsten, die Wirkung der bewegten Bilder in Film und Fernsehen. So ergaben sich wissenschaftliche Studien, welche bei allen Massenmedien gleichartige Aporien und Probleme vorfanden und demgemäß in einer einzigen wissenschaftlichen Disziplin sachlich und methodisch zusammenfassen mußten. In diesem Sinne begründeten *E. Dovifat, H. Traub* und *H. Meister* mit ihren Schriften in den Jahren 1929 bis 1934 die Einheitswissenschaft der Publizistik.[4]

Nach dem Kriege wurde *W. Hagemann,* Professor der Publizistik in Münster, mit seinem Buch „Grundzüge der Publizistik" (1947)[5] zum Wegweiser der neuen Wissenschaft, welche mit dem dreibändigen „Handbuch der Publizistik" (Herausgeber: *E. Dovifat,* 1968—1969) ihre Systematik zur Darstellung brachte.[6]

Bedenken gegen diese Integration aller Mediendisziplinen sind mit der Verschiedenartigkeit ihrer technischen Apparatur gegeben. Während die Zeitungswissenschaft methodisch an Philologie und Geschichte angelehnt ist, sind die Funkmedien auf experimentelle Forschung angewiesen. Rundfunk und Fernsehen bedürfen einer Grundlegung durch die experimentelle Phonetik. Das Fernsehen kann ohne eine grundlegende Bildtheorie nicht erklärt werden.

[4] Film und Fernsehen im Spiegel der Wissenschaft, hrsg. *Erich Feldmann* und *Ernst Meier.* Gütersloh 1963. Darin: *Günter Kiesslich,* Die Wissenschaft von der Publizistik

[5] *W. Hagemann,* Grundzüge der Publizistik. Münster 1947

[6] Handbuch der Publizistik, hrsg. *Emil Dovifat,* 3 Bde. Berlin 1968—1969

3. Der Rundfunk

Das Rundfunkwesen ist nach den Endeckungen der Physiker Maxwell und Hertz und nach den Erfindungen Marconis seit der Jahrhundertwende zu einem weltweiten System drahtloser Nachrichtenübermittlung ausgebaut worden. Es hat zuerst dem Schiffsverkehr und der Wirtschaft gedient, im Ersten Weltkrieg und in der Russischen Revolution eine historische Rolle gespielt und danach zur Organisation nationaler Anstalten in der ganzen Welt geführt. Der politischen Taktik des Ingenieurs Hans Bredow gelang es, als Staatssekretär der Deutschen Reichspost im Jahre 1923 die Funkhoheit des Reiches zu sichern und den Betrieb regionaler Sendeanstalten zu organisieren. Im Jahre 1925 erfolgte die Gründung der Reichsrundfunkgesellschaft zur organisatorischen Zusammenfassung aller Sendeanstalten.

Mit der Machtübernahme bemächtigte sich die nationalsozialistische Regierung dieses Instrumentes politischer Führung und übertrug alle Vollmachten an den Reichsminister für Volksaufklärung und Propaganda. Sie schaltete die bewährten Kräfte der Organisation des deutschen Rundfunks aus und schuf in einem neuen Führungsapparat den nationalsozialistischen Rundfunk mit politischen Zielen und entsprechenden Programmen.

Die Entwicklung des Rundfunkwesens in Deutschland nach dem Zweiten Weltkrieg war von der Militärregierung abhängig, bis es an die deutsche Verwaltung zurückgegeben wurde. Im Jahre 1950 wurde der Zusammenschluß der regionalen Anstalten ermöglicht.

In diesem Jahrzehnt erschienen zahlreiche wegweisende Schriften über den Rundfunk, seine Rechtsstellung, Organisation und Programmgestaltung. Ich führe aus dieser Literatur an: die Dissertation von *G. Maletzke* (1950), die Schriften von *F. Lenz* (Soziologie des Rundfunks) (1952), *H. Peters* (Die Zuständigkeit des Bundes im Rundfunkwesen) (1954), *W. Hagemann* (Fernhören und Fernsehen) (1954), *H. Pohle* (Der Rundfunk als Instrument der Politik) (1955)- *H. Bausch* (Der Rundfunk im politischen Kräftespiel der Weimarer Republik) (1956), *A. Silbermann* (Musik, Rundfunk und Hörer) (1959). Das Bredow-Institut Hamburg gab nach seiner Gründung in Jahresfolge das „Internationale Handbuch für Rundfunk und Fernsehen“ (1960 ff) heraus. Man findet die gesamte Literatur über Rundfunk und Fernsehen aus dem In- und Ausland in der Bibliographie von *V. Spiess* (1966) in systematischer Ordnung vor.[7]

[7] *G. Maletzke,* Der Rundfunk in der Erlebniswelt des heutigen Menschen. Phil. Diss. Hamburg 1950. — *F. Lenz,* Einführung in die Soziologie des Rundfunks. Emsdetten 1952. — *H. Peters,* Die Rechtlage von Rundfunk und Fernsehen nach dem Urteil des Bundesverfassungsge-

4. Der Film

Die Geschichte des Filmwesens geht mit der Entwicklung des Rundfunkwesens einher, ohne daß sie beide in ihrer organisatorischen und wirtschaftlichen Gestaltung miteinander verbunden sind. Unmittelbar vor der Jahrhundertwende begannen Konstrukteure in Paris, Berlin und New York mit den ersten Vorführungen von Stummfilmen, welche alsbald mit laufenden Programmen in Filmtheatern und im Variété aufgenommen wurden. Bis zum Ersten Weltkrieg erlangten italienische und amerikanische Produzenten großer Stummfilme die Führung in der internationalen Filmwirtschaft.[8]

Nach dem Kriege folgte für die Filmtheater ein gewaltiger Anstieg der Besucherzahlen, der eine entsprechende Erweiterung der Produktion in Amerika und in den europäischen Ländern mit sich brachte.

Ein entscheidender Fortschritt wurde für Filmgestaltung und Filmkonsum die seit 1922 durch das Triergonverfahren deutscher Erfinder erprobte Tonfilmtechnik, welche allerdings erst seit dem Jahre 1927 zur vollen Ausnutzung in den Vereinigten Staaten kam und auch in Deutschland eine neue Blüte der Filmkunst herbeiführte.

Schon in der Frühzeit des Films wurden mehrfach Versuche angestrebt, farbige Filme durch verschiedene Verfahren herzustellen. Erst nach dem Zweiten Weltkrieg wurde in Amerika der Farbfilm zum Welterfolg. In Deutschland kam er im Weltkrieg mit dem Agfa-Color-Verfahren zur Geltung. In Konkurrenz zum Schwarzweißfernsehen konnte der Farbfilm nach dem Krieg das verlorene Filmpublikum wiedergewinnen. Die amerikanische Produktion des Farbfilms übertraf im Jahre 1954 den alten Schwarzweißfilm und sicherte seitdem seine Vorrangstellung.

Durch die optische Konstruktion der Gleichschaltung mehrerer Projektionsapparate wurde schließlich der Eindruck der Plastizität des Filmbildes beim Zuschauer erzeugt und in mehrfachen Verfahren für Breitwand ausgenutzt.

Die Anfänge der Filmliteratur zeigen sich mit theoretischer The-

richtes vom 28. Februar 1961. — *H. Peters,* Die Zuständigkeit des Bundes im Rundfunkwesen. 1954. — *W. Hagemann,* Fernhören und Fernsehen. Heidelberg 1954. — *H. Pohle,* Der Rundfunk als Instrument der Politik. Hamburg 1955. — *H. Bausch,* Der Rundfunk im politischen Kräftespiel der Weimarer Republik. Tübingen 1956. — *A. Silbermann,* Musik, Rundfunk und Hörer. (Kunst und Kommunikation I.) Köln-Opladen 1959. — Internationales Handbuch für Rundfunk und Fernsehen 1971/72. Hamburg 1972. — *V. Spiess,* Bibliographie zu Rundfunk und Fernsehen. Hamburg 1966.

[8] *U. Gregor / E. Patalas,* Geschichte des Films. Gütersloh 1962

matik erst im zweiten Jahrzehnt unseres Jahrhunderts. Dabei gehen der bedeutende Kunsthistoriker *Konrad Lange,* Universität Tübingen, mit zwei kleinen Schriften (1912, 1917) und mit dem grundlegenden Buch „Das Kino in Gegenwart und Zukunft" (1920) sowie der Münchner Soziologe *Max Weber* mit der Anregung der ersten Dissertation von *Emilie Altenloh* „Zur Soziologie des Kinos" (1914) voran, während der Film bis in die folgenden Generationen akademischer Lehrer wissenschaftlich unbeachtet blieb.[9] Erst nach dem Weltkrieg treten die bis heute als klassisch bewerteten Schriften zur Filmtheorie und Filmdramaturgie hervor. Von ihnen sind in Deutschland in Übersetzungen bekannt geworden: *B. Balázs* (1924—1949), V. Pudovkin (1928—1961), *I. Ehrenburg* (1931), *R. Arnheim* (1932)[10]

In der deutschen Literatur dieser Zeit sind zu nennen: *R. Harms* (1926), *J. Gregor (1932), E. Iros (1938), R. Oertel* (1941).[11] Die filmwissenschaftlichen Forschungszentren der 30er Jahre in New York, Rom, London und Paris fanden in Deutschland keine Nachahmung.

Die völlig veränderten Verhältnisse durch die Einführung des Farbfilms und des Farbfernsehens in den fünfziger Jahren brachten eine Neuorientierung der eigentlichen Filmwissenschaft mit sich. Man muß *W. Hagemann* zugestehen, daß er mit seiner systematischen Darstellung „Der Film" (1952) und in seinem Institut Anregungen zur filmwissenschaftlichen Spezialforschung gegeben hat.[12]

In dieser neuen Phase hatte eine Gruppe von Filmologen der Pariser Universität die Filmwissenschaft auf einer Tagung zu Nürnberg (Januar 1953) bekanntgemacht. *G. Cohen-Séat* schrieb in seinem Essai (1946) mit philosophischen Argumenten über das Programm der neuen Wissenschaft der Filmologie. Ihm folgte der Autor dieser Sammlung nach der Gründung der Deutschen Gesellschaft für Filmwissenschaft (1953) mit seinen Vorträgen und Ab-

[9] *K. Lange,* Der Kinematograph vom ethischen und ästhetischen Standpunkt. München 1912. — *K. Lange,* Nationale Kinoreform. München 1917. — *ders.,* Das Kino in Gegenwart und Zukunft. Stuttgart 1920. *E. Altenloh,* Zur Soziologie des Kinos. Diss. Jena 1914

[10] *B. Balázs,* Der sichtbare Mensch. Wien 1924. — *ders.,* Der Geist des Films. Halle 1930. Neuauflage: Wien 1961. — *W. Pudovkin,* Filmregie und Filmmanuskript. Berlin 1928. — *ders.,* Über die Filmtechnik. Zürich 1961. — *I. Ehrenburg,* Die Traumfabrik. Berlin 1931. — *R. Arnheim,* Film als Kunst. Berlin 1932

[11] *R. Harms,* Philosophie des Films. Leipzig 1926. — *J. Gregor,* Das Zeitalter des Films. Wien 1932. — *E. Iros,* Wesen und Dramaturgie des Films. Zürich 1938. Neue Auflage, hrsg. Martin Schlappner, Zürich 1957. — *R. Oertel,* Filmspiegel. Wien 1941

[12] *W. Hagemann,* Der Film, Wesen und Gestalt. Heidelberg 1952

handlungen, erstmals gesammelt in dem Buch „Theorie und Massenmedien“ (1962)[13]

Diese Studien fanden ihre Anwendung in der von ihm angeregten Gründung deutscher Filmhochschulen, deren Münchener Planung in einer Schrift über „Die Deutschen Film- und Fernsehhochschulen“ (1967) enthalten ist.[14] Die Literatur des folgenden Jahrzehntes ist in der „Internationalen Filmbibliographie 1952—1962“ von *H. P. Manz* (1963) verzeichnet.[15]

5. Das Fernsehen

Die technische Entwicklung des Fernsehens hat eine lange und bewegte Vorgeschichte. Sie beginnt in ihrer erfolgreichen Phase mit *P. Nipkows* Patent des „elektrischen Teleskops“ von 1885, das die Erfindung einer punktförmigen Zerlegung von Bildern durch eine rotierende Scheibe mit spiralig angeordneten Löchern anmeldet. Nach der Jahrhundertwende bemühten sich zahlreiche Konstrukteure um bildtelegraphische Übertragung über große Entfernungen, welche erst durch Anwendung der Braunschen Röhre (1897) einer Reihe von Erfindern gelungen ist: *A. Korn* 1907, *D. von Mihály* 1919 und *W. Zworykin* 1923, dem Erfinder des Ikonoskops. Das Jahr 1924 brachte mit den Erfindungen von *A. Karolus, M. Dieckmann* und *J. Baird* wesentliche Fortschritte. In den folgenden Jahren gelang die drahtlose Übertragung von Bildern über weite Strecken. Zugleich begann man in den USA mit Experimenten des Farbfernsehens.[16]

Der entscheidende Schritt zu erfolgreichen Versuchssendungen mit Bild und Ton gelang dem britischen Sender BBC, zur gleichen Zeit dem Sender Döberitz. Bei den Olympischen Spielen des Jahres 1936 konnten in den Berliner Fernsehstuben 150 000 Zuschauer die Übertragungen beobachten. Bald danach begann BBC den regelmäßigen Programmbetrieb. Nach der Unterbrechung des Krieges wurden die Fernsehdienste zuerst vom BBC im Juni 1946 eröffnet, in Deutschland erst Ende 1953.

Das neue Medium konnte in seiner Weiterentwicklung der fünfziger Jahre mit der Organisation der Eurovision die regionalen

[13] *G. Cohen-Séat,* Film und Philosophie. Ein Essai. Gütersloh 1962. Deutsche Ausgabe des »Essai sur les Principes d'une Philosophie du Cinéma«. Nouvelle èdition, Paris 1958. — *E. Feldmann,* Theorie der Massenmedien. München 1962

[14] *E. Feldmann,* Die deutschen Film- und Fernsehhochschulen. Bericht und Dokumente zu ihrer Planung. München 1967

[15] Internationale Filmbibliographie 1952—1962. Hrsg.: *H. P. Manz.* Vorwort: *Martin Schlappner.* Zürich 1963.

[16] *W. Bruch,* Die Fernsehstory. Stuttgart 1969

Grenzen der Sender überwinden und im Jahre 1962 mit dem Satelliten Telstar die ersten Livesendungen von Fernsehbildern zwischen USA und Europa herstellen. In diesem Jahrzehnt entschied sich auch die technische Herstellung des Farbfernsehens mit dem amerikanischen System NTSC. Ihm folgten das Secam-System der Franzosen und das von *W. Bruch* 1963 konstruierte Pal-System der deutschen Gesellschaft Telefunken.

Es ist natürlich, daß sich Fachwissenschaft und Fachliteratur dem schnellen Fortschritt der technischen Entwicklung dieses Mediums anschließen mußten. Neben den zahlreichen Studien der Amerikaner in den fünfziger Jahren, die vom Rundfunk ausgingen und sich dem Fernsehen mit seinen analogen Bedingungen anschlossen, erschienen in der BRD beachtenswerte Schriften zur Theorie des Fernsehens, so von den Autoren *Eckert* (1953), *Hagemann* (1954), *Niehus* (1957), *Heimann* (1958), *Münster* (1958), *Maletzke* (1959), *Wasem* (1959).[17]

Im folgenden Jahrzehnt häufte sich die Literatur zur Theorie und Anwendung des Mediums. In der BRD sind zu nennen: *Wetterling* (196), *Bellac* (1960), *Eckert* (1961), *Rings* (1962), *Meyers* (1963), *Prager* (1963), *Zöller* (1965).[18]

Meine eigene literarische Arbeit in diesem Jahrzehnt ist der Niederschlag von Forschungen, deren Ergebnisse in Vorträgen und Abhandlungen niedergelegt und in den beiden Bänden zur „Theorie der Massenmedien" zusammengefaßt sind. Sie befassen sich teils mit dem neuen Medium Fernsehen im besonderen, teils mit der allgemeinen Problematik der Medien- und Kommunikationswissenschaft sowie den angewandten Fachgebieten. Die wissenschaftstheoretischen Vorträge des ersten Bandes stammen aus dem Jahre 1960, die Grundlegung der Kommunikationswissenschaft bildet den Abschluß dieses Bandes, der im Jahre 1962 erschienen ist.

[17] *G. Eckert,* Die Kunst des Fernsehens. Umrisse einer Dramaturgie. Emsdetten 1953. — *W. Hagemann,* Fernhören und Fernsehen. Heidelberg 1954. — *F. Niehus,* Werbefernsehen — registriert und durchleuchtet. Hamburg 1957. — *P. Heimann* u. a., Jugend und Fernsehen. München 1958. — *C. Münster,* Die Oper im Fernsehen. o. O. 1958. — *G. Maletzke,* Fernsehen im Leben der Jugend. Hamburg 1959. — *E. Wasem,* Presse, Rundfunk, Fernsehen, Reklame — pädagogisch gesehen. München/Basel 1959

[18] *H. Wetterling,* Das Fernsehen im pädagogischen Aspekt. München 1960. — *P. Bellac,* Das Fernsehen. 2. Aufl. Bern 1960. — *G. Eckert,* Knaurs Fernsehbuch. München 1961. — *W. Rings,* Die 5. Wand: Das Fernsehen. Wien-Düsseldorf 1962. — *F. Meyers,* Publizistische Freiheit und politische Verantwortung. Das Verhältnis von Staat und Fernsehen. Gütersloh 1963. — *G. Prager,* Reden und Aufsätze über Film, Funk, Fernsehen. Hamburg 1963. — *J. O. Zöller,* Massenmedien, die geheimen Verführer. Augsburg 1965

Die speziellen Studien des 2. Bandes setzen die Reihe der Abhandlungen bis zum Jahre 1969 fort. Sie enthalten die wissenschaftstheoretische Klärung der Fernsehwissenschaft und die Entwicklung der Bildtheorie, ferner Untersuchungen über die Anwendung des Fernsehens auf Pädagogik, Werbung und Zukunftsentwicklung. Die Erörterung der Erträge der Kommunikationswissenschaft für die Massenmedien gehört zur Grundlegung der Medienwissenschaft.[19]

Das Werk von *M. McLuhan* (Understanding Media 1964) mit dem anregenden Stil des gelehrten Literarhistorikers hat eine weltweite Wirkung erhalten. Es wurde Deutschland 1968 in Übersetzung zugänglich und vielfach kommentiert. Eine Sammlung der Kritiken ist von *G. E. Stearn* 1969 herausgegeben worden. Diese Schriften konnten in meinen „Neuen Studien“ nicht mehr berücksichtigt werden.[20]

Der Nachweis der gesamten Fernsehliteratur ist in der vorzüglichen Bibliographie zu Rundfunk und Fernsehen von *V. Spiess* (1966) zu finden.

Die grundlegende Forschung zur Massenkommunikation aller Massenmedien hat sich aus der Erkenntnis ergeben, daß die Massenmedien mit ihren informierenden, regulierenden und stimulierenden Kommunikationsfunktionen zwar die Einzelperson des Rezipienten erfassen, aber durch deren Vielzahl eine Massenwirkung erzeugen, deren Struktur bei aller Bestimmtheit des Sachgehaltes außerordentlich vielgestaltig ist. Daher übernahmen Sozialpsychologie und empirische Soziologie die Aufgabe, für alle Medien eine methodisch einheitliche Grundlagenforschung zu entwickeln, welche die getrennten Disziplinen der Medienwissenschaften zu einer einheitlichen soziologisch orientierten Kommunikationswissenschaft zusammenfaßt. Diese grundlegende Wissenschaft geht aller Publizistik voraus. Sie läßt die zur Publizistik zusammengefaßten Mediendisziplinen als angewandte empirische Kulturwissenschaften bestehen. Die von *Lasswell* geprägte Formel für die Kommunikationsfunktion lautete ursprünglich: „Wer sagt etwas zu wem und mit welchem Erfolg?“ Damit sind nur die Faktoren der Kommunikation Kommunikator und Kommunikant, außerdem Inhalt und Effekt der Funktion festgelegt. Das Schema paßt auf den eingleisigen Prozeß der Individualkommunikation, wie er etwa beim Zeitunglesen vorliegt. Bei der Massenkommunikation der Medien hingegen werden zunächst die technischen Geräte und Anlagen zu bestimmenden Bedingungskomplexen aller Massenkom-

19 *E. Feldmann*, Neue Studien zur Theorie der Massenmedien. München 1969

20 *M. McLuhan*, Die magischen Kanäle (Understanding Media). Düsseldorf 1968

munikation. Außerdem wird die Struktur des Individualschemas zu einem Sozialkomplex erweitert, in welchem der Kommunikator zu einem kollektiv wirkenden Sozialapparat (Zeitungsredaktion, Rundfunkanstalt) und der Kommunikant zur einheitlich angesprochenen Masse von Hörern und Zuschauern wird. Der hier auftretende Effekt ist in jedem Falle nicht der bloße Individualeffekt jedes einzelnen Rezipienten, sondern das sozialpsychische Phänomen einer Massenrezeption.

Dieses Phänomen erweist sich bei psychologischer Untersuchung als ein durchaus heterogener Kollektiveffekt der Kundgabe, weil der dargebotene Inhalt in seiner kollektiven Rezeption unendlich vielfach variiert wird. Man darf sagen, die Substanz der Kundgabe wird in der Aufnahme der Masse der Rezipienten atomisiert, unter individueller Differenzierung der Aufnahmebereitschaft, der Wahrnehmung, des Verstehens, der kognitiven und assoziativen Verarbeitung und der emotionalen Reaktion gespiegelt.

Wenn man diese neuen Faktoren und Bedingungskomplexe der Kommunikation berücksichtigt, erweitert sich das alte Schema zu folgendem Gesamtkomplex:

1. die technische Apparatur der Herstellung des Kommunikationsinhaltes und seiner Vermittlung,
2. die Bearbeitung des Kommunikationsinhaltes durch das Kollektiv der Kommunikatoren,
3. der Inhalt der Kommunikation in seiner Vermittlungsgestaltung,
4. der technische Apparat der Sendung der Kommunikation,
5. der technische Apparat der Rezeption der Kommunikation,
6. die personale Rezeption (Aufnahme, Verstehen, Verarbeiten, Reaktion),
7. die kollektive Rezeption der Sendung nach Qualität und Quantität,
8. die Reaktion der Masse.

In den vorliegenden Abhandlungen wird mehrfach nachgewiesen, daß diese neue Wissenschaft zu den angewandten Kulturwissenschaften gerechnet werden muß. Die Begründung dieser These ist durch die seit einem Jahrhundert offene philosophische Diskussion über die fortlaufende Spezialisierung der Geisteswissenschaften möglich geworden.

Neben der außergewöhnlichen Ausdehnung und Spezialisierung der Naturwissenschaften im 20. Jahrhundert zeichnen sich auffallende Veränderungen der Geisteswissenschaften ab. Nach den Klassifikationen von *Bentham, Ampère* und *J. St. Mill* haben sich die Geisteswissenschaften zunächst noch unter dem Einfluß Hegels in geschichtlich und philosophisch orientierte Einzeldisziplinen spezialisiert. Erst allmählich sind auch die Gebiete der Kultur und Gesellschaft zu eigenständiger wissenschaftlicher Erforschung gelangt. Daneben ist auch die Philosophie zunehmend in die alle Einzelwissenschaften begründenden Fachbereiche aufgespalten worden. So stehen heute Geschichtsphilosophie, Kulturphilosophie und Sozialphilosophie nebeneinander.

Das besondere Kennzeichen dieser Zergliederung der Geisteswissenschaften ist die zunehmende Erkenntnis, daß die Hegelsche Enzyklopädie in ihrer Trilogie des Geistes die Kulturgebiete Gesellschaft und Geistesleben voneinander trennt und der objektiven Kultur damit ihre Eigenständigkeit verleiht.

So ist es vor 100 Jahren zu einer methodologischen Besinnung auf die Eigenständigkeit der Geisteswissenschaften in ihren Einzelwissenschaften gekommen. Die neue Wissenschaftstheorie wurde 1862 zuerst von Eduard Zeller, seit 1865 von *Wilhelm Dilthey* in Entwürfen behandelt. Mit seiner „Einleitung in die Geisteswissenschaften" (1883) wurde *Dilthey* der Schöpfer der Erkenntnistheorie der Geisteswissenschaften, welche er in großen Werken gegenüber Wilhelm Wundts Logik im Sinne streng historischer Forschung und psychologischer Begründung selbständig zu machen versucht hat.

Durch das Eingreifen *Wilhelm Windelbands* mit seiner bahnbrechenden Studie „Geschichte und Naturwissenschaft" (1894) und *Heinrich Rickerts* Arbeiten zur Logik der historischen Wissenschaften und zur Abgrenzung der Kulturwissenschaft (1899) wurde die *Hegel*sche Belastung der Geisteswissenschaften durch eine realistische Theorie der Kulturwissenschaften ersetzt.

In dieser Entwicklung wurde die Psychologie von der Philosophie getrennt und zu einer selbständigen geisteswissenschaftlichen Disziplin gemacht. In enger Problemverschlingung mit ihr erlangte durch *Diltheys* Programm auch die Pädagogik eine psychologische Begründung. Das von Hegel bis *Dilthey* umgepflügte Feld der Geisteswissenschaften mußte schließlich die Trennung der subjektiv-psychologischen Forschung von der objektiven Kulturforschung hinnehmen. Zur Legalisierung der Selbständigkeit dieser Kulturwissenschaften ist eine von den Heidelberger Philosophen eingeleitete Kulturphilosophie ausgebildet worden, die eine enge Anlehnung an die Soziologie gefunden hat. In deren methodologischen Richtlinien ergab sich die Abgrenzung zwischen theoretischen und praktischen Fächern der Kulturwissenschaften, damit auch die wissenschaftstheoretische Anerkennung einer Reihe von angewandten Kulturwissenschaften. Zu diesen gehören neben den angewandten Teildisziplinen der Psychologie und Pädagogik ohne Zweifel die Medienwissenschaften zur Erforschung ihrer kulturellen Kommunikationsfunktionen, deren Grundlegung die allgemeine Kommunikationswissenschaft zu übernehmen hat.

Die vorliegende Auswahl der Studien aus beiden Bänden der „Theorie der Massenmedien" beschränkt sich auf die drei für die Theoriebildung wesentlichen Problemfelder:

1. der Wissenschaftstheorie,
2. der Kommunikationstheorie,
3. der Umgrenzung der angewandten Spezialdisziplinen.

Es scheint durch die stillschweigende, gelegentlich auch zitierte Übernahme der Grundlinien dieser wegweisenden Theoretik der neuen Medienwissenschaft und durch ihr Erscheinen im Auslande bestätigt zu sein, daß die Entwicklung dieser Wissenschaft, welche ein neues Forschungsgebiet unserer Kultur erschließt, zwar der Kleinarbeit und Akribie der interdisziplinären Einzelforschung bedarf, aber ohne die Synthese ihrer Erkenntnisse in begründeten Theorien keinen systematischen Abschluß bilden kann. Erst die Zusammenfassung der Einzelerkenntnisse unter allgemeingültige Begriffe und Denkpositionen führt zum Aufbau und Ausbau des Systems einer eigenständigen Wissenschaftsdisziplin.

I. Wissenschaftstheorie der Massenmedien

1. Versuch einer epistemologischen Begründung der Wissenschaft von Film und Fernsehen

A.

Wer es unternimmt, die Filmwissenschaft und die Wissenschaft vom Fernsehen in ihren Aufgaben und Methoden sowie in ihrer wissenschaftlichen Dignität zu begründen und ihr Daseinsrecht im Rahmen der akademischen Forschung und Lehre zu vertreten, sieht sich einer Vielzahl von Gegnern und zugleich von Verteidigern gegenüber, deren Positionen sich aus der Praxis des Films und des Fernsehwesens oder aus wissenschaftstheoretischen Standpunkten ergeben. Ich werde mich bei der Lösung dieser Aufgabe auf die Problemstellung einer realistischen Wissenschaftstheorie beschränken. Das Gebiet dieser Wissenschaften, die heute noch Programmwissenschaften sind, werde ich zunächst als Bildkunst behandeln, in seinem Wesen aber später genauer bestimmen.

Gegen alle Theorie in der Gestaltung und Anwendung dieser Bildkünste wendet sich die *Misologie*, welche im Lager der Wirtschaftler und der Künstler die Autonomie der Praxis für sich in Anspruch nimmt und alle wissenschaftliche Bearbeitung produktiven Schaffens und kultureller Gebilde ablehnt. Der Kulturoptimismus dieser Praktiker vertraut allein den Erfindungen, Einfällen und Ahnungen der Kenner und Könner. Ihre Erfahrung ermöglicht das praktische Arrangement und die Improvisation, ihr Betrieb verfügt über eine Arbeitsteilung von Managern, Künstlern und Technikern, darunter bewährten Kräften, deren Routine den Apparat in Gang hält, aber auch Dilettanten und Außenseitern, deren Experimente zwischen Fehlschlägen und Erfolgen wechseln. In diesem Lager stehen auch manche Vertreter des Journalismus, wenn sie Filmkritik als eine Leistung des guten Geschmackes und der leichten Feder betreiben.

Diese bunte Gesellschaft lächelt über die wissenschaftliche Bemühung reiner Theoretiker um Ableitung von Gesetzen der Bildwahrnehmung und Bildwirkung in Film und Fernsehen, um Aufhellung der Bedingungen und der Dynamik des Prozesses der Herstellung und Verwendung der Bildkünste, um Nachweisung der ästhetischen und ethischen Normen derselben, um Analysen des Publikums und seiner kulturellen Interessen- und Geschmacksrichtung.

Dieser Position eines dilettantischen und methodenfeindlichen Praktizismus, der in der Theorie auf einen Irrationalismus hinausgeht, ist die ganze Systematik der Wissenschaftslehre entgegenzustellen, um den Nachweis zu führen, daß alle Kulturfunktionen und Kulturgebilde einer genetischen und morphologischen Untersuchung zugängig sind und daß wissenschaftliche Erkenntnis bei aller geistigen Arbeit und sozialen Organisation angewandt werden muß. Außerdem wird man den Misologen das Recht absprechen dürfen, über den Wert der Wissenschaft zu urteilen, die sie selbst in ihrem Wesen verkennen und nicht zu betreiben vermögen.

Gegen die wissenschaftliche Bearbeitung der Bildkünste wenden sich aber auch hervorragende Vertreter der Geisteswissenschaften, welche die bisherigen Einzelwissenschaften für zuständig und für ausreichend halten, alle Phänomene dieser Kulturarbeit zu klären. Sie teilen den ganzen Komplex des Film- und Fernsehwesens nach den Sachgebieten auf und verweisen die Probleme der Erklärung der verschiedenen Funktionen und Gebilde an die Grundwissenschaften der Physiologie, Psychologie, Soziologie und allenfalls an die Philosophie. Die Behandlung der praktischen Fragen verbleibt alsdann den Fachwissenschaften der Wirtschaft, der Technik und der Künste.

In gleicher Weise sprechen sich andere Vertreter der Geisteswissenschaften gegen die wissenschaftliche Dignität angewandter Disziplinen und damit gegen den Ausbau einer praktischen Wissenschaft von den Bildkünsten aus. Wer die Wissenschaft nur um des Erkennens willen betreibt und sie auf reine Theoretik beschränkt, lehnt die rationale Bestimmung von Regeln und Methoden auf Grund wissenschaftlicher Einsicht ab und beschränkt die Geltung angewandter Wissenschaften auf die exakte Forschung im Gebiete des Agrarwesens, der Medizin und der Technik, also auf angewandte Naturwissenschaften.

In diesem Sinne hat der Historiker Gerd Tellenbach in einem repräsentativen Vortrage vor dem Hochschulverband (1954) nachzuweisen versucht, daß alle Anwendung dem Geiste echter Wissenschaft widerspreche und demgemäß aus dem Bereiche der Geisteswissenschaften fernzuhalten sei.[1] Wo die praktische Anwendung wissenschaftlicher Erkenntnisse erfolgt, wie bei Medizin und Technik, liegt sie außerhalb der eigentlichen Forschung, die auf die sogenannten Grundlagenwissenschaften beschränkt wird. Tellenbach spricht in der Betrachtung der wissenschaftlichen Zeitlage geradezu von einer Gefährdung des Geistes strenger Wissenschaft, wo sie in den Dienst bestimmter Kulturzwecke gestellt werden soll. Nach ihm kann die Wissenschaft nur auf das unendliche Ziel der Wahrheit und der reinen Theorie ausgerichtet sein. Diese Ansicht teilen mit ihm ohne Zweifel die meisten Vertreter aller grundlegenden Geisteswissenschaften.

Diese Askese der Theorie erscheint verständlich, wo dogmatische

[1] *Gerd Tellenbach,* Anwendung der Wissenschaft — eine Gefahr für ihren Geist? Schriften des Hochschulverbandes, Heft 6, 1954.

oder historische Disziplinen einen direkten Bezug auf das praktische Leben nicht zulassen. Sie vermag aber von der wissenschaftlichen Erkenntnis diejenigen Kulturgebiete nicht auszuschließen, welche zu ihrer Pflege auf die Wahrheit des Menschenbildes, auf die Gültigkeit von Prinzipien des Handelns und auf die Richtigkeit von Regeln und Methoden des Schaffens angewiesen sind, wenn deren Kulturfunktionen der Humanität gemäß sein sollen.

So wird den geisteswissenschaftlichen Disziplinen mit dem pragmatistischen Aspekt einer praktisch nutzbaren Erkenntnis im System der Wissenschaften ein Platz einzuräumen sein, der nach seinem Range der Bedeutung der behandelten Kulturgebiete entspricht. Die Wissenschaft selbst lebt von der Anerkennung ihrer praktischen Leistungen durch die Gesellschaft. Gerade die Mittel der Masseninformation aber sichern die Förderung der Wissenschaften und dürfen deshalb eine wissenschaftliche Durchforschung ihrer Wesensart und Wirkung für sich beanspruchen.

Die gleiche Zurückhaltung in der Förderung dieser praktischen Disziplinen ist auch dem *Positivismus* eigen, welcher den Geisteswissenschaften den philosophischen Zugang zum Geist und zu aller metaphysischen Begründung verbietet und nur die Tatsachenforschung in Psychologie und Soziologie, in Philologie und Geschichte zulassen kann. Im Sinne des philosophierenden Mathematikers Auguste Comte soll diese rein theoretische Forschung aber zur Vorausbestimmung des Geschehens in Natur und Gesellschaft dienen und somit in der Tat die Anwendung der Erkenntnis bei den grundlegenden Disziplinen der Psychologie und Soziologie in der Kultur des positiven Zeitalters ermöglichen.[2]

Max Weber, der Positivist der deutschen Soziologie, macht sich diese Forderung zu eigen, wenn er in seiner berühmten Rede über den Beruf der Wissenschaft (1919) den Anspruch der Wissenschaft auf Wegweisung im praktischen Leben ablehnt.[3] So fällt die praktische Anleitung zum Kunstschaffen, zur Kunstkritik und zum Kunstgenuß ebenso wie die praktische Stellungnahme zur Politik für die wertneutrale Wissenschaft weg. Ihre Aufgabe wird auf die Ergründung der Sachverhalte durch exakte Erkenntnismethoden beschränkt. Damit ist wissenschaftliche Arbeit gehindert, über die reine Theoretik hinauszugehen und kulturelles Leben und Schaffen mit Einsichten aus Erfahrung und Denken methodisch zu gestalten.

Diesem Eigensinn der Theoretiker wird man es zuschreiben müssen, daß die Pflege angewandter Disziplinen in den Geisteswissen-

[2] Über Auguste Comte: *J. St. Mill,* Comte und der Positivismus, deutsch von E. Gomperz, 1874. Ferner: *L. Lévy — Bruhl,* La Philosophie d'Auguste Comte, 1900.

[3] *Max Weber,* Wissenschaft als Beruf, 1919, in: Ges. Aufsätze zur Wissenschaftslehre, 1922, Seite 524 ff.

schaften weitgehend zurückgeblieben und in der Organisation der wissenschaftlichen Forschung und Lehre nicht genügend berücksichtigt worden ist.

Zur Ablehnung der wissenschaftlichen Formen der Philosophie durch den Positivismus gehört es ferner, daß die Geltung anthropologischer Thesen und ethischer Normen aus dem Bereich der Bildkunst sowie die Synthese der Erkenntnisse spezieller filmwissenschaftlicher und fernsehwissenschaftlicher Untersuchungen — sei es im Rahmen einer Kulturphilosophie, sei es als spezielle Philosophie des Films und Fernsehens — aus der ernsthaften wissenschaftlichen Arbeit gänzlich ausgeschlossen wird. Diese Einwände werden die Philosophie nicht hindern, den Mut zum Versuch einer philosophischen Synthese aufzubringen, welche auf Grund des gesamten Materials empirischer Forschung eine Wesensbestimmung der Bildkünste vornimmt und begründet. Wenn eine induktive Metaphysik zugelassen wird, ist jede Philosophie des Films und des Fernsehens gerechtfertigt, welche die Schichten des Seins, in welchen der Prozeß der Bildkünste verläuft, auf ihren realen Gehalt untersucht, die Reaktion des Menschen aus den Anlagen der menschlichen Natur ableitet und nach bestimmten Prinzipien wertet. Erst auf dieser philosophischen Grundlage lassen sich entscheidende Erkenntnisse zur Sicherung des kulturellen Wertes der ganzen empirischen Erforschung gewinnen.

Als Freunde der Bildkunst verteidigen auf der anderen Seite die *Szientisten* eine umfassende Forschung in diesem Gebiete mit der Begründung ihres Nutzens für die Bildkultur selbst und für die gesamte Lebens- und Sozialkultur. Im modernen Szientismus äußert sich die richtige Einsicht in die Unentbehrlichkeit aller Wissenschaft für die Erhaltung der Daseinsordnung in der heutigen Massengesellschaft.

So erhalten Film- und Fernsehwissenschaft eine unerwartete Unterstützung in ihrem Streben nach Selbständigkeit und nach einem eigenen heuristischen Apparat. Aber gerade durch die Betonung ihrer Unabhängigkeit von anderen Wissenschaften und ihrer Emanzipation von aller Grundlagenforschung bereiten sie dem echten Anliegen der Spezialisierung Schwierigkeiten, indem sie sich die Gegnerschaft der Vertreter der grundlegenden Geisteswissenschaften zuziehen und die Mitwirkung wohlmeinender Förderer der Spezialforschung auf ihrem eigenen Gebiete verderben. Die szientistischen Freunde werden hierdurch zu einer Belastung für jede taktische Bemühung um die Sicherstellung der Wissenschaft der Bildkünste im Rahmen der Geisteswissenschaften. Die Vereinigung aller Disziplinen der grundlegenden Spezialforschung mit dem engeren Gebiete der eigentlichen Bildkunstforschung würde den Rahmen einer Fachdisziplin sprengen und eher eine ganze Fakultät zur Vertretung dieser angewandten Disziplinen mit ihren Grundlagen erforderlich machen.

B.

Auch das Bestreben der *Publizistik*, diese Disziplin in ihrem theoretischen Teile an sich zu ziehen, gehört in die Richtung der totalen Verselbständigung aller Forschung, welche sich auf das Gebiet der Masseninformation bezieht. Es entspricht einer Art von publizistischem Szientismus.

Bisher hat sich die Publizistik mehr als alle anderen Disziplinen der filmwissenschaftlichen Forschung angenommen und neuerdings auch das Fernsehen zu berücksichtigen versucht. Seitdem diese Wissenschaft den Rahmen der historischen Hilfswissenschaft gesprengt und ihr Arbeitsfeld auf alle Medien der Massenkommunikation ausgedehnt hat, sind aus ihren Instituten vorzügliche Untersuchungen über die Bildkünste und ihre publizistische Wirkung hervorgegangen. Berlin, Münster und München haben in unserem Vaterlande diese Spezialforschung unter verschiedenen Aspekten betrieben und aus der Sicht der Publizistik begründet.[4]

In den grundlegenden Arbeiten von Walter Hagemann wird geltend gemacht, daß im Zeitalter der Technik neben der Tagespresse auch Rundfunk, Fernsehen und Film in den publizistischen Prozeß einzuschalten sind und in ihrer Weise der Aussage dienen, die sich mit Nachrichten, Bildungsstoff und Unterhaltung an die Öffentlichkeit wendet.[5] In der weitesten Fassung des Aufgabenkreises der Publizistik bei Emil Dovifat werden alle Mittel der öffentlichen Unterrichtung und Leitung zum Objekt dieser Wissenschaft gemacht. Der praktische Teil derselben umfaßt demnach die Aussageweisen der Rede, des Theaters, des Bildes und des gedruckten Wortes.[6]

Eine kritische Prüfung dieser Position der Publizistik wird zugestehen, daß Film und Fernsehen mit ihrer Dokumentation und ihren aktuellen Aufnahmen und Sendungen unter das Gesetz der öffentlichen Information gestellt sind und demgemäß allein in dieser Sparte einer wissenschaftlichen Untersuchung mit den Aspekten und Methoden der publizistischen Wissenschaft unterliegen.

Aber die Mehrseitigkeit der Verwendung von Film und Fernsehen läßt es nicht zu, den ganzen Komplex dieser Bildkünste unter die Zuständigkeit einer Wissenschaft zu bringen, welche allein

[4] *Erich Feldmann*, Die Publizistik als angewandte Kulturwissenschaft. Publizistik, 6. Jg., 1961, Heft 2.

[5] *Walter Hagemann*, Grundzüge der Publizistik, 1947; *ders.*, Der Film. 1952; *ders.*, Fernhören und Fernsehen, 1954.

[6] *Emil Dovifat*, Publizistik. In: Universitas Litterarum, hrg. W. Schuder, 1955, Seite 329 ff.

die Information der Öffentlichkeit zum Gegenstand hat. Spielfilm und Fernsehen sowie alle sonstigen Unterhaltungssparten beider Medien werden zwar der Öffentlichkeit präsentiert, aber nicht in ihrer eigenen Zuständigkeit hergestellt. Hier tritt vielmehr die künstlerische Intendanz und Regie des Theaters an die Stelle der publizistischen Redaktion. Hier wird die Filmaufnahme und Fernsehsendung nur zum technischen Mittel für die künstlerische Gestaltung des episch-dramatischen oder musikalisch-dramatischen Kunstwerks für die Öffentlichkeit. Die Presse druckt solche Werke ab und beurteilt sie nach ihrer Aufführung. Film und Fernsehen aber sind in ihrer Darstellung gespieltes Theater oder künstlerisches Epos in der lebendigen Darstellung, welche durch die Kamera aufgenommen und durch Projektion oder Sendung technisch wiedergegeben wird.

Daher ist die Filmwissenschaft wie die Fernsehwissenschaft für alle Vorgänge der Herstellung und Vorführung mit ihren eigenen Mitteln zuständig. Die Publizistik aber wird sich auf die Behandlung der publizistischen Verwertung beider Medien beschränken müssen. Die Bearbeitung dieser besonderen Sparte der Bildkünste durch die publizistische Wissenschaft setzt die umfassende Wissenschaft von Film und Fernsehen voraus. Es muß demnach gefordert werden, daß diese Forschung das gesamte Film- und Fernsehwesen wissenschaftlich erschließt und ihre grundlegenden und allgemeinen Thesen der Publizistik zur Verfügung stellt.

Man könnte andererseits unter Berücksichtigung der führenden Rolle des Spielfilms und Fernsehspiels daran denken, die *Theaterwissenschaft* für die Bearbeitung der Bildkünste heranzuziehen. Diese Wissenschaft nimmt für sich in Anspruch, das Theater sowohl in seinen geschichtlichen Erscheinungsformen als auch in seiner heutigen Gestalt nach philologischen, aesthetischen, technischen, psychologischen und soziologischen Gesichtspunkten methodisch zu erforschen und dabei Wesensart und Wirkungsart dieser pluralistischen Kunstinstitution zu bestimmen.

Indessen zeigt sich schon bei der Behandlung der neuesten Theatergeschichte, daß die Entwicklung des Filmtheaters eigene Wege abseits vom Kunsttheater gegangen ist und daher für sich bearbeitet werden muß. Andererseits bildet der komplexe Bestand des Filmwesens und der davon verschiedene Organisationsbestand des Fernsehwesens einen Bereich der Kulturwirtschaft, der mit dem Theater wenig gemein hat. Auch die dramaturgische Gesetzlichkeit der Gestaltung ist in beiden Kunstarten verschieden. Die Beschäftigung von Darstellern, Technikern und Regisseuren auf beiden Seiten hat die Erfahrung bestätigt, daß die Aufführung des Theaters in Schauspiel, Oper oder Volkskunst keineswegs durch Verfilmung und Fernsehsendung zu übernehmen ist, wenn sie den Forderungen echter Bildkunst gerecht werden soll. In beiden Gattungen sind die Leistungen der Erdichtung, der künstlerischen Darstellung und der technischen Ausstattung eigenen Normen unterworfen.

Es kann daher zwar zu einem nützlichen Vergleich der beiden Kunstarten kommen, wodurch die Eigenart der neuen Bildkunst besonders herausgestellt wird. Aber die Einbeziehung dieser Kunst in die Theaterwissenschaft wird nicht ausreichen, alle ihre Seiten nach ihrer Eigenart und Problematik wissenschaftlich zur Geltung zu bringen. Gleichwohl wird man die enge Zusammenarbeit der beiden Wissenschaften fordern müssen, um dem Spielfilm und dem Fernsehspiel mit der ganzen Erfahrung des Kunsttheaters eine gerechte Beurteilung zu verschaffen.[7]

Es bedarf hier der Klärung der Zweckmäßigkeit einer Zusammenfassung aller Medien als Mittel der Massenansprache unter einem gemeinsamen Wissenschaftsbegriff, der zugleich das Materialobjekt dieser Disziplin kennzeichnet. Dabei würde eine selbständige Wissenschaft von den Bildkünsten gerechtfertigt. Sofern solche Mittel der Publizistik dienen, werden sie als publizistische Ausageformen zu behandeln und der Publizistik zuzuweisen sein. Daneben bietet sich der in die Wissenschaft vielseitig eingeführte Begriff der Kommunikation an. Er wird neuerdings von der experimentellen Phonetik benutzt, welche die Entstehung und technische Vermittlung der Sprachlaute untersucht. Der bloß akustischen Vermittlungstechnik genügt eine physikalisch-technische Forschung, welche als Phonetik eine Anwendung auf die Sprachforschung gefunden hat. Sie kann der Untersuchung der Tongebung und Tonwirkung in den Medien Film und Fernsehen als Grundlagenforschung dienlich sein.

Ferner erscheint die Kommunikation als ein Grundbegriff in der Existenzphilosophie von Karl Jaspers, der sie ganz im Sinne des Zeitgeistes zur Bedingung für die Erfüllung des eigentlichen Menschseins macht, so daß deren Ausfall in der gegenwärtigen Situation jene subjektive Betroffenheit erzeugt, aus welcher das wahre Philosophieren entsteht. Da der Mensch als Individuum in völliger Isolierung nicht in humaner Weise leben kann, sucht er sich durch Mitteilung an die Mitmenschen zu wenden und in der lebendigen Beziehung zu ihnen zur Wahrheit zu gelangen. So fordert der Philosoph auch für die Lebensführung ein Streben nach ständiger Kommunikation, eine Überwindung egoistischer Selbstbehauptung in der Hingabe an die Mitwelt. Für eine solche Philosophie sprechen die Tatsachen des Kommunikationsstrebens, mit dem die moderne Gesellschaft die Massen durch Organisation und

[7] *Fedor Stepun*, Theater und Kino, 1932.

Technik unter gemeinsame Vorstellungen und Lebenstendenzen zwingt und durch die sozialen und technischen Mächte nach deren Interessen zu lenken sucht. Aber diese Philosophie läßt nicht zu, daß die von ihr ins Auge gefaßte Kommunikationstendenz auf den Prozeß der Ausbreitung kultureller Interessen durch die verschiedenen Medien bezogen wird.[8]

Immerhin kann dem in dieser philosophischen Begriffsbildung abgesteckten Problemfelde eine empirische Einzelforschung gewidmet werden, die als *Kommunikationswissenschaft* zu bezeichnen wäre. Zu ihr würden die Disziplinen gehören, welche sich mit der allgemeinen Problematik der Verbreitung von Nachrichten und der Vermittlung von Kulturgütern befassen und unter dem Namen der Publizistik bearbeitet werden. Zu ihr können jedoch nicht alle Disziplinen gerechnet werden, die um die Wesensbestimmung und Handhabung der einzelnen Medien der Bildkünste bemüht sind, wie die Filmwissenschaft und die Fernsehwissenschaft. In ihnen treten die Funktionen der Darstellung dieser Künste so sehr in den Vordergrund, daß ihre Einbeziehung in den Zusammenhang der Kommunikationsleistungen nicht mehr zulässig erscheint.

Ich halte es daher nicht für zweckmäßig, die Medien der Bildkünste in die eigentliche Kommunikationsforschung einzubeziehen. Mit ihrer Objektivität der Eigenentwicklung ist die publizistische Zwecksetzung nicht vereinbar, mit dem subjektiven Aspekt dieser Tendenzen die objektive Kommunikation nicht herzustellen. So muß man sich für die Begrenzung der Kommunikationswissenschaften auf den engeren Bereich der Publizistik entscheiden und der Eigenständigkeit des Filmwesens und des Fernsehwesens den Platz einräumen, der eine selbständige Wissenschaft von diesen Medien zuläßt. Dieser Platz ist mit der Rechtfertigung angewandter Kulturwissenschaften und mit Einordnung der Bildkunstforschung in deren Systematik und Heuristik gegeben.

Eine andere Frage wäre es, ob die Kennzeichnung der Bildkunstwissenschaft als *Medienforschung* berechtigt sein würde. Dieser Begriff umfaßt alle wissenschaftlichen Untersuchungen, die sich auf die technischen Medien selbst beziehen, insofern sie technische Vermittler zwischen den Menschen und ihren Austauschbedürfnissen sind. Solche Mittel sind Schrift und Druck, Bild und Film, Rundfunk und Fernsehen. In der Einseitigkeit rein technischer Behandlung derselben würde diese Forschung lediglich das tote Material der Mittel zu beachten haben, dessen Bedeutungsgehalt aber beiseite stellen. In der Einbeziehung der sozialen und kulturellen Verwendung dieser Mittel aber läge der soziale Auftrag, die so-

[8] *Karl Jaspers,* Philosophie, 3 Bände, 1932; *ders.,* Einführung in die Philosophie, 1954.

ziale Bindekraft und kulturelle Prägungskraft der Medien zum Gegenstand einer umfassenden Wissenschaft zu machen, die sich nach ihrem Objekt mit Recht als Medienforschung bezeichnen dürfte, soweit sie in der Untersuchung stehen bleibt und die Systematik der Ergebnisse einer echten Wissenschaft noch nicht erreicht hat. Zu dieser Medienforschung lassen sich die Probleme der technischen und künstlerischen Gestaltung der Bildkünste heranziehen. Aber die eigentliche Zweckmäßigkeit ihrer Anwendung gehört nicht in diesen empirischen Forschungsbereich hinein. Sie erfordert eine eigene Art von Wissenschaft mit kulturwissenschaftlicher Problemstellung und Methodik.

C.

Die hier angestellte erkenntniskritische Besinnung auf die Aufgaben des neuen Wissenschaftszweiges wird nach Widerlegung und Würdigung aller Ansprüche der verschiedenen Richtungen benachbarter Disziplinen zuerst die Frage zu beantworten haben, welche Probleme des ganzen Forschungsgebietes aus Gründen der Systematik der Wissenschaften und der notwendigen Arbeitsteilung den vorhandenen Einzelwissenschaften zu überlassen sind.

In der Zulassung dieser Frage liegt schon die Forderung der Aussonderung ganzer Problemfelder aus dem Gesamtgebiet einer Wissenschaft von den Bildkünsten. Deren Bearbeitung aber ergibt bei gründlicher Durchführung die Notwendigkeit einer Spezialisierung innerhalb der verschiedenen Zweige der Grundlagenforschung, welche dem spezialisierten Arbeitsgebiet Personal, Methoden und Apparatur zur Verfügung stellen muß. Nur dem Psychologen kann man eine exakte und systematisch eingeordnete Bearbeitung filmpsychologischer und fernsehpsychologischer Untersuchungen anvertrauen. Nur dem Fachsoziologen wird man den empirischen Teil der Soziologie der Bildkünste überlassen. Das gleiche gilt für die einschlägigen Disziplinen der Medizin, der Rechts- und Wirtschaftswissenschaft ebenso wie der Technologie.

Im Rahmen dieser Grundlagenforschung wird der *Psychologie* die größte Bedeutung zuzumessen sein, da sie den ganzen Menschen, für den die Bildkünste geschaffen werden, in seinen seelischen Fähigkeiten der schöpferischen Aktivität in der Herstellung sowie der Rezeption und der Reaktion gegenüber der bewegten Bildwelt zu erforschen hat. Freilich wird nicht die gesamte Psychologie für diese Forschung in Anspruch zu nehmen sein, sondern nur die Reihe der in ihrem Arbeitsbereich abgegrenzten Spezialdisziplinen, welche durch ihre Einstellung auf die Medien als film- und fernsehpsychologische Zweige der einschlägigen Gebiete der psychologischen Wissenschaft zu behandeln und zu bezeichnen sind.

Die Eigenständigkeit der psychologischen Wissenschaft ist nach ihrer Loslösung von der Philosophie sowohl gegenüber der Medizin als auch gegenüber den systematischen Kulturwissenschaften klargestellt. Die Psychologie hat neben ihrer generellen Funktionslehre, personalen sowie sozialen Struktur- und Entwicklungslehre eine psychologische Begründung der Kulturfunktionen versucht, indem sie die seelischen Konditions- und Funktionskomplexe von Erziehung, Moral, Religion, Sozialordnung und Wirtschaft erforscht.

Es fragt sich für die Spezialforschung der Bildkunst, wo ihre genetischen und systematischen Probleme unterzubringen sind. Für beide Medien ergeben sich im Blick auf die psychologische Systematik die analogen Problemfelder des generellen Erlebens, der individuellen Wirkung und der kollektiven Beteiligung. Am einzelnen Zuschauer kann der Prozeß der Beteiligung an Film oder Fernsehen vom anfänglichen Interesse und Vorhaben über das Bild- und Situationserleben der Wahrnehmungen und emotionalen Begleitphänomene bis zur wertenden Stellungnahme, Verarbeitung und ethologischen Nachwirkung verfolgt werden. Für die Kollektivität des Verhaltens werden die Vorgänge der Gruppenbildung und der sozialen Reaktion geprüft, die zum Bilderleben führen und aus ihm hervorgehen.

Die Psychologie braucht Aufschluß über die personale Einstellung zum Film- und Fernsehvorgang im Interesse der Individualdiagnostik. Hier dient die Bildkunst nur als Mittel des Testens. Erst mit der speziellen Bildkunstforschung entsteht die Arbeit an der Gewinnung von Reaktionstypen, welche die Psychologie der Persönlichkeit durchzuführen hat. Die wesentlichen Aufgaben der Spezialforschung bestehen in der Erkenntnis der Vorgänge des Bilderlebens innerhalb der allgemeinen Psychologie, in der Erkenntnis der Film- und Fernsehwirkung innerhalb der Entwicklungspsychologie, schließlich in der Erkenntnis der Einstellung des Publikums zur Bildkunst nach Interesse, Geschmack, Bewertung und Verarbeitung innerhalb der Sozialpsychologie.

Um die Aufklärung der Vorgänge des Verstehens, welche sich bei der Aufnahme der Medien im einzelnen Zuschauer, Zuhörer und Teilnehmer abspielen, bemühen sich heute nebeneinander mehrere Spezialdisziplinen. So ist in der Psychologie eine Informationstheorie entstanden, welche die spezielle Untersuchung aller durch optische und akustische Eindrücke herbeigeführten seelischen Prozesse betreibt, die auf Mitteilung von außen beruhen. Sprache, Bild und Ton kommen dabei an das Subjekt in Gestaltkomplexen heran, welche der Deutung bedürfen, um nach ihren Intentionen aus der Vermittlung verstanden zu werden. Diese Theorie ist neuerdings zu einer eigenen psychologischen Spezialdisziplin geworden, seitdem sich die Sozialpsychologie ihrer Anwendung bemächtigt hat.

Die psychologische Erforschung aller Leistungen der organisierenden, künstlerischen und technischen Kräfte der Herstellung der Bildmedien erfordert eine Auswertung allgemein-psychologischer Erfahrung für die spezielle Bearbeitung derjenigen Vorgänge, welche im Zusammenspiel der Kulturwirtschaft mit den Künsten auftreten. Namentlich wird der Untersuchung der mimischen Kunst, wie sie sich vor Kamera und Mikrofon äußert, besondere Aufmerksamkeit seitens der Psychologie zu widmen sein. Auch für die Seelenkunde des Unternehmers und seiner Organe ergeben sich aus den Konflikten zwischen dem moralischen und aesthetischen Gewissen und dem wirtschaftlichen Risiko interessante Probleme einer speziellen Wirtschaftspsychologie.

In den Hauptdisziplinen der Psychologie wird das jeweilige Arbeitsziel und die Methodik für die Spezialforschung entwickelt, um deren Problemfeld aufzuschließen. Bei der experimentellen Bearbeitung der Reaktionstypen hat sich neben den älteren Testmethoden und Gruppenbefragungen die Anwendung des Elektro-Enzephalographen als nützlich erwiesen, wo pathologische Befunde oder umweltbedingte Fehlentwicklungen eine exakte und objektive Fremdbeobachtung des Erlebens erforderlich machen. Diese von Gilbert Cohen-Séat aufgenommene Spezialforschung wird sich besonders für die Heilpädagogik und Psychiatrie als nützlich erweisen.[9]

Das akute Bedürfnis nach pädagogischen Anwendungen hat vielseitige psychologische Untersuchungen der Filmwirkung bei Kindern und Jugendlichen ausgelöst und diesem Spezialzweige noch vor aller Klärung allgemeinpsychologischer Phänomene überall zu einer gründlichen Bearbeitung verholfen. Dabei ist die Methodik dieser Forschung nach allen Seiten hin entwickelt und erprobt worden. Die entsprechende Fernsehforschung hat ebenfalls eingesetzt.[10]

Soziologische und pädagogische Problematik der Jugendgefährdung zwingt diese Forschung, in Zusammenarbeit mit Medizinern, Juristen, Kriminologen und Pädagogen für eine weit angelegte Untersuchung der exogenen und endogenen Ursachen der Verwahrlosung und Kriminalität von Jugendlichen Sorge zu tragen, um den Faktor Bildkunst zu isolieren und auf seine aitiologische Dynamik in der Entwicklung auf den verschiedenen Altersstufen zu überprüfen. Von hier aus haben auch die übrigen Gebiete Anre-

[9] Revue Internationale de Filmologie, Tome V, Nr. 16, 1954.

[10] *Martin Keilhacker*, Die Filmeinflüsse bei Kindern und Jugendlichen und die Problematik ihrer Feststellung. In: Beiträge zur Filmforschung, Bd. 1, 1955, Seite 49 ff.

gungen erhalten, die Spezialforschung der Bildkunst aufzunehmen und die entwicklungspsychologischen Resultate zu ergänzen.

Eine nicht geringere Bedeutung ist der Erforschung der Reaktion der höheren Altersphasen beizumessen, in denen die Bildkunst die Berufsinteressen ersetzt und die alltägliche Lebensgestaltung mit kulturellem Sinngehalt auszufüllen vermag. Diese Forschung muß sowohl der Ethologie als auch der psychologischen Gerontologie selbst wichtiges Material zur praktischen Verwertung in Sozialarbeit und Seelsorge liefern.

In ähnlicher Weise wird die Physiologie für die spezielle Erforschung der Bildkunstwirkung in Anspruch zu nehmen sein. Eine stundenlange ununterbrochene Bereizung von Auge und Ohr durch intensive künstliche Licht- und Tonquellen muß auf die generelle Funktionstüchtigkeit der peripheren Ganglien, subkortikalen Zentren und des Gehirns untersucht werden. Daneben ist auch die individuelle Toleranz der Gesamtperson für diese Empfindungsströme bei den verschiedenen Lebensaltern, Persontypen und Konditionskonstellationen zu prüfen, wofür neben dem Physiologen der Kliniker und der klinische Psychologe zuständig sind. Das Auftreten von Ermüdungserscheinungen beim süchtigen Fernseher und von Seelenstörungen in besonderen Fällen fordert den vordringlichen Einsatz der medizinischen Wissenschaft im Interesse der Fernsehpolitik.

Eine besondere Bedeutung erlangt die Physiologie bei der Feststellung der sinnesphysiologischen Bedingungen einer guten Wahrnehmung der Fernsehbilder, die aus technisch erzeugten Lichteffekten von bestimmter Luminanz bestehen. Der physikalische Reizkomplex muß den biologischen Funktionsgesetzen des Sinnesapparates und der psychologischen Gesetzlichkeit der Empfindungen bei der Entstehung sinnhafter Gestaltungsgebilde entsprechen, wenn eine echte Wahrnehmung der aufgenommenen Wirklichkeit zustande kommen soll.

Die Erkenntnis der Notwendigkeit allgemeiner Anleitung der Jugend zur Verwertung der Bildkünste für Bildung und Lebensgestaltung hat zur Entwicklung eines besonderen Faches der Pädagogik und Didaktik von Film und Fernsehen geführt. Deren Ausbau für Schule und Erwachsenenbildung ist ausschließlich Sache der Erziehungswissenschaft und ihrer praktischen Spezialdisziplin.

Indessen gehört auch der Nachweis der Rolle der Bildkünste in der Lebensregelung des Kindes- und Jugendalters zu den Aufgaben dieser Fachwissenschaft. Soweit nicht die Entwicklungspsychologie zuständig ist, muß die Erziehungswissenschaft an der Feststellung interessiert sein, wieviel die Rezeption von Filmen und Fernsehsendungen im Bedingungskomplex der gesamten Entwicklung für den Alltag des Kindes und des Jugendlichen bei der

Eindrucksmächtigkeit der Bilder und der Plastizität der jungen Seele bedeutet. Die Bildkünste liefern der aller Lebenserfahrung bedürftigen und der Lebensbewältigung noch nicht mächtigen Jugend personale und soziale Leitbilder, Ausschnitte aus dem Menschenleben und der Gesellschaft, Situationen und Ereignisse, welche in der Masse der Filme und Sendungen mehr auf Unterhaltung und Sensation als auf Erziehung berechnet sind.[11]

Aber auch der positive Gehalt dieser Künste ist für die spätere Lebensgestaltung von größtem Bildungswert. Die Anschauung der Natur, der Kulturschöpfungen, der Völker und der Sitten erweitert das Weltbild durch außerordentliche Fülle von Erfahrungen, die in weitem Umfange Bildungswert besitzen. Niemals haben junge Generationen der Vergangenheit so früh in ihrer Lebenserfahrung und so nachhaltig in ihrer Orientierung das wahre Gesicht des Menschen in seinen Tugenden wie in seinen Lastern, in seinen Anlagen wie in seinen Entgleisungen vor Augen gehabt wie die heutige Jugend. Es ist durchaus fraglich, ob die frühzeitige Menschenkenntnis der Charakterentwicklung des jungen Menschen förderlich ist. Aber es ist sicher, daß diese Menschenkenntnis durch die Darstellung und Bevorzugung der dämonischen Seiten der menschlichen Natur in einer Weise vertieft wird, welche die Grundformen des sozialen Verhaltens verändert und die organische Kommunikation in der menschlichen Gemeinschaft zerstört.[12]

D.

Auch in der Soziologie ist für die Spezialforschung der Bildkunst ein eigenes Problemfeld abzugrenzen. Allein die Tatsache, daß die Herstellung und Verwendung des Films eine weitverzweigte Wirtschaftsorganisation erzeugt hat, deren finanzielles Gewicht über den Rahmen der Kulturwirtschaft hinauswirkt, muß die empirische Soziologie zur Feststellung der Sozialstruktur dieser Organisation veranlassen. Die andersartige Organisation des Fernsehens im Verbande mit dem Rundfunkwesen gehört in diesen Aufgabenkomplex hinein. Information und Unterhaltung sind die beiden wesentlichen Effekte der beiden Bildkünste und machen sie zu Instrumenten der Massenkommunikation, deren soziologische Bedeutung in den Möglichkeiten ihrer Verwendung zur tendenziösen Beeinflussung der Bevölkerung in allen Richtungen der Kultur, Politik und Wirtschaft zu suchen ist. Erst mit der Verbreitungstechnik dieser Medien ist es möglich geworden, die kulturelle Ausfül-

[11] *Erich Feldmann*, Entwicklungspsychologie und Erziehungswissenschaft. Zeitschrift für exper. und angew. Psychologie, 1959, Seite 668 ff.
[12] *Erich Feldmann*, Der Film als Kulturfaktor. In: Beiträge zur Filmforschung, Bd. 1, 1955, Seite 25 ff.

lung der Lebensgestaltung der gesamten Bevölkerung über Staatsgrenzen und Kontinente hinweg zu einem relativen Maximum an Bildung, Unterhaltung, Kunstgenuß und Information zu bringen, wie es die Menschenrechte und die Prinzipien der Staats- und Kulturethik in der modernen Demokratie fordern. Der Nachweis der Schichtung und Gradation dieser kulturellen Versorgung der Bildkunst durch soziologische Untersuchungen bietet der Kulturpolitik Unterlagen für ihre Steuerungsmaßnahmen.

Wie die Außenlenkung der Individuen durch intentionale Tendenzen der Medien erfolgt, so wird die Regulierung der sogenannten öffentlichen Meinung durch funktionale Tendenzen derselben bewirkt. Es entstehen Konformitäten und Diskrepanzen der Ansichten über alle aktuellen Vorgänge und Faktoren des öffentlichen Lebens in Bevölkerungsgruppen und Sozialschichten, deren quantitative Feststellung mit den Methoden der Meinungsforschung exakt durchgeführt werden kann. Die Ansichten mit ihrem intentionalen und axiologischen Gehalt sowie in ihrer Entstehung hat die Soziologie selbst zu untersuchen. Dabei bieten die Ergebnisse der Meinungsforschung die Grundlage für die Bewertung der sozialen und kulturellen Gewichtigkeit der Parteien in ihren antithetischen und eklektischen Positionen. Die Meinungsforschung steht hier im Dienste der Soziologie. Deren erste Aufgabe in unserem Problemkreise ist mit der Bestimmung der sozialen und kulturellen Gesamtwirkung der Medien auf die Bevölkerung erfüllt.

Eine weitere Aufgabe liegt in der Untersuchung der Gruppenbildung und Gruppenveränderung durch die Beteiligung an den Bildkünsten. Die Zusammensetzung des Kinopublikums und der Fernsehteilnehmerschaft ist für die Wirtschaft des Filmwesens und die Verwaltung des Fernsehens von größter Wichtigkeit. Integration und Deformation der Mengen, Gruppen und Gemeinschaften hängen von der Thematik und Qualität der Vorführungen ab. Die Aushöhlung des gemeinsamen Familienlebens durch den Kinobesuch und dessen Wiederherstellung durch das Fernsehen sind Eindrücke der Alltagserfahrung, welche die Soziologie durch umfangreiche Felduntersuchungen zu überprüfen hat.

Die Analyse des Publikums der Kinos und der Teilnehmerschaft am Fernsehen erfordert einen großen personellen und technischen Apparat der empirischen Soziologie. Die Zusammensetzung der Mengen und Gruppen nach Geschlecht, Alter, Bildungsstand, Beruf, nach kulturellem Interesse und Geschmack, nach Motivation und Kritik der Teilnahme ist erst durch sorgfältige soziographische Bearbeitung repräsentativer Fälle verschiedener Struktur und Personenzahl unter statistischer Auswertung durchzuführen. Ein besonderes Interesse besteht gegenwärtig für die Aufklärung der strukturellen Veränderungen des Familienlebens und der Erziehungswirklichkeit durch das Fernsehen, sowohl im Hinblick auf die Gegensätzlichkeit der Interessen der Generationen als auch auf die Gefährdung einer organischen Entwicklung der Erziehung und Bildung der Kinder.

Zu den Sonderdisziplinen, welche unbestritten ihren Fachwissenschaften überlassen werden müssen, weil diese über ein eigenes Materialobjekt sowie über eine eigene Heuristik verfügen, gehören die für die Praxis wichtigen Spezialgebiete des Rechtes und der wirtschaftlichen Betriebslehre von Film und Fernsehen. Unter den Aspekten der Praxis der Bildkünste sind die theoretischen Fragen des Urheberrechtes und Steuerrechtes sowie die Probleme der Finanzierung, Bilanzierung und Betriebsorganisation dieser Zweige der Kulturwirtschaft neben allen anderen einschlägigen Spezialfragen nur in der Verbindung von betriebspraktischer Erfahrung und wissenschaftlicher Fachorientierung innerhalb der Fakultäten der Rechts- und Wirtschaftswissenschaften sachgemäß zu bearbeiten. Die Führung liegt dabei ohne Zweifel auf der Seite dieser Wissenschaften, die eine Spezialisierung der beiden Sondergebiete zulassen müssen.

E.

Die bisher behandelten Spezialdisziplinen in den Einzelwissenschaften haben die Aufgabe erhalten, zu erforschen, wie der Mensch auf das neue technische Mittel der Bildkunst in seiner Gestaltung und Anwendung reagiert, wie er die Bildwelt als Einzelperson oder Kollektivwesen erlebt und die ihn umgebenden sozialen Gebilde modifiziert. Dabei haben Film und Fernsehen die Funktion der Vermittlung natürlichen und künstlerischen, personalen und sozialen Geschehens in der Umweltkulisse. Sie sind in dieser Hinsicht nur technische Mittel zu humanen Zwecken, im weitesten Sinne Instrumente zum kulturellen Gebrauch des Menschen in der Herstellung künstlicher Erfahrung.

In der Einstellung dieser Spezialforschung auf die Anwendung der Medien scheint die Betrachtung dieser Medien ausgeschaltet und das wissenschaftliche Erkennen auf den schauenden und hörenden Menschen selbst gerichtet zu sein. Forschung dieser Art kann als Wirkungsforschung in der Film- und Fernsehwissenschaft bezeichnet werden. Sie sollte in ihrem ganzen Umfang von der eigentlichen Bildkunstwissenschaft getrennt werden. Die kritische Begründung dieser Wissenschaft steht noch aus.

In der bisherigen Filmwissenschaft ist eine Prüfung der Bildkünste als Mittel humaner und kultureller Zwecke mit dem Anspruch auf deren wissenschaftliche Dignität noch nicht vorgenommen worden. Wer sich dieser kritischen Aufgabe unterzieht, wird zunächst nach einer Wesensbestimmung der Bildkunst zu suchen haben, um den eigentlichen Gegenstand der Film- und Fernsehforschung selbst zu fixieren. Letzten Endes fällt diese Aufgabe ohne Zweifel einer philosophischen Disziplin zu, die sich von der allgemeinen Ästhetik ebenso wie von der Kulturphilosophie abzweigen und auf das komplexe Gebilde als Objekt einrichten muß. Diese Philosophie setzt aber eine einzelwissenschaftliche empirische Bearbeitung des vielschichtigen Materials voraus.

Der provisorisch eingeführte Begriff der Bildkunst wird hier auf die Erzeugung künstlerischer Bilder durch technische Mittel angewandt, welche dem menschlichen Subjekt Geschehnisse aller Art zu lebendiger Anschauung bringen. Der engere Begriff der Kunst bewegter Bilder ist hierfür allein bezeichnend, wird aber der Einfachheit halber durch den weiteren Begriff der Bildkunst ersetzt.

Dieser weite Begriff umfaßt alle diejenige Kunst, welche statische Bilder in Malerei, Graphik und Fotographie herstellt, um wahrgenommene oder erfundene Wirklichkeit in der Einmaligkeit und Gegebenheit des Augenblickes zur Darstellung zu bringen. Erst durch die moderne Technik ist es gelungen, solche Bilder in der fließenden Beweglichkeit und Veränderlichkeit ihrer Wirklichkeit herzustellen und diese Wirklichkeit für die Erfahrung erscheinbar zu machen.

Es ist bisher zu wenig gewürdigt worden, daß mit der Erzeugung einer bewegten Bildwelt eine völlige Veränderung menschlicher Erfahrung herbeigeführt worden ist. Diese Bilderfahrung kann mit der Anschauung statischer Einzelbilder jeder Art, auch in der Lichtbildprojektion, nicht verglichen werden. Die Anschauung solcher Bilder ergibt eine Wahrnehmung, mit welcher stets das Bewußtsein der Abbildlichkeit oder der Ausdruckshaltigkeit einer künstlichen Gestaltung verbunden ist. Weder das Porträt des Malers noch die Statue des Bildhauers weckt im Menschen bei aller Echtheit der Darstellung und aller Einfühlungsfähigkeit des Beschauers den Eindruck aktualer Gegenwärtigkeit des Objektes. Doch ist dem modernen Menschen der Zauber Aphrodites für Pygmalion zuteil geworden, seitdem seine Bildwerke durch die Technik lebendig gemacht worden sind. Filme und Fernsehsendung versetzen den Zuschauer in das Erlebnis lokaler Gegenwärtigkeit des Geschehens in der Bildwelt, weil mit diesem Erleben für gewöhnlich ein echtes Realitätsgefühl verbunden ist. Die Bildkünste vermitteln die künstliche Erfahrung einer bewegten Welt, die als Wirklichkeit wahrgenommen wird.

Um zu einer brauchbaren Definition der Bildkunst zu kommen, genügt es vorerst, die verschiedenen Seiten dieses vielschichtigen Kulturgebildes in den wesentlichen und besonderen Merkmalen aus dem Zusammenhang der Kulturgebiete und Sozialfunktionen herauszuheben und im Prozeß seiner Entstehung und Verwertung zu einer genetischen Sacherklärung zusammenzufassen. Die Aufnahme der sich bewegenden und verändernden Objekte durch fortlaufende und den eigenen Standort wechselnde Filmphotographie erfolgt unter sehr verschiedenen Zwecksetzungen. Die Projektion des Films vollzieht sich im Interesse solcher Zwecke für ein Publikum, welches diese Objekte mangels direkter Erfahrung zu sehen begehrt. Für den einzelnen Zuschauer aus diesem Publikum ist das Interesse an dieser Erfahrung, für die Veranstalter das Interesse an der Auswertung des Films maßgebend. Der Erlebnis- und Erfahrungsprozeß im Leben des einzelnen und der Menge hat seine eigenen Wirkungsgesetze, deren Funktion über die Zwecksetzung der Hersteller und Veranstalter hinausgeht.

In Würdigung dieser Vielschichtigkeit kann der *Film* die vorläufige Definition erhalten:

> Der Film ist das durch photographische Reihenaufnahmen von Vorgängen und bewegten Objekten sowie durch laufende Lichtprojektion ihrer Reihenbilder erzeugte technische Mittel optischer und zusätzlicher akustischer Veranschaulichung einer in ihren fließenden Veränderungen erscheinenden Bildwelt, die eine künstliche Erfahrung des Subjektes von jenen Vorgängen und Objekten mit allen seelischen Nebenwirkungen und mit der Illusion wahrgenommener Wirklichkeit herbeiführt.

In ähnlicher Betrachtung kann das *Fernsehen* die Begriffsbestimmung erhalten:

> Das Fernsehen besteht in einer technisch erzeugten künstlichen Bilderfahrung veränderlicher Vorgänge und Gegenstände, welche filmphotographisch aufgenommen, durch Elektronenstrahl punktuell abgetastet, nach ihrer Lichtintensität in entsprechenden elektrischen Signalen weitergeleitet und durch Funk verbreitet werden, so daß diese Signale beim Empfänger in adäquate Lichteffekte zurückverwandelt und punktuell wie lokalisiert auf einen Bildschirm geworfen werden können, der die Bilderfahrung mit dem Eindruck erlebter Wirklichkeit möglich macht. Die gleichlaufende akustische Wahrnehmung entspricht in der Aufnahme der Tonfilmtechnik, in der Verbreitung dem Rundfunk. Die Eigenart dieses Mediums gegenüber dem Film liegt in der Möglichkeit einer direkten Übertragung der aufgenommenen Wirklichkeit in das Bildphänomen der Fernsehapparatur. Außerdem liefert die Funksendung einer unbegrenzten Zahl von Empfängern die Bildwelt des fernen Geschehens zu jeder beliebigen Zeit und an jedem beliebigen Ort, so daß ein weit verstreutes Publikum in eine Art von Allgegenwärtigkeit versetzt wird,

deren Reichweite von den technischen Bedingungen der Sendung abhängt.

Solche Definitionen der Bildkünste, wie sie in dieser Erörterung ihrer wissenschaftlichen Behandlung verwendet werden, lassen sich erst durch vergleichende Bearbeitung aller Arten von Filmen und Fernsehsendungen in einer deskriptiven Wissenschaft rechtfertigen. Diese Wissenschaft ist beim Film aus den Bedürfnissen der Wirtschaft und der Archive hervorgegangen und wird in der Regel als Filmkunde bezeichnet. Sie bildet die Domäne des Filmspezialisten und ist in ihrem systematischen wie historischen Teile ohne allzuviel kritische und methodische Strenge, aber mit dem Fleiß der Sammler und der Begeisterung der Liebhaber bearbeitet worden. Die Entwicklung einer entsprechenden Fernsehkunde unterliegt gänzlich verschiedenen sachlichen und methodischen Bedingungen und ist aus den Anfängen noch nicht herausgekommen.

In einer Gliederung der Filmwissenschaft wird die systematische Filmkunde als deskriptive Grundlegung ihrer theoretischen Systematik zu behandeln sein. Die Filmwerke bilden das Material der Forschung und erfordern eine in das Detail ihrer Merkmale hineingehende Beschreibung nach Inhalt und Form, Herkunft und Wirkung. Dieser Beschreibung dient notwendig ein vollständiges System von ästhetischen, ethischen und kulturellen Kategorien, um alle Merkmale zu bestimmen, welche den Film als Werk der Kunst, der Technik und der Wirtschaft in seiner Eigenheit kennzeichnen. Die Bestimmung setzt wiederum eine genauere Analyse des Gehaltes und eine qualifizierte Wertung voraus, deren Kriterien durch die Filmtheorie selbst gewonnen werden müssen.

Nach dieser individuellen Bestimmung läßt sich der Film in die Sparten der Klassifikation der gesamten Filmwerke einordnen. Eine wissenschaftliche Klassifikation ergibt sich aus der Vergleichung aller Arten von Filmwerken und aus der Bestimmung ihrer Wesensarten und ihrer Zwecke. Letzten Endes wird also die Klassifikation der Filme in einem umfassenden System zur praktischen Aufgabe der Filmkunde, die nicht ohne Filmtheorie gelöst werden kann.

Die logischen Methoden dieser Klassifikation sind demnach Definition und Division, ohne welche die Filmkunde lediglich eine technische Registrierarbeit zu leisten vermöchte. Die Filmarchive haben sich freilich mit einer solchen Arbeit begnügen müssen, weil es an der wissenschaftlichen Methodik der Filmkunde bisher im großen und ganzen gefehlt hat.

Die Gliederung des gesamten Filmbestandes erfordert die Anwendung von Einteilungsprinzipien, welche innerhalb einer durchgängigen Definition konsequent anzuwenden sind. Auf diese Weise lassen sich Filme nicht allein nach den äußeren Merkmalen der Herkunft, der Titel, der technischen Beschaffenheit, der Verkaufsbedingungen oder des wirtschaftlichen Ertrages unter verschiedene Sparten und Gruppen bringen, wie es die Archivtechnik für zweckmäßig hält. Sie müssen vielmehr nach ihrer Thematik, nach ihrer künstlerischen Gestaltung und nach ihrem Zweck unter große Gruppen gebracht werden, deren Charakteristik nach ethischen und ästhetischen Normen durchzuführen ist.

Die Filmkunde wird mithin zuerst die grundlegende Unterscheidung zwischen den großen Gruppen der Dokumentarfilme und der Spielfilme zu treffen haben. Die weitgreifende Bedeutung dieser Unterscheidung scheint in der bisherigen filmwissenschaftlichen Literatur nicht genügend gewürdigt worden zu sein. In der Trennung beider Gattungen offenbart sich die völlig verschiedenartige Zweckbestimmung und Auswertung derselben. Der Film wird in der Gattung der Dokumentar- und Kulturfilme als Vermittler künstlicher Erfahrung an einer gegebenen Wirklichkeit benutzt, so daß er die unmittelbare Wahrnehmung dieser Wirklichkeit durch Bildwahrnehmung ersetzt, wie es bei wissenschaftlicher Beobachtung, Anschauungsunterricht, experimenteller Demonstration oder Berichterstattung der Fall ist. Die Gattung der Spielfilme indessen bezweckt die Herstellung des Spielgeschehens selbst und erreicht dies in der Vielheit und Wiederholbarkeit der Vorführungen, wie sie im Unterschied zum Theater überall möglich sind. Hier bleibt der Film zwar technischer Vermittler, wird aber durch die Eindringlichkeit seiner Wirkung in der Bilderscheinung zum erlebten Geschehen für die Zuschauer, die in voller Subjektivität dabeizusein glauben. Der Spielfilm ist also keineswegs als ein mechanisierter Ersatz des Theaters zu betrachten. Er ist vielmehr eine eigene Kunstgattung epischer, dramatischer und musischer Aufführung in einer Bildwelt und Tonwiedergabe, welche als Wirklichkeit erscheint.

Die Filmstatistik gehört mit ihren exakten Methoden der Konjunkturforschung und Leistungsmessung zum Bereiche der Filmwirtschaftslehre. Sie dient außerdem der speziellen Soziologie des Filmwesens. Ihre Methoden sind durch Alexander Jason im Berliner Institut für Konjunkturforschung ausgebildet und durch die Filmwirtschaft seither weiterentwickelt worden. Ihre Auswertung ist für den Betrieb der Filmwirtschaft unentbehrlich. Die Filmwissenschaft bedient sich der Statistik lediglich in ihrem deskriptiven Teil und beschränkt sich dabei auf die Erkenntnis der quantitativen Veränderungen in der Gesamtstruktur des Filmwesens.[13]

[13] *Alexander Jason* bearbeitete: Das Filmschaffen in Deutschland (seit 1940); ferner: Handbuch der Filmwirtschaft, 3 Bände, 1929—32; Methoden und Begriffe der Filmstatistik, in: Vierteljahrsschrift zur Wirtschaftsforschung, 1941.

In der Filmwirtschaftslehre hingegen wird die Statistik zum Instrument betrieblicher Planung und Organisation und damit zum Kriterium für die Bewertung kultureller Unternehmungen und Leistungen. Wochenberichte und Jahresberichte erhalten hier ihren Wert für die Auswertung der Konjunktur, die Behebung der Krise und die Stabilisierung wirtschaftlicher Unternehmung. In diesem Bereich der angewandten Kulturwissenschaft erscheint die Bedeutung der Statistik und ihrer Verwertung weit vordringlicher als der ganze Apparat der theoretischen Forschung der Filmwissenschaft. So erklärt sich die großzügige Förderung dieser Disziplin durch die Filmwirtschaft.

Bisher hat die Filmwissenschaft besonderen Wert auf den Ausbau der Filmgeschichte gelegt und dabei wertvolle literarische Ergebnisse erbracht. Die Filmgeschichte gehört zum deskriptiven Teil der Filmwissenschaft und bildet eine wesentliche Grundlage für den systematischen Ausbau der Theoretik, dem sie das Material liefert.

Als besondere Sparte der Geschichte gehört sie in den weiteren Rahmen der Kulturgeschichte und bildet darin sowohl einen eigenen Zweig der Geschichte der Technik als auch einen differenzierten Zweig der Geschichte der Künste aus. Daneben erhält die filmgeschichtliche Forschung die Aufgabe, im Rahmen der Sozial- und Wirtschaftsgeschichte die Entwicklung dieses neuen Zweiges der Kulturwirtschaft zu verfolgen und zugleich die Beziehungen zur Gesetzgebung und zur staatlichen Kulturpolitik herzustellen.

Die Mannigfaltigkeit dieser Zweige zeigt, daß die eigentliche Forschung im Bereich der Filmgeschichte nicht mit der bloßen Beschaffung des Materials und der Quellen betrieben werden kann und sich allenfalls mit historischer Methode in der Verarbeitung derselben begnügen darf. Die Vielgestaltigkeit des Filmwesens in allen Kulturbereichen macht auch eine weitgehende Spezialisierung der filmgeschichtlichen Forschung nötig.

Zuerst gehört der Nachweis der Entstehung des Films in die Geschichte der Physik, der Fotographie und der Elektrotechnik. Mit der Entwicklung des Tonfilms und des dreidimensionalen Films geht die technische Ausgestaltung der Elektroakustik und des Theaterbaues einher.

Auf der künstlerischen Seite der Produktion wird in der Regel nur die geschichtliche Folge der Kunststile und Filmarten nachgewiesen. Das größte Interesse der Filmgeschichte aber finden die Leistungen der Filmgestaltung bei Darstellern und Regisseuren, deren Lebensläufe, so unwichtig sie für den Gang der Filmgeschichte sein mögen, doch mit zuviel Aufwand an Biographik behandelt werden.

So ergeben sich enge Beziehungen zwischen der gesamten Kulturgeschichte des Filmwesens und den einzelnen Disziplinen der Literaturgeschichte, Theatergeschichte, Musikgeschichte, Kunstgeschichte sowie der Geschichte der Ästhetik.

Daneben erhält die Filmgeschichte den Auftrag, im Zusammenhang mit der Sozial- und Wirtschaftsgeschichte die Wandlungen zu erklären, welche die verschiedenen Bereiche der Sozialkultur durch die Erfindung und Auswertung des Films erfahren haben. In der speziellen Sittengeschichte zeigt sich deutlich die starke Veränderung der festgefügten Traditionen alter Zeit durch die Massenbeeinflussung modischer Varianten. In der Sozialgeschichte tritt die Bedeutung der Leitbildwirkung des Films und der wirtschaftlichen Ausbreitung der Kulturindustrie deutlich hervor. Die Wirtschaftsgeschichte aber verzeichnet den gewaltigen Aufstieg des neuen Zweiges finanzieller Steuerung, wirtschaftlicher Organisation und handelsmäßiger Verwertung des Filmmediums.

Im Zusammenhang der Filmgeschichte wird man auch an den Beziehungen der Geistesgeschichte zum Filmschaffen und zum Filmkonsum nicht vorübergehen können. Es ist für die Erkenntnis der psychologischen Bedingungen der Filmproduktion ebenso wie des Filmkonsums nicht unerheblich, die Konstellation des Zeitgeistes mit seinen weltanschaulichen, kulturkritischen und ethologischen Tendenzen zu prüfen und in ihren charakteristischen Wandlungen der geschichtlichen Phasen zu verfolgen, um die entsprechenden Wandlungen der Filmthematik und der Filmstile auf deren Einflußmöglichkeiten zurückzuführen.

Wenn die entsprechende Forschung der Entwicklung des Fernsehens gewidmet wird, ergibt sich mit größerer Deutlichkeit die Notwendigkeit der Trennung kulturgeschichtlicher und technischer Betrachtungsweise. Erst im Laufe der technischen Fortschritte konnte das Fernsehen zu seiner heutigen Qualität gelangen, die keineswegs vollendet ist. Die Entwicklung des Fernsehens ist daher mit der Geschichte der modernen Elektrotechnik eng verknüpft. Die Auswirkungen dieser neuen Bildkunst aber zeigen sich sowohl im weiten Rahmen der Kulturgeschichte als auch in den besonderen Umgestaltungen individueller Lebensgestaltung und sozialer Dynamik. Hier steht die historische Forschung vor neuen Aufgaben.

F.

Insoweit ist die Bearbeitung der Bildkünste durch eine deskriptive Einzelwissenschaft unbestritten. Der logische Ort dieser Wissenschaft muß aber im Zusammenhang einer Theorie der Klassifikation der Wissenschaften festgestellt werden.[14]

Die kategoriale Einordnung der Bildkünste in die Gebilde der

[14] *Erich Feldmann*, Die Film- und Fernsehforschung im System der Wissenschaften. In: Filmkunst, Wien 1961.

Gesamtkunst verweist die darauf bezogene Wissenschaft auf die Gruppe der systematischen Kulturwissenschaften. Bei der kritischen Überprüfung ihres Standortes ergibt sich aber die Schwierigkeit, daß diese Gebilde bei ihrer Vielschichtigkeit nicht einem einzigen Sondergebiet der Kultur zuzuweisen sind, sondern in mehreren Kulturgebieten als Faktoren und Wirkungskomplexe erscheinen. Sie sind in der Tat nicht allein als Kunstwerke der geistigen Kultur zugehörig, sondern auch als technische Werke der materiellen Kultur und in ihrer Bewirtschaftung der Sozialkultur. Sie wirken sich außerdem in der seelischen Dynamik der Person und in der sozialen Dynamik des Publikums als Faktoren der Lebenskultur aus. Daher ergibt sich die Frage nach der Zuständigkeit dieses Gebietes in den einzelnen Kulturwissenschaften, die nur unter Voraussetzung ihrer Systematik beantwortet werden kann.

Die Gliederung der Kulturwissenschaften nach ihren Gegenständen ist von einer Kulturphilosophie abhängig, welche das Wesen der Kultur aus anthropologischen Voraussetzungen herzuleiten. vermag. In einer solchen Kulturphilosophie wird das Wesen der Kultur in diejenigen Funktionen des Menschen verlegt, durch welche das natürliche Dasein primitiver Lebensfristung durchbrochen und zu einem eigentlich humanen Dasein erhöht wird. Dies geschieht in der Realisierung humaner Zwecke, die den geistigen Werten entstammen und aus der Fülle seelischer Leistungen überall auf die Gestaltung des personalen und sozialen Lebens hinwirken. Das humane Dasein wird in der Regel als Humanität bezeichnet und in allen Bereichen der Kultur realisiert.

Zu diesen Bereichen gehört zunächst die materielle Kultur, die Befriedigung natürlicher Bedürfnisse für das Leben in wirtschaftlichen und technischen Funktionen. Hierzu gehören die technischen Bedingungen und Leistungen der Erzeugung von Filmbildern und Fernsehbildern.

Weiterhin gehören dazu alle Vorgänge, welche die soziale Daseinsordnung herstellen, indem aus dem Zusammenleben der Individuen nach Satzung, Sitte und Recht gesellschaftliche Gebilde erwachsen und das Leben der Gesellschaft regulieren. Im Bereich der Medien entstehen die sozialen Organisationsformen und rechtlichen Normen für die Bewirtschaftung und die staatliche Betreuung dieser Kulturgebilde.

Auch die Lebenskultur der Individuen gehört zu den Gestaltungen, welche sittliche, religiöse, geistige und humane Werte realisieren. Dies geschieht in allen Vorgängen der erziehenden Lebensregelung und in der personalen, sozialen und beruflichen Lebensgestaltung. In der unendlichen Vielheit glücklicher, tragischer und krimineller Lebenswege wird die Lebenskultur durch die Schilderung der Spielfilme und Fernsehspiele zur Anschauung gebracht.

Der Bereich der geistigen Kultur ist hier auf die Gebilde der objektiven Kultur zu beschränken, da alle subjektive Kultur zur Lebenskultur zu rechnen ist. Er erstreckt sich auf die ganze Mannigfaltigkeit an objektiven Gebilden, wie sie in der dialektischen Aufreihung der Stufen des objektiven und absoluten Geistes bei Hegel vorliegen. Dazu gehören die sittlichen Normen, die weltanschaulichen Systeme, die religiösen Dogmen, die Wissenschaften, die künstlerischen Schöpfungen und die axiologischen Syntagmen. Die objektive Kultur wird also im Bereiche der Geisteskultur diejenigen Gebilde umfassen, welche durch das geistige Leben der Menschen erzeugt und über individuelle und soziale Variationen hinaus in ihrem substantiellen Bestand objektiviert werden.

Damit ist die Sonderstellung aller geistigen Kultur gegenüber den drei übrigen Bereichen der Gesamtkultur gekennzeichnet. Es zeigt sich, daß Filmkunst und Fernsehschaffen zu denjenigen Funktionen gehören, welche in den Zusammenhang der objektiven Kultur einzuordnen sind und in der subjektiven Kultur zu ihrer Auswirkung auf das individuelle und soziale Geistesleben gelangen. Die Doppelseitigkeit dieser Gebilde der Bildkunst bedeutet für die wissenschaftliche Forschung eine Doppelgleisigkeit der Problemstellung und der Untersuchungen zu ihrer Lösung.

In der Gliederung der systematischen Kulturwissenschaften kann neben den Geistesgebieten der Religion, Philosophie und Wissenschaft die Ausdruckskultur der Sprache und die Arbeitskultur der Künste der Menschen nicht fehlen. Jedem dieser Gebiete ist eine eigenständige einzelwissenschaftliche Forschung zu widmen, die zunächst lediglich theoretischer Art ist. So entstehen Theorien der verschiedenen Künste. In der Synthese wird eine Theorie der Künste als allgemeine Kunstwissenschaft sowie eine philosophische Ästhetik den speziellen Disziplinen übergeordnet. Die Forschung bleibt in der empirischen Bearbeitung der vorhandenen Kunstwerke, vollends in der philosophischen Deutung ihres Wesens, auf dem Boden der theoretischen und systematischen Kulturwissenschaft, sofern das Tatsachenmaterial in seinem Bestand registriert, analysiert und klassifiziert wird. Insofern kann auch der deskriptive und der historische Teil der Wissenschaft von Film und Fernsehen zu diesen theoretischen Disziplinen der systematischen Kulturwissenschaften gerechnet werden. Wenn aber die wissenschaftliche Behandlung der Bildkunst im ganzen zu den angewandten Kulturwissenschaften gezählt wird, muß dieser Komplex jedenfalls der angewandten Wissenschaft als theoretischer Teil vorgeordnet werden. Dann ergibt sich eine Theoretik im Rahmen der angewandten Wissenschaften. Zu dieser Disziplin gehören Filmkunde, Filmgeschichte und Filmstatistik mit den entsprechenden Disziplinen der Fernsehwissenschaft.

Die Aufgaben der theoretischen Kulturwissenschaften sind bisher von den Geisteswissenschaften vertreten und nach ihren heuristischen Anforderungen gründlich bearbeitet worden. Wo immer die einzelnen Geisteswissenschaften selbst oder auch die logische Methodenlehre im Zusammenhange einer umfassenden Wissenschaftstheorie diese Aufgaben festgelegt haben, sind diese Geisteswissenschaften in ihrer systematischen wie in ihrer historischen Forschungsrichtung konsolidiert und in den Zusammenhang aller Wissenschaften eingegliedert worden. Dabei hat sich überall die methodische Eigenart dieser Forschung gegenüber den Naturwissenschaften gezeigt und die in der modernen Philosophie erörterte fruchtbare Problematik der Kulturwissenschaften ergeben, die besonders durch die Vertreter der Badener Schule bearbeitet worden Andererseits haben sich Dilthey und Wundt von verschiedenen Positionen aus für die methodische Eigenart der Geisteswissenschaften und die Beibehaltung dieses Sammelnamens eingesetzt.

Ich folge der neuesten Entwicklung der Psychologie, wenn ich aus dem Bereich der bisher sogenannten Geisteswissenschaften die eigentlichen Kulturwissenschaften ausgliedere und die im engeren Sinne geisteswissenschaftliche Forschung auf das Gebiet der psychologischen Wissenschaften beschränke. Hierdurch entsteht eine klare Trennung zwischen der Untersuchung der seelischen Grundlagen aller Kulturfunktionen einerseits und der Untersuchung der aus ihnen hervorgehenden objektiven Kulturgebilde andererseits.

In der Tat erscheint die bisherige Systematik und Gliederung der Wissenschaften überholt, wenn man die fortschreitende Differenzierung sowohl der psychologischen als auch der sozialwissenschaftlichen Forschung berücksichtigt und die idealistische Begründung der Geisteswissenschaften aufgibt. Die neueste Entwicklung der Wissenschaftstheorie, die den wirklichen Bedürfnissen der Spezialforschung und den Aspekten einer umfassenden Kulturphilosophie entspricht, legt daher die klare Trennung des Gesamtgebietes der Psychologie von den Kulturwissenschaften nahe und erfordert eine neue Aufteilung der verschiedenen Disziplinen, welche die Kultur im ganzen zum Materialobjekt haben.

Ich schlage daher vor, in den Kulturwissenschaften eine Scheidung der historischen und der systematischen Disziplinen von den angewandten Kulturwissenschaften durchzuführen. Innerhalb dieser angewandten Kulturwissenschaften sind alle Forschungen unterzubringen, die bisher von den Geisteswissenschaften in ihrer wissenschaftlichen Dignität beanstandet oder abgelehnt wurden, wie die Pädagogik und Politologie, die Publizistik und die hier zu behandelnden Disziplinen. Derartige Gebiete gehören in die Kulturwissenschaften hinein, insofern sie überall die kulturelle Gestaltung von Zwecken menschlicher Wertsetzung zum Gegenstande haben. Die wissenschaftliche Erkenntnis vom Wesen und Wert solcher Kulturtätigkeiten verbleibt völlig bei den theoretischen Disziplinen der Kulturwissenschaft. Aber die Auffindung der Mittel und der Methoden kulturellen Schaffens nach ihrer Zweckmäßigkeit sowie nach der sachlichen und menschlichen Bedingtheit ihrer Realisierung gehört einer angewandten Wissenschaft an, deren logische Rechtfertigung eine besondere Aufgabe der Wissenschaftstheorie sein würde.

Unter diesen wissenschaftstheoretischen Voraussetzungen gehört die gesamte empirische Forschung im Bereiche der Bildkünste zu den angewandten Kulturwissenschaften. Ihr Gegenstand ist Ergebnis kultureller Gestaltungsarbeit mit ihren Zwecksetzungen und Realisierungen, andererseits Ergebnis kultureller Verwertung der gestalteten Gebilde unter eigenen Tendenzen und Zwecken. Als angewandte Kulturwissenschaft allein läßt sie sich gegenüber den legitimen Aufgaben der Spezialforschung in den grundlegenden Disziplinen der Geisteswissenschaften und der systematischen Kulturwissenschaften rechtfertigen. Wo die Wissenschaft vor die Aufgabe gestellt wird, der kulturellen Dynamik dieser Gestaltung und Auswertung eine methodische Erkenntnisarbeit zu widmen, muß sie sich nach theoretischer Klärung der Voraussetzungen der Begründung der Zwecksetzungen und der Normierung der Verfahren zuwenden. Eine kritische Rechtfertigung dieses Ansatzes vor der speziellen Erörterung des engeren Sachgebietes ist hier nicht zu umgehen, so kurz und unvollständig sie bei der gebotenen Konzentration ausfallen mag.

Die Wissenschaft kann sich nicht damit begnügen, das Kulturschaffen der Menschheit bloß in seiner Entstehung und Entwicklung historisch zu verfolgen oder in dem komplexen Gefüge der kulturellen Gebilde zu deuten und systematisch zu ordnen. Diese Aufgabe ist in umfassender Weise durch die theoretischen Kulturwissenschaften bearbeitet worden.

Das kulturelle Leben und Schaffen bedarf aber gerade in seiner teleologischen Gestaltung der Bestimmung des Wertcharakters und der Sinnhaftigkeit der humanen Zwecke sowie der Erfindung und Prüfung zweckmäßiger Mittel und Verfahren zu deren Realisierung. Eine solche Arbeit der Wissenschaft liegt in echter heuristischer Analogie bei allen technischen Wissenschaften ebenso wie bei den angewandten organischen Naturwissenschaften vor. Hier waltet keine Besorgnis strenger Wissenschaftstheorie, die Grenzen wissenschaftlicher Aufgabenstellung und Forschung zu überschreiten und exakte Methodik auf den Ausbau angewandter Disziplinen zu verwenden.

Die richtige Bestimmung der Anwendung ergibt sich hier aus der Erkenntnis, daß für die Realisierung von Kulturzwecken und die Gestaltung von kulturellen Gebilden menschliches Wissen und Können eingesetzt werden muß. Die eigentliche Anwendung besteht aber nicht in der unmittelbaren Übertragung der Erkenntnis in das Schaffen, der Theorie in die Praxis, sondern in der Benutzung von Mitteln und Verfahren zur Realisierung von Zwecken. Erst die Erfindung dieser Mittel und Verfahren erfordert die Benutzung derjenigen geistigen Tätigkeiten, welche nach der theoretischen Überlegung der Voraussetzungen und der Ziele auf die praktische Orientierung über die Möglichkeiten und Gegebenheiten der Durchführung der realisierenden Kulturfunktionen hinausgehen. Wie sich der Mensch vom Arzte auf Grund seiner Diagnose durch eine entsprechende Therapie heilen läßt, wird in der medizinischen Wissenschaft nach den theoretischen Erkenntnissen der organischen Naturwissenschaften und nach den praktischen Regeln der klinischen Disziplinen der Medizin untersucht und ausgeführt. Die Anwendung liegt hier in der Ausnutzung der Erkenntnis der Gesetzlichkeit der Lebensfunktionen innerhalb der Physiologie und Pathologie für die Bestimmung der geeigneten Mittel zur Behebung des pathologischen Prozesses und zur Wiederherstellung der gesunden Kondition.

In gleicher Weise ergibt sich für alle Kulturwissenschaften zunächst die Aufgabe, den konkreten Zweck kultureller Funktionen nach seinem Vorstellungsgehalt und seiner Wertqualität festzulegen und auf die Bedürfnisse der Humanität einzustellen. Alsdann sind die Möglichkeiten der Realisierung solcher Zwecke sowohl induktiv und experimentell als auch konstruktiv zu prüfen und auf den Lebenszusammenhang des kulturellen Schaffens zu beziehen. Hierbei ergibt sich die Forderung nach einem System von Normen und Regeln, unter welchen der Prozeß der Realisierung zweckmäßig gestaltet werden kann.

Diese beiden Aufgaben füllen im Gefüge einer jeden angewandten Kulturwissenschaft eine ganze wissenschaftliche Disziplin aus, welche den Namen der Teleologik verdient und rechtfertigen muß.

Zur Teleologie der Film- und Fernsehwissenschaft gehört also zunächst die Gliederung der möglichen Zwecke und ihre Wertbestimmung bei allen Produktionen der Bildkünste. Es bedarf zu dieser axiologischen Qualifizierung einer aus der Philosophie entwikkelten Normenlehre, die für jede Sparte der Gebilde besondere Maßstäbe und Vorschriften festlegt. Für dokumentarische Werke ist sachliche Richtigkeit, für historische und aktuelle Themen insbesondere Echtheit und Wahrheit zu fordern. Für alle Spielgestaltung gelten ästhetische und ethische Normen in ihrer vielseitigen Anwendung auf die beteiligten Kunstarten. Endlich sind für die technische Gestaltung und Demonstration überall die strengen Maßstäbe physikalischer Gesetzlichkeit zu beachten.

So entstehen neue Disziplinen im Bereich der Theorie als Grundlage der praktischen Wissenschaften. Sie haben noch keineswegs eine ausreichende Bearbeitung erfahren und werden einstweilen immer noch von den Praktikern mißachtet, die sich auf ihre Intuition und ihre Routine verlassen. Freilich ist die Filmästhetik in der Literatur durch eine bunte Fülle von Einzelstudien und durch die grundlegenden Teile größerer Werke zur Dramaturgie vertreten. Ihre systematische Darstellung im Rahmen einer philosophisch fundierten ästhetischen Theorie hat sie allerdings nur bei Ernst Iros gefunden.[15] Von einer entsprechenden Fernsehspieltheorie kann bisher nicht einmal in Ansätzen die Rede sein. Weit schlechter steht es noch um die Begründung einer Ethik des Films und des Fernsehspiels. Hier sind Fragen zu entscheiden, die in die Gesetzgebung und Kritik eingreifen und für die Verantwortung der Produzenten, der Politiker und der Konsumenten unumgänglich sind.

Wie sich die technische Normenlehre an die Naturwissenschaften zu halten hat, so muß die Teleologie der Bildkünste an der Philosophie orientiert werden. Da alle Demonstration der beiden Künste auf die Erzeugung künstlicher Erfahrung eingerichtet ist, läßt sich für die Bemessung der Kriterien der demonstrierten Vorgänge und Gestalten die Erkenntnis der Bedingungen der Bilderfahrung nicht entbehren. Daher wird die Theoretik vor die Aufgabe einer Phänomenologie der Bilderfahrung gestellt, die der modernen erkenntnistheoretischen Forschung einen interessanten Auftrag erteilt und sie in den Problemkreis der Metaphysik der Bildwelt hineinführt. Auf dem Wege der Untersuchung der Auswirkungen der Bilderfahrung aber gelangt die Philosophie zur Problematik der Anthropologie. In ihrer metaphysischen Ebene muß letzten Endes die Klärung der Sinngebung der kulturellen Lebensgestaltung gesucht werden, in welcher Film- und Fernsehkünste zum ästhetischen Genuß, zur ethologischen Unterhaltung, zur Bildung oder zur moralischen Orientierung benutzt werden. Alle diese philosophische Theoretik bedarf aber der empirischen Basis in der einzelwissenschaftlichen Bearbeitung der Bildkunstwerke.

Nach der Teleologik hat der praktische Teil der angewandten Kulturwissenschaften im ganzen die Aufgabe, die Mittel der kulturellen Realisierung nachzuweisen, in ihrer Brauchbarkeit und Zweckmäßigkeit zu überprüfen und in der Durchführung des Prozesses ihrer Anwendung zu regulieren. Dieser Aufgabenkreis bildet den Kern einer jeden angewandten Wissenschaft und kann als die Lehre von der Praktik bezeichnet werden. Hier wird nicht nur

[15] *Ernst Iros*, Wesen und Dramaturgie des Films. Neue Ausgabe hrg. v. Martin Schlappner, 1957.

die methodologische Eigenart der angewandten Wissenschaft deutlich, sondern auch die Besonderheit der erkenntnistheoretischen Begründung ihrer wissenschaftlichen Dignität.

Weiterhin gehört in diese praktische Wissenschaft die Untersuchung und die Verwendung von Normen und Regeln, die zwar in ihrer Geltung rein theoretisch erkannt und begründet werden, in ihrem Gebrauch aber nur nach den genannten drei Modalitäten ausgesucht und eingesetzt werden können. Auch hier handelt es sich um die Richtigkeit der Normen und Regeln im allgemeinen, um die Zweckmäßigkeit ihrer Verwendung im besonderen Fall und schließlich um die Wertigkeit oder Wertqualität des Zweckes, auf welchen sie angewandt werden.

Endlich ist für den Wissenschaftscharakter dieser Disziplinen die Intentionalität der Sinngebilde entscheidend, welche durch den kulturellen Prozeß hergestellt werden sollen. Während die objektivierten Kulturgebilde in rein theoretischer Betrachtung erfaßt und gedeutet werden können, sind die in der Zielsetzung und in den Lebenstendenzen angelegten Sinngebilde kulturellen Lebens und Schaffens erst dann zu verwirklichen, wenn ihre ideale Struktur und Wertqualität in Absicht und Planung im voraus festgelegt und in ihrer Intentionalität durch die konkrete Zwecksetzung bestimmt werden kann.

Unter diesen Voraussetzungen erlangt innerhalb der Praktik angewandter Kulturwissenschaften die pragmatische These von der Aufgabe der Wissenschaft ihre volle Gültigkeit. Hier geht die Wissenschaft aus der reinen Wahrheitserkenntnis in die methodisch geregelte Untersuchung der Richtigkeit der Normen sowie der Zweckhaftigkeit der Mittel und Verfahren allen kulturellen Lebens und Schaffens über. Ihre oberste Norm ist hierbei die Brauchbarkeit der Regeln und Methoden und keineswegs die bloße Wahrheit eines theoretischen Verhaltens den Aufgaben und Gegebenheiten der Kultur gegenüber.

Der praktische Teil der Filmwissenschaft wird sich nach diesen Voraussetzungen der Praktik einer jeden angewandten Kulturwissenschaft richten müssen. Es bedarf einer Methodik für die Gestaltung aller Arten von Filmen und für deren Verwendung.

Es kann zunächst der Zweifel auftreten, ob eine solche Methodik bei der Vielseitigkeit dieser Gestaltungsmöglichkeiten und Anwendungen überhaupt auszubilden sei. Die Einheit der Filmwissenschaft würde aufgehoben werden, wenn die Forderungen der Filmgestaltung und Filmverwendung aus heterogenen Zwecksetzungen abgeleitet werden müßten. Indessen ist das Kulturgebilde Film durch einen einheitlichen Kulturzweck in seinem Wesen bestimmt, der sich in allen Sonderarten seiner Ausführung geltend macht. Es ist der Zweck der Vermittlung einer künstlichen Bildwelt.

Aufgabe der Filmgestaltung ist mithin die Herstellung dieser Bildwelt für den Zuschauer. Diese Zwecksetzung wird nicht verändert, wenn der Film seinerseits als Mittel verschiedener kultureller Zwecke verwendet wird, wie in der wissenschaftlichen Forschung, im Unterricht, in der dramaturgischen Kunst und in der kulturellen Unterhaltung.

Insofern gibt es bei der Einheit des Zweckes gleichwohl eine Vielheit der Mittel und Methoden in seiner Gestaltung. In erster Linie werden technische Mittel und technische Verfahren erfordert, um den Filmstreifen herzustellen. Zu gleicher Zeit gelten die mit Improvisationen und Erfindungen versetzten Methoden künstlerischer Gestaltung, in der ästhetische Normen zur Anwendung kommen.

Weitere Verfahren in der Herstellung der Filme ergeben sich aus den Empfehlungen der wirtschaftlichen Betriebslehre, die nach finanziellen und ökonomischen Aspekten zur Ausbildung rationeller Methoden kommt.

Eine solche Lehre von der Filmgestaltung hat die Aufgabe, die Bedingungen und Regeln der künstlerischen Gestaltung der Spielfilme aufzustellen und sie an den verschiedenen Zwecken und Spielformen des filmischen Schaffens zu messen. Man bezeichnet diese Lehre als Filmdramaturgie, indem man sich die Dramaturgie des Theaters und deren ästhetische Grundlegung zum Vorbild nimmt.

Die Aufgaben dieser Gestaltungslehre ergeben sich aus den drei verschiedenen Bereichen ihrer Anwendung. Zuerst ist die dichterische Konzeption des Stoffes und seine Formung zu einem echten Lebensvorgang in ihren Grundfunktionen zu untersuchen und auf Regeln zu bringen. Diese Regeln sind von der Vielgestaltigkeit des Filmstoffes abhängig, dessen Aufzählung und Gliederung zu den wesentlichen Aufgaben der filmischen Dramaturgie gehört.

Weiterhin erfordert diese Lehre die Aufstellung von Normen und Regeln sowohl für die technische als auch für die künstlerische Gestaltung der fotographischen Aufnahme und der Wirklichkeit des Geschehens, das fotographisch aufgenommen wird. Hier liegen die wesentlichen Aufgaben der Regie.

Schließlich erfordert die Darstellungskunst der handelnden Personen eine Anweisung nach den Regeln, welche die verschiedenen Kunstarten zu befolgen haben, um eine ästhetische Qualität zu erhalten. Vor allem kommt es in diesen Künsten auf die Lebenswahrheit der Darstellung und die Formschönheit der Ausdrucksformen der Personen an, welche im Spiel vereinigt sind.

Die Vielheit der Künste, die hier zu einem komplexen Kunstwerk eigener Gattung vereinigt sind, erfordert die entsprechende Vielheit der Regeln und Methoden in ihrer Aufführung. Weit über die Möglichkeiten des dramatischen Theaters hinaus verfügt die Filmkunst über fast unbegrenzte Mittel der Gestaltung filmischer Effekte.

Die Entwicklung einer eigenen Dramaturgie des Fernsehspiels hängt von den Erfahrungen ab, welche die Filmspezialisten, die mit der neuen Praxis betraut sind, in der Anwendung von Regeln der Filmdramaturgie auf die umgrenzte Szenerie und personelle Besetzung im Fernsehbild machen werden. Wie die klassischen Prinzipien der dramatischen Kunst vom Theater auf den Film übertragen worden sind, so können sie auch für die neue Kunst des Fernsehspiels modifiziert und angewandt werden. In gewissem Umfang kann dramatische Dichtung und Inszenierung vom Film auch im Fernsehen präsentiert werden. Die Eigenart des Fernsehspiels liegt allenfalls in der Intimität der Räume und Kontakte auf der Seite des Bildes wie des Publikums. Hierdurch sind Thematik und Situationsgestaltung im wesentlichen bestimmt. Es wird einer gründlichen wissenschaftlichen Durcharbeitung des neuen Zweiges der Bildkunst bedürfen, um deren große Mission an der kulturellen Versorgung der Bevölkerung in ihrer ganzen Verantwortlichkeit fruchtbar zu machen. Die Bedeutung dieser Aufgabe ergibt sich allein aus der gewaltigen Zahl der Betrachter, mit welcher die Breitenwirkung des Theaters nicht zu vergleichen ist.

Die Forschung im Bereiche der praktischen Film- und Fernsehwissenschaft ist keineswegs mit der Praxis der beiden Medien gleichzusetzen, auch wo diese auf der hohen Ebene des künstlerischen Experimentes betrieben wird. In dieser Praxis der Filmwirtschaft und des Fernsehschaffens sind nur rationelle Methoden der Planung, der Herstellung und der Verwendung der Schöpfungen brauchbar, die einen wirtschaftlichen Ertrag oder eine Publikumszustimmung sicherstellen. Wenn dabei auch Risiken in Kauf genommen werden müssen, die in jeder Warenproduktion gegeben sind, deren Marktwert und Absatz zweifelhaft ist, so sind doch Mittel und Methoden der Produktion von aller unnützen Aufwendigkeit freizuhalten. In der Fernsehsendung ist das Risiko heute mit der Konkurrenz gegeben, aber durch die große Freiheit und Beweglichkeit der Gestaltung doch verhältnismäßig begrenzt.

Ganz anders liegt das Interesse bei der wissenschaftlichen Forschung. Hier geht es um die Durchführung von Experimenten mit ganz bestimmter Problemstellung, für die alle Möglichkeiten der Verfahren durchzuproben sind, welche Aussicht auf Verifikation von Vermutungen oder Erwartungen und auf Realisierung von Zwecken zu bieten scheinen. Das Experiment mit der Verschwendung der Materialien und Methoden ist das eigentliche Element der Forschung. Neben Versuchen mit tauglichen Mitteln für bewährte Ziele sind gerade solche Versuche für die Wissenschaft anzustellen, deren Zweck die Auslösung negativer Effekte und verfehlter Verfahren ist.

Insofern benötigt die wissenschaftliche Arbeit für diese Bildkünste zwar die gleichen Einrichtungen, wie sie in der Praxis gebraucht werden, jedoch mit technischen Möglichkeiten besonderer Art, die in der wirtschaftlichen Verwendung überflüssig sein würden und deren Herrichtung in der Regel kostspielig ist. Sie wirft außerdem keinen Ertrag ab, der zur Deckung der Unkosten dienen könnte. Nur auf dem Boden staatlicher Institutionen oder freier Stiftungen lassen sich derartige Aufwendungen für die Wissenschaft rechtfertigen, welche in ihrem Ertrag letzten Endes doch der Wirtschaft und Kultur zugute kommen. Werkforschung würde auch im Bereich der Bildkünste auf die Dauer lohnend sein.

Eine besondere Frage bleibt die Zweckmäßigkeit der Organisation derartiger Forschungs- und Lehrstätten. Während sich die Wissenschaft im Raume der Universitäten und Hochschulen ihrer Unabhängigkeit und Objektivität rühmen kann, in ihren Mitteln aber vielfach unzulänglich ausgestattet weiß, kann die Werkforschung durch ihre Verbindung mit der Praxis auf großzügige Ausstattung an Material und Personal rechnen und sich in ihren Aufträgen spezialisieren. Eine Spezialforschung im Dienste der Unternehmer wird aber mit ihrem praktischen Nutzen auch einen wissenschaftlichen Ertrag bringen. Auch die von den Unternehmern selbst betriebene Nachwuchsausbildung kann in den Rahmen der Werkforschung eingefügt werden. Gleichwohl erscheint überall die Verbindung von Wissenschaft und Lehre auf dem Boden staatlicher akademischer Institutionen als bewährte Grundlage für ein freies Forschen und für eine damit verbundene wissenschaftliche Ausbildung auf höchster Ebene der schöpferischen Arbeit in Wissenschaft, Kunst und Technik.

In dieser kurzen Erörterung sollte im Rahmen einer logischen Einleitung in die Theorie des Films und des Fernsehens gezeigt werden, daß die bisher betriebene Filmwissenschaft, in Frankreich Filmologie genannt, ihre wissenschaftliche Dignität nur durch strenge Abgrenzung gegen Grundlagenforschung und Nachbardisziplinen sowie sorgfältige Verwendung wissenschaftlicher Methoden erlangen und sichern kann.

Dabei muß die gesamte Filmwirkungsforschung und eine entsprechende Fernsehwirkungsforschung abgetrennt und den Einzeldisziplinen der Medizin, Psychologie und Soziologie mit ihrem eigenen Forschungsapparat verbleiben. Hier handelt es sich überall um die Anwendung der Medien auf humane Funktionen, die von anthropologischen Disziplinen zu erforschen sind.

Die Beschaffenheit der Einzelgebilde der beiden Medien wird durch die Kleinarbeit einer analytischen und vergleichenden Wissenschaft untersucht, die als Filmkunde und Fernsehkunde bezeichnet wird. Sie gehört als deskriptive Wissenschaft zu den systematischen Kulturwissenschaften. Eine Wesensbestimmung des gesamten Film- und Fernsehwesens kann aber erst unter Einbeziehung weiterer Materialien aus verschiedenen kulturwissenschaftlichen Disziplinen vorgenommen werden. Daran muß sich eine philosophische Synthese anschließen, in welcher das ganze Kulturgebilde der Bildkünste im genetischen und systematischen Zusammenhang gedeutet werden kann.

Zu einer selbständigen Spezialwissenschaft von den Bildkünsten selbst gelangt man erst auf dem Boden der angewandten Kulturwissenschaften. Innerhalb der Systematik dieser Spezialwissenschaft läßt sich zunächst die theoretische Grundlagenforschung unterbringen, die mit der Film- und Fernsehkunde beginnt und mit der philosophischen Synthese abschließt. Der Hauptteil dieser Theoretik wird durch die Untersuchungen zur Teleologie der Bildkünste ausgefüllt. Mit der Festsetzung der Variation und Wertqualität der Zwecke wird die Prüfung aller Normen und Kriterien verbunden, nach welchen sich die Gestaltung der Bildkunstwerke und ihre Verwendung zu richten hat.

Erst im praktischen Teil dieser Wissenschaft kommt es zur Untersuchung der praktischen Anwendung in der Realisierung jener Zwecke. Es entsteht eine Gestaltungslehre für beide Medien, die ihre Aufgabe in der Erkenntnis und Begründung der Brauchbarkeit von Mitteln, Verfahren und Methoden der Gestaltung und der Verwendung der Bildkünste zu suchen haben.

Es kann nach dieser kritischen Besinnung nur die Hoffnung ausgesprochen werden, daß sich aus den praktischen Bedürfnissen der Förderung der Bildkünste innerhalb der Wirtschaft, des Staates und der Kultur der Gesellschaft die Einsicht ergeben möge, wie unentbehrlich die wissenschaftliche Erforschung aller Gebiete des Film- und Fernsehwesens ist, wenn der Prozeß der weiteren Entwicklung der Medien seiner Eigenständigkeit überlassen werden soll. Weder der Zwang des Staates noch die reine Willkür der Nutznießer können der Kultur der Bildkünste dienen. Aber die objektive Wissenschaft kann überall die Möglichkeiten positiver Förderung durch Staat und Gesellschaft aufzeigen und dadurch der Bildkultur zu der ihr gebührenden Rolle im Leben des einzelnen und der Gesellschaft verhelfen.

2. Aufgaben der Entwicklung der Fernsehwissenschaft

A.

Mit dem Fortschritt der wissenschaftlichen Forschung, die unserem Jahrhundert bisher unbekannte Gebiete der Naturerkenntnis, neue Entwicklungen der Technik und deren kulturelle Anwendungen erschlossen hat, ist das Gebiet der *angewandten Kulturwissenschaften* zu einem umfassenden System empirischer Forschung gemacht worden, das bis heute ihre wissenschaftliche Dignität und methodische Eigenständigkeit nachzuweisen hat. Indessen wird der Erziehungswissenschaft mit ihren praktischen Einzeldisziplinen, der Ethologie als Wissenschaft von der Lebensgestaltung, der Pastoral, der Rhetorik und Homiletik kaum der Anspruch auf den wissenschaftlichen Charakter ihrer theoretischen Begründung sowie ihrer axiologischen und teleologischen Fortsetzung praktischer Regeln des Handelns bestritten werden können, weil alle diese Disziplinen seit ihren Anfängen zum Bestand der Wissenschaft des Abendlandes gehören.

Zu diesen Lebensfunktionen der Kultur sind in der Neuzeit die Vermittlungsfunktionen der Druckwerke hinzugekommen und haben ihre Bearbeitung neuerdings in der Wissenschaft der *Publizistik* und Literaturwissenschaft gefunden. In unserem Jahrhundert haben diese Medien eine technische Erweiterung erfahren durch den Rundfunk und durch die *Bildmedien Film und Fernsehen.* Durch die Leistungen der Technik ist das Fernsehen zu einem vollkommenen Instrument dauernder universeller Kommunikation mit der Weltbevölkerung in Sprache und Bild geworden, dessen Macht für die Zukunft unabsehbar ist.

Die Weite des Problemfeldes dieser neuen *Wissenschaft vom Fernsehen* zeigt sich in einem abgekürzten Überblick über ihre wichtigsten Sachgebiete. Deren Beschreibung und Abgrenzung kann nicht ohne Hinweise auf die Verknüpfung mit den Nachbarwissenschaften und den zugehörigen Grundwissenschaften vorgenommen werden. Sie verlangt zugleich heuristische Vorschläge für jedes einzelne Teilgebiet.

B.

Als grundlegende Disziplin für die gesamte Medienwissenschaft muß die in Entwicklung begriffene soziologische *Kommunikationswissenschaft* bezeichnet werden. Diese Disziplin befaßt sich im Unterschied zur technischen Kommunikationswissenschaft mit dem Phänomen der Kommunikation zwischen Personen und Gruppen im allgemeinen und mit den kulturellen Institutionen der Massenmedien im besonderen. Sie registriert alle Beziehungsmöglichkeiten zwischen den Menschen und analysiert mit den Methoden der Sozialpsychologie alle Bedingungskomplexe und Vorgänge, welche diese Beziehungen herstellen.

Sie beschreibt ferner die Organisation der verschiedenen Massenmedien, in denen alle Intentionen zum Ausdruck zwischen Menschen mit technischen Mitteln an die weite Öffentlichkeit übermittelt und der Masse der Teilnehmer zugängig gemacht werden. In einer deskriptiven Kommunikationswissenschaft werden die typischen Formen dieser Organe der Massenkommunikation auf ihre Organisation, ihren Aufgabenkreis, ihre Funktion in der Gesellschaft und ihre Ausbreitung untersucht. In vergleichender Betrachtung dieses Materials erscheinen dann die Grundformen von Presse, Verlag, Film, Rundfunk und Fernsehen. So ergeben sich die Voraussetzungen für eine speziellere Untersuchung der Struktur der Netzwerke, in welchen sich die Kommunikationsfunktionen bei den einzelnen Medien vollziehen.

Dabei bedient sich diese Forschung der Methoden der empirischen Soziologie sowie in allen Einzelgebieten der Zusammenarbeit mit den spezialisierten Disziplinen der Rechts- und Wirtschaftswissenschaften.

So entsteht für die Institutionen des Fernsehens als öffentliche Massenmedien der engere Aufgabenkreis einer Sammlung von Materialien an Gesetzen, Verträgen, Programmen, Berichten, Statistiken und Kritiken über Organisation und Tätigkeit der Fernsehanstalten, welche als Organe der älteren Rundfunkanstalten oder als selbständige Unternehmungen Fernsehsendungen herstellen und ausstrahlen. Das statistische Material über den Teilnehmerkreis wird sowohl bei den Anstalten selbst als auch bei Unternehmen der Meinungsforschung bearbeitet. Der besondere Zweig der Teilnehmerforschung für das Fernsehen schließt sich an die Methoden und Erfahrungen der Hörerforschung des Rundfunks an.

Ein wichtiger Teil der speziellen Kommunikationswissenschaft erhält die Aufgabe, die verschiedenen Kommunikationsfunktionen in jedem dieser Medien im einzelnen zu untersuchen. Das Ergebnis dieser Untersuchung ist auf das Fernsehen anzuwenden.

Jeder theoretisch isolierbare Kommunikationsprozeß hat eine eigene Funktion, in der sich die Verbindung zwischen Menschen nach Absicht und Gestaltung vollzieht. Die gleichen Funktionen liegen auch im Prozeß der Massenkommunikation vor. So läßt sich eine Systematik der Funktionen der Kommunikation herstellen, die folgende typische Formen aufweist:

1. Die *informierende* Kommunikation, wie sie in den publizistischen Sparten der Massenmedien auftritt, vollzieht die objektive Vermittlung von beliebigen Nachrichten mit dem Ziel der sachgemäßen Aufnahme derselben durch den Kommunikanten.

2. Die *regulierende* Kommunikation liegt vor, wenn die publizistischen Organe durch kritische oder kommentierende Stellung-

nahme zur Meinungsbildung beitragen, wenn alle Massenmedien sich an Werbung, Propaganda und Agitation beteiligen, wenn sie sich um Lebensberatung und Seelsorge bemühen, wenn sie schließlich Material zur Bildung der Teilnehmer vermitteln.

3. Die *stimulierende* Kommunikation gehört zum Aufgabenkreis Massenmedien. Sie bietet den Lesern, Hörern und Zuschauern in ihren verschiedenen Sparten Unterhaltung, Kulturgenuß und erholsame Beschäftigung aller Art.

Alle diese Funktionen erscheinen in spezifischer Weise bei allen Darbietungen und Programmsparten des Fernsehens und müssen daher jeder Untersuchung derselben zugrunde gelegt werden.

C.

Im Mittelpunkt aller Probleme, welche sich aus der Begründung einer Fernsehwissenschaft ergeben, steht die Frage nach der Gültigkeit aller Erfahrungen und Erkenntnisse, die wir aus den Kommunikationsfunktionen der Bildmedien erhalten. Wir stehen im Bereich philosophischer Fragestellung, die auch der Filmwissenschaft angehört, vor der Aufgabe einer Kritik aller Bilderfahrung, die zwar von der bisherigen Problematik der Erkenntnistheorie ausgehen kann, aber ihre Aporien und Probleme dem neuartigen Sachgebiet anpassen muß. Eine solche Kritik wird zu einer besonderen wissenschaftlichen Disziplin im Rahmen der Fernsehwissenschaft. Sie kann als *„Gnoseologie des Fernsehens"* bezeichnet werden, wenn sie allen Anforderungen an eine kritische Prüfung der Quellen, der Funktionen, des Objektbezuges und der Geltung der Bilderfahrung genügen soll.

Diese Gnoseologie wird sich nicht auf die psychologische Analyse der Erkenntnis im Sinne Lockes oder deren transzendentale Erklärung im Sinne Kants beschränken dürfen. Sie wird vielmehr zunächst um die Deutung der Entstehung des Phänomens technisch bewegter Bilder bemüht sein, deren wissenschaftliche Bearbeitung als eine Untersuchung der Objekte der Bilderfahrung behandelt und als *„Ikonologie"* bezeichnet werden kann.

Der phänomenale Charakter der Fernsehbilder schränkt die Gegenständlichkeit dieser Erfahrung gegenüber der natürlichen Erfahrung ein und zwingt zur Anerkennung einer *„zweiten Welt"* als Objektivbereich aller Erfahrung aus Film- und Fernsehprojektion. In dieser Position eines erkenntnistheoretischen Phänomenalismus realistischer Geltung muß die aus den Bildern gewonnene Erfahrung als *„sekundäre Erfahrung"* bezeichnet werden, da nur die von der Kamera erfaßten Gegenstände Realität besitzen und von der natürlichen Erfahrung in ihrem wirklichen Sein erkannt werden können. Die natürliche Erfahrung bleibt ihrem Wesen nach *„primäre Erfahrung"* aller realen Gegenstände und Vorgänge. Ihre sinnlichen Perzeptionen beruhen auf der unverfälschten Erfassung aller Reize aus der Außenwelt einschließlich der eigenen Körperlichkeit, welche von den einzelnen Sinnen aufgenommen und weitergeleitet werden.

Die sekundäre Erfahrung indessen ist allein auf diejenigen Perzeptionen angewiesen, welche aus technisch erzeugten Signalen der Bildphänomene entstehen. Da diese Phänomene aber beliebig hergestellt und verändert werden können, ergibt sich für die Gnoseologie des Fernsehens die Notwendigkeit experimenteller Erforschung des gesamten Objektbereiches sekundärer Erfahrung, wie sie bei der primären Erfahrung nicht angewendet werden kann. Die Methoden dieser Forschung sind der Psychologie zu entnehmen.

Der Funktionskomplex visueller Wahrnehmungen in der Bilderfahrung ist aber durch die gleichzeitige Tonvermittlung des Fernsehens mit dem Funktionskomplex auditiver Wahrnehmung verbunden. Die optisch vermittelten Perzeptionen verschmelzen mit den akustisch vermittelten Perzeptionen, in denen Geräusche, Sprachlaute und musikalische Tonfolgen enthalten sind, wie sie auch die primäre Erfahrung ohne Vermittlung aufnimmt. So entsteht die technische Perfektion der Bilderfahrung des heutigen Fernsehens und die Stärke der Illusion des Realitätserlebens.

Die Untersuchung dieser Verbindung von Bild und Ton in den Phänomenen des Fernsehens wird sich wiederum experimenteller Methoden bedienen können, weil durch beliebige Ausschaltung und Variation der verschiedenen Faktoren der jeweilige psychische Effekt festgestellt und nach seinen Bedingungen genetisch erklärt werden kann.

Das Gebiet der sprachlichen Kommunikation in den Bildmedien bedarf eigener Forschung mit eigener Methodik, welche sowohl sprachpsychologische als auch hermeneutische Gesichtspunkte zu berücksichtigen hat. Sprachliche Mitteilung und Sprachverstehen gehören zum Bestande ältester Philosophie und Rhetorik. Sie haben durch die modernen Geisteswissenschaften eine allseitige Erklärung erhalten. Aber für die künstliche Kommunikation der Bildmedien ergeben sich neue Ansätze wissenschaftlicher Untersuchung, weil die akustischen Phänomene in ihnen künstlich hergestellt und variiert werden können. Sie besitzen dabei nicht den Individualitätsbezug, der bei jeder natürlichen Erfahrung im Verkehr sprechender oder singender Personen vorhanden ist.

Für die Deutung der Fernsehbilder von sprechenden Personen ist es wesentlich, welche Rolle die verschärfte Beobachtung von Mimik und Gestik für die einfühlende Erhellung des seelischen Habitus des Sprechers hat und wie sich der Typus der Person im Gebaren ihres Bildes manifestiert.

Die Trennung von technischer und menschlicher Lautgebung wird durch die moderne *Phonetik* vorgenommen und kann danach auf ihre psychischen Wirkungen geprüft werden. Untersuchungen hierzu sind für die Fernsehwissenschaft unentbehrlich.

Die Prüfung des Erkenntniswertes der Kommunikation der Bildmedien mit den beiden Kanälen optischer und akustischer Signale umfaßt schließlich die Auswertung der Ergebnisse aller bisher aufgezählten Untersuchungsreihen, die als solche in den systematischen Rahmen empirischer Kommunikationswissenschaft gehören. Es wird Aufgabe einer psychologischen Experimentierkunst sein, durch Zusammenfügung und Trennung von visuellen und sprachlichen Berichten festzustellen, wie die verschiedenen Arten der Kommunikation der Medien in der natürlichen Weise des Verstehens bei dem Menschen in seinen verschiedenen Typen des Alters, der Begabung, der Ausbildung und des Geschlechtes ankommen und nach ihrem Gehalt erfaßt werden. Dabei spielt die Klärung der Aufnahme der Fernsehkommunikation in fremder Sprache durch den Kommunikanten eine für die Praxis wichtige Rolle. Die Fernsehstationen der europäischen Länder überstrahlen benachbarte Bevölkerungsteile fremder Sprache mit ihren Sendungen, die durch ihre optische Lebendigkeit und ihre visuellen Reizqualitäten zum Anschauen anregen, ohne in ihrem fremdsprachlichen Gehalt verstanden zu werden. Eine gründliche Untersuchung der Grenzen dieser fragmentarischen Bilderfahrung wird von der neuen Wissenschaft erwartet werden.

Das Ergebnis derartiger Forschung wird als Erkenntniszusammenhang erscheinen, in welchem die Gültigkeit der sekundären Erfahrung aus den visuellen und auditiven Wahrnehmungen im Fernsehen auf den subjektiven Effekt der Fernsehkommunikation reduziert und in ihrer vollen Konditionalität und Relativität gewürdigt werden kann. Eine technisch erzeugte Kommunikation zwischen Gestaltkomplexen optischer und akustischer Phänomene einerseits und dem Kommunikanten andererseits enthält nur denjenigen begrenzten Erkenntniswert, welcher vom Subjekt aus seinen Wahrnehmungen und Assoziationserlebnissen abgeleitet und auf die Objektivität der Aufnahme zurückgeführt wird.

Die Eigenart der sekundären Erfahrung besteht darin, daß den Phänomenen die Echtheit der Abbildung durch Kamera und Projektion zugeschrieben wird. Alle Bilderfahrung des Films und des Fernsehens vollzieht sich in der permanenten Illusion des Erlebens primärer Erfahrung. Sie schaltet das Kommunikationserlebnis im Vollzug der Wahrnehmungen aus, soweit es nicht durch deren Unterbrechung zeitweilig ins Bewußtsein gehoben wird.

So ergibt sich eine Fülle von Ansätzen rein gnoseologischer Problemstellungen aus der psychologischen Untersuchung der Realitätsillusion im Fernsehen. Diese Illusion ist beim Filmerleben in der Identifikation mit Personen besonders eindringlich. Es bleibt zu prüfen, welche Intensität und Qualität die Wahrnehmung der verschiedenen Objektbereiche im Fernsehen aufweisen und wie diese objektiven Modifikationen in der subjektiven Erlebnisweise der verschiedenen Typen der Zuschauer aufgenommen werden.

Im Ganzen muß die Disziplin der Gnoseologie der Bildmedien die Erfahrung im Filmerleben ebenso wie im Fernseherleben untersuchen. Beide Projektionen sind in der technischen Erzeugung und in den physikalischen Bedingungen des Bilderlebens durchaus verschieden. Sie können aber schon heute in der Herstellung der Bildgröße und Bildqualität weitgehend angeglichen werden. Die Prüfung der Verschiedenheit der Erlebnisqualität beider Techniken und der Eindrucksmächtigkeit beider Bildarten läßt sich freilich durchführen, wird aber den Erkenntniswert der beiderseitigen sekundären Erfahrung kaum differenziert finden. Es kann daher mit einer methodisch einheitlichen Gnoseologie der Bilderfahrung in Film und Fernsehen gerechnet werden.

D.

Der Prozeß der Fernsehkommunikation geht nach Ablauf der technischen Phase der Bildherstellung auf dem Fernsehschirm in die physiologisch und psychologisch zu erklärende Phase der Bildwahrnehmung über. Was der Sinn an Perzeptionen aufnimmt und weiterleitet, ist nicht die natürliche Optik der Lichtreize und Akustik der Tonreize der Außenwelt, sondern die künstlich erzeugte Bereizung von Auge und Ohr durch physikalische Vorgänge, welche die Sinnestäuschung räumlich und zeitlich einheitlicher Gestaltwahrnehmungen erzeugen.

Die bisherigen Ansätze einer solchen *physiologischen Forschung* bedürfen weiterer Verfolgung in allen Einzelheiten einer Untersuchung des Zustandekommens wirklichkeitsechter Wahrnehmung von Gestalt und Bewegung sowie von Geräuschen, Lauten und Tönen auf dem Wege von der technischen Reizung über Empfindungen und Erregungen bis zur sinnvollen Verknüpfung der Empfindungen in Wahrnehmung und Erfahrung.

Die Möglichkeit experimenteller Variation der Bilderzeugung vermag eine genauere Erklärung aller Modifikationen zu erzielen, die durch Änderung von Zeilennorm, Schnelligkeit, Lichtintensität und Farbgebung ebenso wie beim Vorgang der Tonerzeugung in den Empfindungen entstehen. Ohne die exakte Bestimmung aller Bedingungen und Funktionen der Fernsehwirkung im Organismus bleibt die Wahrnehmungsillusion ein Geheimnis, dessen Aufhellung sich die Psychologen ohne diese physiologische Vorarbeit nicht widmen können.

Eine umfangreiche instrumentale Ausstattung wird für diese Forschung Notwendigkeit, deren Ergebnisse von größter praktischer Bedeutung sein werden. Das Farbfernsehen wird dieser Forschung spezielle Aufgaben stellen, besonders wenn die Untersuchung auf die Anomalien des Sehens, etwa bei Farbenblindheit, ausgedehnt werden.

E.

Ein geschlossenes Arbeitsgebiet im Rahmen der Fernsehwissenschaft ist die spezielle *Psychologie* des Fernseherlebens. Ihre Methodik findet in den Untersuchungen der übrigen Arbeitsgebiete vielfache Anwendung, wo die Einstellung auf das Problemfeld zwar objektiv gerichtet, aber in der Erklärung der Vorgänge auf die Berücksichtigung subjektiver Effekte angewiesen ist.

Der eigene Bereich der psychologischen Forschung ist soweit ausgedehnt wie der Aufgabenkreis der gesamten Psychologie. Es handelt sich beim Fernsehen um eine besondere Erlebnisform der sinnlichen Wahrnehmung, die mit allen Begleiterscheinungen der natürlichen Wahrnehmung versehen ist, sich aber durch die Art der Kommunikation von ihr unterscheidet.

Die Untersuchung aller seelischen Prozesse, welche mit dem Wahrnehmungsvorgang beim Fernsehen verbunden sind, zwingt zur Anwendung der Methoden der allgemeinen Psychologie auf die Phänomene der Aufmerksamkeit, der Perseveration, der Gedächtnisleistung, der Ermüdung, der emotionalen Induktion und der Traumeffekte. Eine völlige Aufhellung des Prozesses der noëtischen Verarbeitung des Kommunikationseffektes wird durch Verbindung der psychologischen Untersuchungen mit den Ergebnissen der Gnoseologie möglich sein.

Die Ausdehnung der psychologischen Forschung auf die Altersphasen von Kindheit, Jugend und Spätalter erhält ihren besonderen Wert sowohl für die Programmgestaltung des Fernsehens als auch für die pädagogische Regelung und die kulturelle Nutzung ihres Gebrauches. Die Bearbeitung dieses Gebietes gehört einerseits in den Rahmen der speziellen Jugendkunde, andererseits in den neuen Aufgabenkreis der Gerontologie. Die Berücksichtigung der dabei auftretenden Probleme der differentiellen Psychologie wird diesen Disziplinen ebenfalls zu überlassen sein.

Die differentielle Psychologie widmet ihre Arbeit der Überprüfung aller seelischen Vorgänge des Fernsehens bei den verschiedenen Typen individueller Anlagen und Prägungsformen. Die Konstitutionstypen haben entsprechend ihrem extravertierten oder introvertierten Habitus eine durchaus verschiedenartige Einstellung zum Fernsehen, das Offenheit oder Abschließung der Person förmlich erzwingt. In der Auswertung des Fernsehens unterscheiden sich wesentlich die Stufen der Intelligenz und die Typen der Begabung, ebenso wesentlich die verschiedenartigen Bildungsstufen und Bildungsformen. Auch der charakteristische Unterschied der Geschlechter muß unter Berücksichtigung der übrigen Differenzen festgestellt werden.

Ein besonders wichtiges Arbeitsfeld ergibt sich aus der Untersuchung der individuellen Einstellung und Erlebniseffekte der verschiedenen Gruppen von kranken und defekten Menschen. In gewissen Lagen akuter und chronischer Erkrankung kann das Fernsehen ebenso zu einem seelisch ausgleichenden wie auch zu einem belastenden Mittel der Beschäftigung werden. Bei Taubstummen erweitert die Optik des Fernsehens wenigstens die visuelle Erfahrung, wie bei Blinden durch den Rundfunk die auditive Erfahrung ausgedehnt wird.

Die Fälle geistiger Defekte bedürfen in eigenen schwierigen Untersuchungen einer vorsichtigen Prüfung, inwieweit sie überhaupt dem Fernsehen ausgesetzt werden dürfen, das den reduzierten Kontakt mit der Umwelt in gewisser Weise ersetzen kann.

Von besonderer Wichtigkeit für Erziehung, Strafvollzug und Sozialpflege ist die Frage, welche Bedeutung das Fernsehen in angemessener Auswahl für Freizeit und Lebenshilfe von Straffälligen aller Altersstufen haben kann, wenn die typischen Reaktionsweisen dieser Menschengruppen auf das Fernsehen psychologisch festgelegt sind.

Schließlich gehört die psychologische und ophthalmologische Untersuchung der Ermüdung des Sehapparates durch Fernsehen zu dem unentbehrlichen medizinischen Problemfeld der Fernsehwissenschaft.

F.

Für die Medien Presse, Film und Rundfunk haben sich längst einzelwissenschaftliche Spezialdisziplinen ausgebildet, welche sich der *soziologischen Untersuchung* ihres Kommunikationsgesetzes widmen. Diese Untersuchung kann mit gleicher empirischer Methodik auf die Fernsehkommunikation ausgedehnt werden. Allerdings ist die soziale Struktur des Fernsehwesens mit derjenigen des Rundfunks zum großen Teil identisch. Aber in der Organisation zeigen sich in den verschiedenen Ländern und internationalen Sendegruppen charakteristische Verschiedenheiten, die nach Rechtsform, Sozialstruktur und Betriebsform im einzelnen zu prüfen sind.

Weitere Problemfelder sind aufzuschließen mit der Erforschung der Verhältnisse des Fernsehkonsums in Familien, Gruppen und öffentlichen Einrichtungen, mit den Untersuchungen der Umweltstruktur der Teilnehmerkreise, der Interessen- und Geschmacksrichtungen derselben bei den verschiedenen Programmsparten, endlich mit der Auswertung der statistischen Teilnehmerforschung nach soziologischen Gesichtspunkten.

Im gleichen Rahmen bewegen sich alle wissenschaftlichen Arbeiten, welche der Feststellung der Beziehungen zwischen Fernsehen und Staat sowie zwischen Fernsehen und Gesellschaft in allen ihren Beziehungsformen gewidmet sind.

Über den Rahmen der Soziologie hinaus müssen die Rechtsverhältnisse und die wirtschaftlichen Betriebsformen der Fernsehanstalten in eigenen Spezialdisziplinen erforscht werden, die den Rechts- und Wirtschaftswissenschaften zu überlassen sind.

G.

Die Aufgabe der Fernsehinstitutionen besteht in der Aufstellung, Bearbeitung und Sendung von Programmen für fortlaufende Darbietungen an die Teilnehmer. Diese Programme bilden den Arbeitsplan, mit dem die Apparatur der Anstalten um ihre publizistische und kulturelle Leistung und um die Gunst des Publikums bemüht ist. Eine wissenschaftliche Bearbeitung aller Bedingungen, Zielsetzungen, Gestaltungsformen, Leistungsqualitäten und Sendefolgen ist erforderlich, um den großen wie den kleinen Anstalten eine systematische Übersicht zu verschaffen und eine methodische Planung zu erleichtern, welche kulturellen Wert hat und Erfolg in der Öffentlichkeit verspricht.

In der wissenschaftlichen Bearbeitung dieser Fragen entsteht die spezielle Disziplin der *Programmtheorie* des Fernsehens. Sie erhält zuerst den Auftrag, den Bestand der Zeitkultur in einer Analyse aufzunehmen, die sowohl den Traditionsgehalt in seinen zeitbedingten Perspektiven als auch die aktuelle Kultursubstanz in der Sicht des Zeitgeistes registriert und systematisch ordnet.

Dabei muß als Kriterium der Bewertung die typische Stellungnahme der öffentlichen Meinung herangezogen werden. Entscheidend bleibt aber für die Abstufung und Ordnung der Sachgebiete die Gültigkeit der in der Gesellschaft verbindlichen objektiven Wertordnung des Daseins nach Sitte, Moral und Recht. Jedes Gebilde kulturellen Schaffens und jede Lebensform der Menschen hat ihren Sinngehalt und ihren spezifischen Wert nur in der Zuordnung zu der Daseinsform der Gesellschaft, in welcher jedes Individuum und jede Gruppe von eigenen Bereichen der Noosphäre und der Soziosphäre umgeben ist. In diesen Bereichen sind bestimmte Kulturgebilde und soziale Lebensformen für die zugehörigen Menschen vorbildlich. Sie können daher in den Freizeitprogrammen des Fernsehens nicht fehlen.

Wenn aus dieser unerschöpflichen Fundgrube kulturellen Lebens und Schaffens bestimmte Elemente für das Programm ausgewählt und entsprechend bearbeitet werden sollen, entsteht für die Wissenschaft der Auftrag, eine allgemeine und eine spezielle Systematik der Programme herzustellen, welche für die praktische Arbeit Schemata der Programmfolge und Modelle der verschiedenen Programmsparten liefert. Den Programmsparten wird dabei ihr spezifischer Sendungswert und ihr sachlich wie wirkungsmäßig richtiger Umfang zugeteilt. In der Programmfolge aber müssen sie ihren psychologisch bestimmten chronologischen Ort erhalten.

Damit gelangt die Programmtheorie zum Nachweis der Grundsätze der Gestaltung der Programmfolge. Sie wird bestimmt durch den Tages- und Wochenrhythmus sowie durch die Saisonbedingtheiten der Sendefolge, die reine Zeitbedingtheiten sind, daneben aber auch durch die Zielsetzung der sogenannten gezielten Sendungen für bestimmte Teilnehmerkreise. Jede der angesprochenen Gruppen oder Volksschichten kann ihr spezifisches Sehprogramm erwarten.

Die Verteilung der großen Sachgebiete der Kommunikation des Fernsehens erfolgt nicht nach der möglichen Systematik der Wissenschaften oder nach den Bildungsplänen von Schulen. Sie muß vielmehr von vornherein Modifikationen des objektiven Bestandes der Kultur nach Gesichtspunkten vornehmen, welche sich aus den weitgefaßten und weitgehend differenzierten Interessenkreisen des Publikums ergeben und dessen Erwartungen befriedigen können.

Eine rein quantitative Bestimmung der Teilnehmer, welche auf solche Interessenkreise ansprechen, kann nur den beschränkten Horizont einer begrenzten Gruppe der gesamten Bevölkerung mit den Methoden der Meinungsforschung testen und aus ihm gewisse Orientierungsfelder ausgrenzen, die in der Regel auf zufällige äußere Anregungen anderer Informationsquellen zurückgehen. Der weite Horizont der Zeitkultur wird in dieser Auswahl von befragten Personen nicht einmal in seinen Kerngebieten vertreten.

Die Beschränkung auf diesen Horizont jeweiliger öffentlicher Meinung in sehr begrenzten Schichten der Bevölkerung würde den Programmstoff wesentlich einengen und großen Teilen des Publikums wichtige Gebiete von Natur und Kultur vorenthalten, an deren Empfang dieses Publikum im Augenblick der Kenntnisnahme möglicherweise stärkstes Interesse finden könnte. Eine gewisse Weite der Stoffkreise muß daher in der Programmgestaltung nach der Ausdehnung des gesamten Orientierungsfeldes bemessen werden.

Zur Vermittlung durch Fernsehsendungen aller Art in den informierenden und regulierenden Kommunikationsformen eignen sich zunächst alle Gebiete der Natur in ihren anorganischen wie organischen Erscheinungen. Bei der zunehmenden Neuformung des Weltbildes der Naturwissenschaften muß eine fernsehgerechte Darstellung desselben unter Berücksichtigung des früher vermittelten

Weltbildes der älteren Bevölkerung Wege der Beschreibung und Erklärung der Naturerscheinungen suchen, die durch ihre kunstvolle Bearbeitung breiteste Schichten der Zuschauer erfassen. Eine wesentliche Forderung an das Fernsehen muß mit dieser Naturbeschreibung und Naturerklärung verbunden werden. Bei allen Phänomenen sollte die Erläuterung der technischen Anwendung der Naturgesetzlichkeit beigefügt werden, soweit sie aus den Vorgängen ersichtlich ist. Die Sendungen werden in ihrem theoretischen Gehalt am besten verständlich, wenn sie gleichzeitig den Blick auf die menschliche Leistung in der Nutzung der Naturstoffe und Naturkräfte für die Bedürfnisse der Menschen hinlenken und so das Verständnis für alle Gebiete der Technik anbahnen.

Es wäre eine Verfehlung aller Fernseharbeit, das Gebiet der Technik in ihrer engen Verknüpfung mit der Wirtschaft und in ihrer Bedeutung für die gesamte Kultur zu vernachlässigen, weil die Technik die Menschen des Alltags dauernd umgibt und ihre Verzweigungen schwer zu erkennen sind. Erst durch die Aufhellung der Zusammenhänge zwischen technischen, sozialen und wirtschaftlichen Funktionen wird der einzelne befähigt, sich dieser Funktionen in seiner Lebensgestaltung zu bedienen. Die fortlaufende Kenntnisnahme der technischen Fortschritte bleibt für jeden Menschen in der kulturellen Daseinsordnung der Gesellschaft unentbehrlich und kann durch das Fernsehen wie durch andere Massenmedien vermittelt werden.

Unter diesen Voraussetzungen werden die Programmsparten in die Arbeitsformen der allgemeinen und der speziellen Programmgestaltung gegliedert. Das allgemeine Programm wird von den alltäglich laufenden publizistischen Sparten der Nachricht und der Dokumentation ausgefüllt. Zu den speziellen Programmsparten gehören alle Darbietungen der verschiedenen Kulturzweige: die Lebensberatung, die Bildung, die Kunst, die Wissenschaft, die Wirtschaft und die Politik. Besondere Gebiete der Programmgestaltung sind die gezielten Sendungen für bestimmte Teilnehmerschichten. Sie müssen mit Material der übrigen Sparten bestritten, aber in der Darbietungsform den besonderen Aufnahmebedingungen der Empfänger angepaßt werden. So ergeben sich Spezialprogramme für bestimmte Berufsgruppen, für Kinder, Jugendliche und Frauen. Das Schulfernsehen bildet einen eigenen Arbeitskreis, zu welchem auch pädagogische Fachleute heranzuziehen sind.

Alle diese Programmsparten entwickeln eigene Stilformen und Strukturen, deren wissenschaftliche Erkenntnis zur sachgerechten methodischen Anleitung über alle praktische Erfahrung und Routine hinaus beitragen kann.

Zu den arbeitsreichen Aufgaben sorgfältiger Programmbearbeitung gehört in diesem Rahmen die Registrierung und systematische Ordnung aller verkündeten Programme und tatsächlichen Sendungen sowohl im nationalen Bereich als auch in den größeren Räumen, die durch den Zusammenschluß von Anstalten verschiedener Länder erfaßt werden. Diese Aufgabe erfordert eine ununterbrochene Beobachtung erreichbarer Sendungen, auch wenn sie auf verschiedene Zentren der wissenschaftlichen Programmbearbeitung verteilt ist. Sie erfordert ferner eine Sammlung, Registrierung und systematische Ordnung aller veröffentlichten und ausgestrahlten Programme der verschiedenen Sender, die bei einer einzigen Institution durchgeführt werden kann.

Die zentrale Erfassung des Programmmaterials für einen größeren Bereich der Fernsehwelt, etwa für Westeuropa und die Anstalten der Eurovision, würde eine für Gegenwart und Zukunft wichtige Leistung der Organisation der Wissenschaft bedeuten, die von dem Verwaltungsapparat einer großen Sendeanstalt durchgeführt werden kann. Zweifellos besitzen alle Anstalten für ihren eigenen Gebrauch bestimmt begrenzte Registraturen, die für einen solchen Zweck herangezogen werden können.

H.

Das Arbeitsfeld der Außengebiete der Fernsehwissenschaft erfordert die Schaffung eigener Institutionen, welche zwar der Organisation einer zentralen Forschungsanstalt eingefügt werden können, aber auch als selbständige wissenschaftliche Institute ihre Existenzberechtigung haben. So wird man dem *Fernsehrecht* mit seinen Verzweigungen in die Einzelgebiete des öffentlichen, privaten und internationalen Rechts eine besondere Institution mit Bibliothek und Archiv zubilligen können. Mehr noch verlangt die Forschung der *Medienpädagogik* durch ihre Zusammenarbeit mit Schulen und Erziehungsanstalten eine eigene Organisationsform, in welcher unter Leitung des wissenschaftlichen Personals ein großer Stab freier Mitarbeiter aus Schuldienst, Jugendwohlfahrt, Seelsorge und Hygiene zur Durchführung von Individualtests und Massenuntersuchungen herangezogen werden muß. Auf diesem Gebiet liegen bisher die meisten Forschungsarbeiten vor.

Zur Erprobung des Schulfernsehens sind in einzelnen Ländern in Zusammenarbeit zwischen Fernsehanstalten und Pädagogen größere Versuchsreihen unternommen worden, welche in ihren positiven Ergebnissen die bestehenden Bedenken zahlreicher Pädagogen beseitigt und die zweckmäßigen Formen der Gestaltung festgestellt haben.

J.

Zur Durchführung aller Forschungsarbeiten in diesen Sachgebieten der Fernsehwissenschaft ist eine enge Zusammenarbeit mit den

Institutionen des Fernsehens notwendig. Während die Filmwissenschaft Filmotheken und Bestände der Filmwirtschaft zur Verfügung hat, sind die flüchtigen Sendungen des Fernsehens nur einmal sichtbar und nur wenig greifbar, wenn Sender oder Empfänger sie aufzeichnen. Solche Aufzeichnungen werden in der Regel aus technischen Gründen vorgenommen, liegen aber auch bei wertvollen Schöpfungen zur Wiederholung ihrer Sendung vor. Die Wissenschaft ist also auf das Material der Anstalten angewiesen. Die Zusammenarbeit beider Teile kann unter Berücksichtigung des beiderseitigen Nutzens vereinbart werden.

Die für die Entwicklung der Fernsehwissenschaft entscheidende Frage muß die zweckmäßige *Organisation ihrer Forschung* sein. Zunächst wird man auf die Werkforschung der großen Sendeanstalten in London und Tokio hinweisen sowie auf die enge Verbindung zwischen den Netzwerken der USA und zahlreichen privaten und staatlichen Instituten für wissenschaftliche Forschung. Da die Sendeanstalten allein über das Material verfügen und für ihre Programmgestaltung das größte Interesse an Zuschauerforschung und Programmtheorie haben müssen, liegt die Einrichtung eines eigenen wissenschaftlichen Instituts der Fernsehanstalten nahe, für dessen Kosten und Aufträge sich mehrere Anstalten zusammenschließen können. Der Nutzen einer solchen Werkforschung ergibt sich aus der Möglichkeit der Rationalisierung der Forschungsarbeit und aus der unmittelbaren Verwendbarkeit der Aufträge für die Praxis. Die Zuverlässigkeit einer solchen Forschung in Heuristik und Auswertung ist bei entsprechendem Personal gewährleistet. Bedenken gegen diese Art von Werkforschung können nur aus der Begrenzung der Aufträge auf praktisch naheliegende aktuelle Untersuchungen hergeleitet werden, wodurch die systematische Vollständigkeit der wissenschaftlichen Arbeiten in Frage gestellt werden muß.

Eine andere Möglichkeit zur Durchführung der Fernsehforschung wäre gegeben, wenn an den Universitäten Lehrstühle mit Instituten vorhanden sein würden, welche die Kommunikationswissenschaft im Zusammenhang mit der Soziologie oder die Medienwissenschaft im Zusammenhang mit der Publizistik vertreten. Erst in der Schaffung eines Forschungsinstitutes mit allen Zweigen der Einzelwissenschaften, deren Zuständigkeit in diesem Zusammenhang nachgewiesen worden ist, würde eine umfassende Fernsehwissenschaft in der Forschungsarbeit ebenso wie im Lehrbetrieb einer Universität gewährleistet sein. Da dieses Institut aber Experten aus mehreren Fakultäten benötigt und zu einer Arbeitsgemeinschaft zusammenführt, läßt es sich in den verfassungsmäßigen Rahmen einer einzelnen Fakultät der heutigen Universitätsorganisation nicht einfügen.

Bei der Beschränkung der Vertretung der Fernsehwissenschaft auf den Rahmen der Einzelwissenschaften Soziologie oder Publizistik würde die Spezialforschung an eine ausreichende Ausstattung ihrer Institute mit Personal und technischen Einrichtungen aller Art gebunden sein. Zu dieser Einrichtung gehören Zuschauerräume mit Fernsehgeräten, Apparaturen für Fernsehaufnahmen und Aufzeichnungen, Programmregistraturen und technische Einrichtungen zur Beobachtung der Versuchspersonen. Unter diesen Umständen bleibt es fraglich, ob sich die Lehrstühle der beiden Wissenschaftsgebiete mit einem solchen Apparat der Forschung belasten wollen, der ihrem eigenen Arbeitsgebiet Personal und Zeitaufwand entziehen muß und für den Lehrbetrieb nur eine untergeordnete Rolle spielen kann. Mit der Beauftragung von Praktikern zu Vorlesungen im Rahmen dieser Institute ist aber der wissenschaftlichen Forschung nicht gedient, deren Ertrag allererst die Voraussetzung für einen fruchtbaren akademischen Unterricht bildet. Außerdem sind solche Lehrkräfte bei ihrer beschränkten Zeit und fachlichen Spezialisierung nicht in der Lage, die vollständige Ausbildung in allen Disziplinen der Fernsehwissenschaft zu übernehmen und den Studierenden die Möglichkeit zum Abschluß ihres Fachstudiums durch akademische Prüfungen oder Grade in eigener Verantwortung zu bieten.

Daher ist die Fernsehwissenschaft nach dem gegenwärtigen Stande ihrer Entwicklung vorläufig auf eigene Forschungsinstitutionen angewiesen, in denen sie ihrer Aufgabe in voller Unabhängigkeit und systematischer Planung gerecht werden kann. Die Gründung solcher Institutionen steht in allen Ländern unter besonderen Bedingungen. Sie kann durch die private Initiative und Munifizenz von Mäzenen der Finanz, der Wirtschaft, der Presse erfolgen, die zu Stiftungen führt, aber auch vom Staate selbst im Rahmen staatlicher Forschungsanstalten vorgenommen werden.

Die bisherigen Erfahrungen haben gezeigt, daß beide Wege zum Ziele führen können und objektive wissenschaftliche Arbeit gewährleisten, wenn die Anstalt eine akademisch voll qualifizierte Leitung erhält. Die innere Organisation der Anstalt sollte unter der Direktion eines Forschers, der für die wissenschaftliche Arbeit und die Verwaltung der gesamten Anstalt zugleich verantwortlich ist, in arbeitsmäßig getrennte Abteilungen gegliedert werden.

Nach der vorausgehenden Skizze der Arbeitsgebiete sind diese Abteilungen entsprechend der Zuständigkeit der Spezialwissenschaften personell zu besetzen und mit den notwendigen Forschungseinrichtungen auszustatten. Jede Abteilung sollte einem spezialisierten Fachgelehrten als Abteilungsleiter zur Verfügung gestellt werden, dem ein Stab von fachlich geschulten Mitarbeitern untersteht.

Der Aufbau des Instituts bis zur kompletten Einrichtung läßt sich in Stufen vollziehen, auf denen die verschiedenenen Abteilungen nach und nach geschaffen und eingefügt werden können. Als vordringlich wird die Einrichtung der Abteilungen für Kommunikationswissenschaft und Programmtheorie zu empfehlen sein.

Alle Mäzene in Staat und Gesellschaft, alle verantwortlichen Regierungsorgane und Kulturpolitiker werden aufgerufen, eine neue Wissenschaft zu fördern und ihr Laboratorien zu geben, die den Aufgaben dieser Spezialforschung entsprechen. Der Wert der Fernsehwissenschaft liegt in der Befruchtung der Fernsehgestaltung, welche in ihren Auswirkungen der Erhaltung einer kulturellen Daseinsordnung dient und die Lebensgestaltung jedes einzelnen in Bildung, Kulturgenuß, Freizeit und Geselligkeit fördert.

3. Versuch einer Gnoseologie der Bilderfahrung

Das Institut Agostino Gemelli widmet sich nach seinem Programm der experimentellen Erforschung der sozialen Probleme der visuellen Information. Ich bitte die geehrten Damen und Herren, dem deutschen Philosophen unter den Filmologen zu gestatten, den Versuch zu machen, zur positiven Begründung dieses Programms beizutragen durch eine kritische Prüfung des eigentlichen Gegenstandes dieser Forschung, nämlich der visuellen Information.

Der objektive Zweck unserer Wissenschaft umfaßt den Gesamtkomplex der Funktionen, mit denen eine Mitteilung durch Bilder an die Zuschauer vollzogen wird. Der Terminus „visuelle Information" ist von der Pariser Filmologie übernommen worden, wie sie in den Schriften von Gilbert Cohen-Séat erörtert wird.

Ich hatte schon bei dem Erscheinen seines letzten Buches die Absicht, meine kritischen Bedenken gegen Cohen-Séat anzumelden. Ich bin Herrn Präsident Casati für seine Einladung dankbar, diese Klarstellung des Aufgabenkreises des Instituts in seinem Interesse vor diesem auserlesenen Kreise von Fachleuten und Interessenten vornehmen zu dürfen.

Die visuelle Information war Gegenstand der ersten Internationalen Konferenz über Information Visuelle, die das Institut in Mailand im Jahre 1961 veranstaltet hat und an der ich teilgenommen habe. Ihr Programm trennt als Teilgebiete dieser Forschung ausdrücklich die psychologischen Probleme der visuellen Beschaffenheiten von Information und Kommunikation von den soziologischen Problemen der visuellen Techniken der Kommunikation. Aber Information und Kommunikation werden im ersten Problemkreis bei logisch getrenntem Umfange nebeneinandergestellt, wie es schon bei Cohen-Séat der Fall ist, und in den Erörterungen des Kongresses nach der Systematik der Pariser Schule mit dem Vorrang der Kinematographie abgehandelt. Nur im zweiten Problemkreis tritt deutlich die Bevorzugung der Soziologie der Kommunikation hervor, welche als Funktion aller Massenmedien nachgewiesen wird.

Der Begründer der Wissenschaft der Filmologie, Gilbert Cohen-Séat, hat in seinem grundlegenden Werk „Essai sur les principes d'une philosophie du cinéma — Introduction générale (1946)" den ersten methodischen Versuch unternommen, das Phänomen Kino aus dem ästhetischen Aspekt der Kunstbetrachtung und aus dem soziologischen Aspekt des Kinopublikums in seinem komplexen Bestand zu analysieren und die Zuständigkeit einer eigenen Wissenschaft hierfür nachzuweisen, die von ihm und seinen Kollegen an der Sorbone als „Filmologie" bezeichnet wird.

Der Ausgang der Untersuchung ist nicht die Herstellung des Films, sondern der Konsum des Schauspiels. Cohen-Séat trennt daher den filmischen Tatbestand, der durch die Produktion von Filmstreifen gegeben ist, von dem kinematographischen Tatbestand, der in der Projektion von Filmen für die Zuschauer liegt.

Beide Tatbestände gehören zusammen in dem Komplex, der Film und Kino umfaßt, und in der gemeinsamen Funktion, die derselbe als Mittel der Information und Kommunikation ausübt.

Das zweite Werk „Problèmes du cinéma et de l'information visuelle (1961) behandelt das Filmproblem zusammen mit der visuellen Information und stellt dem psychologischen und sozialen Aspekt des Kinos und dazu des Fernsehens den anthropologischen Aspekt der visuellen Information als neue Aufgabe der Filmologie gegenüber. Erst durch die technische Entwicklung vom gedruckten und ferngesprochenen Wort zu Film und Fernsehen entsteht dieses neue Problemfeld einer umfassenden Untersuchung der Vorgänge der Information und der Kommunikation durch bewegte Bilder, welche eine Revolution unserer ganzen Erkenntnis herbeigeführt haben. So wichtig für die neueste Entwicklung der Zivilisation die Techniken sprachlicher Kommunikation geworden sind, weit wichtiger erscheinen die neuen Techniken der Bildkommunikation der Massenmedien. Die heutige Massengesellschaft ist von der alleinigen sprachlichen Information zur gleichrangigen Bildinformation übergegangen, mit welcher die Massenmedien Film und Fernsehen die Masse informieren und sie durch Popularisierung der gegebenen Hochkultur aufklären. Cohen-Séat bezeichnet diesen doppelten Aspekt der Massenmedien als „une perspective culturéiste".

In beiden Schriften bleibt Cohen-Séat in der Vorstellung befangen, alle Bildprojektion der Massenmedien Film und Fernsehen lasse sich als eine visuelle Information auffassen, welche der sprachlichen Information der Druckschriften und des Rundfunks an die Seite zu stellen sei.

Der Annahme, die Filmologie habe die visuelle Information zum alleinigen Gegenstand ihrer empirischen Forschung, liegt eine kommunikationswissenschaftliche These zugrunde. Diese These besagt, daß die Bilder von Film und Fernsehen ebenso wie alle künstlich gestalteten Gebilde mit Bildcharakter eine Aussage machen, also an die Kommunikanten eine Information geben, welche sich sichtbarer Zeichen bedient.

Die natürliche Form der Information ist der sprachliche Ausdruck. Die sprachliche Kommunikation ist bisher in aller Soziologie und Kommunikationswissenschaft ausgiebig erforscht worden. Die neue Form der reinen Bildwiedergabe in den verschiedenen Techniken bedarf aber einer eigenen Untersuchung. Diese berücksichtigt im Bereich ihrer Zuständigkeit sowohl die statischen Bilder der bildenden Künste und der Fotographie als auch die bewegten Bilder von Film und Fernsehen.

Wenn man den Terminus „visuelle Information" wörtlich nimmt, darf man zu diesem Gegenstand alles rechnen, was zu den optischen Signalen der Kommunikation gehört, also sowohl Straßenschilder, Flaggen und Plakate als auch Ziffern, Buchstaben, Morsezeichen und stenographische Schrift.

Aber gerade diese sprachlichen Signale sollen gegen die Kundgabe durch Bilder abgegrenzt werden, wenn von der visuellen Information die Rede ist. Die Wissenschaft soll nach der Meinung dieser Filmologie die Erkenntnis der eigentlichen Bildkommunikation gewinnen, welche das neue optische Zeitalter der Massenkommunikation eingeleitet hat.

Eine umfassende Erkenntnis der Bildkommunikation kann aber nicht im engen Rahmen der alten Filmologie gewonnen werden. Sie gehört vielmehr zur allgemeinen Kommunikationswissenschaft, wie sie heute als Grundlegung aller Geisteswissenschaften (Kulturwissenschaften) neben Psychologie und Soziologie betrieben wird. Diese Wissenschaft untersucht alle Prozesse, welche entstehen, wenn zwischen Menschen Kundgaben vermittelt werden oder wenn sich Menschen ihrer technischen Mittel zur Vermittlung der Kundgaben bedienen. Die Kundgabe wird von ihrem Kommunikator kodiert, über den Kanal eines Netzwerkes geleitet und beim Kommunikanten nach Dekodierung aufgenommen. Unter diesem allgemeinen Schema lassen sich alle Vorgänge der Massenkommunikation der Bildmedien untersuchen.

In meiner eigenen Kommunikationstheorie unterscheide ich 3 wesentlich verschiedene Arten solcher Kundgaben nach ihren vom Kommunikator gesetzten Zwecken.

Als *informierende* Kommunikation bezeichne ich die Übermittlung objektiver Tatbestände und Sachverhalte in Nachrichten oder auch in subjektiven Intentionen eigener Meinung mit dem Zwecke bloßer Bekanntgabe des objektiven Gehaltes. Die reine Information muß sich also auf diese vom Subjekt völlig unbeeinflußte Vermittlung von Intentionen beschränken. Sie kann sich dabei aller Arten personaler, künstlicher und technischer Vermittlung bedienen. Sind diese Mittel optisch gegeben und visuell erfaßbar, so wird man in diesem eingeschränkten Sinne von einer optischen Information und einer visuellen Rezeption im Kommunikationsprozeß sprechen dürfen. Es gibt keine visuelle Information, wenn Informieren eine Kundgabe sein soll.

Die Kommunikationsfunktion ist aber auf diese reine Form der Information keineswegs beschränkt. Sie wird vielmehr gerade in den nicht informierenden Vorgängen zur Quelle stärkster Massenbeeinflussung.

Ich stelle neben die informierende Funktion zunächst die *regulierende* Funktion aller Kommunikationsformen, welche der Meinungsbildung, der Kritik, der Kommentierung, der Propaganda, der Lebensberatung und Lebensregelung, der Seelsorge und nicht zuletzt der wirtschaftlichen Werbung dienen.

Daneben stelle ich die *stimulierenden* Kommunikationsfunktionen der Massenmedien, die zur Unterhaltung und kulturellen Bildung der Bevölkerung dienen. Mit solchen Funktionen soll beim Subjekt eine emotionale Wirkung erzielt werden, die ihm das Dasein in der Freizeit wertvoll macht und die Kulturgüter der Gesellschaft ihrem eigentlichen Zwecke zuführt, ihr Leben nach einem kulturellen Maximum zu gestalten. Alle diese Funktionen müssen als eigenständige Kommunikationsformen behandelt werden.

Andererseits unterscheidet diese Theorie zwischen den natürlichen Arten der Vermittlung von Kommunikationsinhalten, wie sie bei Gestik und Sprache im direkten menschlichen Verkehr verwendet werden, und den künstlichen und technischen Arten der Vermittlung, die bei Schrift und Druck sprachlichen Ausdrucks, ebenso bei Zeichen und Bildern vorliegen. Die Bildkommunikation allein eröffnet ein weites Feld der Untersuchung, wenn sie sich sowohl mit den statischen Bildern als auch mit den bewegten Bildern der Filmprojection und des Fernsehens befaßt. Hier beschränken wir uns auf die Bildkommunikation des Films und des Fernsehens.

Die ganze Konfusion, welche die Filmologie von Cohen-Séat angerichtet hat, ist dadurch entstanden, daß diese Erzeugung von bewegten Bildern nicht als ein echter Kommunikationsprozeß, die Informationsfunktion dieser Bilder aber von vornherein als selbstverständlich und allgemeingültig angesehen worden ist.

Ich versuche in dieser Lage neu zu beginnen und zuerst die Möglichkeit der Kommunikationsfunktion der Bilder, insbesondere der des Films und des Fernsehens, zu prüfen. Diese Untersuchung gehört in das Problemfeld der Kommunikationswissenschaft.

Ich beginne mit der Erörterung der Frage der Kommunikation statischer Bilder.

Alle statischen Bilder, die Werke der bildenden Künste, der Fotographie und ihrer Lichtbildprojektion, haben als Gebilde der Kunst und der Technik nur eine objektive Darstellungsfunktion. Sie sind bloße Zeichen für die sinnliche Wiedergabe der vom Hersteller wahrgenommenen Wirklichkeit oder der vorgestellten Idealgestalt. Sie dienen also der gegenständlichen Wiedergabe eines Komplexes von Eindrucksgestalten oder Ausdrucksgestalten für die sinnliche Wahrnehmung des anschauenden Subjektes, dem die eigene Wahrnehmung der Wirklichkeit oder Idee fehlt und ersetzt werden soll.

So macht das Porträt der Malerei oder der Fotographie die Gestalt der Person sinnfällig. Aber es spricht nicht. So bietet das Panorama dem Subjekt den künstlich geschaffenen Erlebnisraum seiner Umwelt im Rundbilde dar, ohne etwas auszusagen. Künstlerischer Stil und technische Gestalt vermögen am Wesen des Bildes nichts zu ändern, wenn es als zweckmäßiges Mittel zur sinnlichen Wiedergabe der Wirklichkeit oder Phantasievorstellung betrachtet wird.

Bilder dieser Wesensgemeinschaft aber sind für sich selbst nicht Träger von Kommunikationsfunktionen aller Art. Sie sind nicht Kommunikatoren der Information, nicht der Regulation, nicht der Stimulation.

Ganz anders sind die bewegten Bilder der Filmprojektion und des Fersehens zu beurteilen. Es erscheint mir überhaupt zweifelhaft, ob es richtig ist, ihnen einen echten Bildcharakter zuzusprechen, wie es überall und seit ihrer Erfindung immer geschieht. Es ist eine ungelöste Frage, ob Filmsehen oder Fernsehen der natürlichen Bildanschauung gleichzusetzen ist. Vielleicht wird unsere Untersuchung dazu führen, sie nur als Visionen von Phänomenen zu bewerten und zu bezeichnen, denen der Geltungswert von Bildern nicht zukommt.

Mit der technischen Erfindung der Herstellung und Projektion bewegter fotographischer und elektronischer Aufnahmen ist in der Tat eine totale Wendung im Bereiche menschlicher Erfahrung eingetreten. Diese Tatsache mag uns berechtigen, den Beginn eines neuen Zeitalters der Zivilisation vor uns zu sehen.

Wir erleben die gegebene Außenwelt von Natur und Kulturgebilden einerseits in der bisherigen Weise natürlicher Erfahrung, andererseits in der neuen wunderlichen Weise sinnlicher Wahrnehmungen und Erfahrungen aus künstlich hergestellten Lichtphänomenen, die dem Zuschauer Reizkomplexe vermitteln, welche den natürlichen Reizen adäquat erscheinen.

In dieser neuartigen Erfahrung werden uns alle sinnlich erfaßbaren Gegenstände und Personen der Außenwelt visuell und auditiv präsentiert, wie sie auch in der natürlichen Erfahrung auftreten.

Die Kommunikation ist in dieser Welt natürlicher Erfahrung auf lebende Personen — gelegentlich auf Automaten in ihrem Dienst — beschränkt. Sie kann daher auch in der Welt künstlich erzeugter Phänomene nur als personale Kommunikation erscheinen. Im Filmbild und im Fernsehen treten die handelnden Personen untereinander in Kommunikation, wie es auf der Bühne des Theaters der Fall ist. Aber sie wenden sich auch an die Zuschauer und bewirken alle Arten echter Kommunikation mit ihnen, als ob sie lebendig und gegenwärtig wären. Der Nachrichtensprecher und der Kommentator, der Darsteller in Kunst und Spiel wenden sich unmittelbar an die Masse der Zuhörer und Zuschauer, die ihnen wirkliche Existenz und Nähe zusprechen, um sie zu verstehen.

Es liegt also bei Film und Fernsehen eine Kommunikationsfunktion der bildhaft erscheinenden Personen vor, nicht aber eine Kommunikation der Bilder selbst. Auch den bewegten Bildern mit ihrer dokumentarischen Echtheit sinnlicher Wiedergabe aller Dinge der Wirklichkeit fehlt die Macht der eigenen Kommunikation zur Kundgabe eigener Meinungen und Tendenzen, die ihnen von der Ästhetik des Films vielfach zuerkannt worden ist.

Ein ganz anderes Problemfeld eröffnet sich der wissenschaftlichen Forschung, wenn nach dem Geltungswert der Filmbilder und Fernsehbilder gefragt wird. Da alle Bilder der Sinneswahrnehmung und der Erfahrung des Subjektes zugängig sind, wird die philosophische Kritik der Erfahrung und die klassische Erkenntnistheorie für diese Prüfung zuständig sein. Diese Philosophie untersucht die Herkunft, das Objekt und die Gültigkeit aller Erkenntnis sowohl der Sinne als auch des Verstandes und der Reflexion. Sie nimmt an, daß diese Erkenntnis auf eine gegenständliche Welt der Dinge und Vorgänge sowie auf die seelische Innenwelt des Menschen gerichtet ist und einer Vermittlung an die Sinne nicht bedarf. Sie befaßt sich also ausschließlich mit der direkten und natürlichen Erfahrung, auch wenn die Sinne durch Apparaturen künstlich verbessert werden.

Unter dieser Voraussetzung gehört alle Erfahrungserkenntnis des Menschen und seiner Wissenschaft zum Bereiche der klassischen Erkenntnistheorie. Sie hat die natürliche oder von mir sogenannte „primäre“ Erfahrung zum Gegenstande.

Diese allgemeine Erkenntnistheorie wird vorausgesetzt, wenn sich die wissenschaftliche Prüfung der Bilderfahrung zuwendet und deren Realitätsbezug und Geltungsbereich im Einzelnen zu bestimmen sucht. Diese Aufgabe kann ohne Zweifel nicht durch bloße Einordnung der Bilderwelt in die Außenwelt der natürlichen Erfahrung bewältigt werden. Sie hat es vielmehr mit einer ganz eigenständigen Erfahrung an einer eigenständigen Objektwelt zu tun und erhält damit ihre besondere Richtung und Methode.

Ich halte es für zweckmäßig, mit dieser Aufgabe eine selbständige Disziplin der Einzelwissenschaften zu beauftragen, die ich als „Gnoseologie" bezeichnen und von der allgemeinen Erkenntnistheorie trennen möchte.

Die neue Disziplin ist eine „scientia cogitationis", wie sie schon in der Schule von Leibniz und Christian Wolff entwickelt worden ist. Aber sie ist es nicht im Sinne der religiösen Gnosis der Antike, sie ist es auch nicht im Sinne einer modernen Metaphysik der Erkenntnis, weil ihr transzendente Bezüge nachweislich fehlen. Sie bleibt mit dem Positivismus heutiger Wissenschaftslehre auf die empirische und sogar experimentelle Erforschung der Phänomene der bewegten Film- und Fernsehbilder beschränkt.

Aufgabe dieser Gnoseologie ist mithin die Prüfung der Bedingungen, der Objekte und der Gültigkeit der Erfahrung, die sich allein auf die künstliche Welt der bewegten Bilder von Film- und Fernsehprojektion bezieht. Der Objektcharakter dieser Erfahrungswelt ist nicht ihrem Seinscharakter gleichzusetzen. Ihr Realitätsbezug bedarf einer eigenen kritischen Prüfung und skeptischen Begrenzung.

Als Gegenstand der Bilderfahrung können allein diejenigen Phänomene bezeichnet werden, welche der Sinnlichkeit des Subjektes auf der Bildfläche gegeben sind. Die Phänomene aber sind Erzeugnisse technischer Apparaturen. Sie haben keinen realen Gehalt und keinen Bezug auf Dinge an sich. Sie präsentieren in Wirklichkeit eine eigene Welt, mit welcher der Mensch durch seine technische Erfindungsgabe bereichert worden ist. Diese Technik hat der realen Welt der Natur und der Kulturgebilde eine irreale Welt an die Seite gestellt, welche nur der neuen Funktion der Bilderfahrung zugängig ist. Ich bezeichne diese künstliche Welt der Phänomene als „zweite Welt" und die auf sie bezogene Bilderfahrung als „sekundäre Erfahrung". Diese ist der eigentliche Gegenstand der Gnoseologie.

Die menschliche Natur ist mit zahlreichen Sinnen ausgestattet, welche die Individuen mit ihrer Umwelt in Verbindung bringen. Mit den Sinnen erhält der Mensch über seine Eindrücke Empfindungen, deren Komplexe zu Wahrnehmungen führen und den jeweiligen Bestand an Dingen und Veränderungen in der Umwelt registrieren. Bei Wiederholung und Modifikation solcher Wahrnehmungen ergeben sich kognitive Feststellungen von Konstanz und Veränderung, Entstehung und Vergehen, Regelmäßigkeit und Zufälligkeit der Phänomene. Mit der urteilsmäßigen Stellungnahme zu diesen Wahrnehmungskomplexen wird eine Erfahrung vollzogen. Erfahrung ist also die durch äußere oder innere Wahrnehmung gegebene und durch kognitive Bestimmung ihrer Inhalte vollzogene Erkenntnis eines Sachverhaltes in der Form eines gültigen Urteils.

Sobald unsere Wahrnehmung und Beobachtung nicht auf Gegenstände und Personen oder auf Vorgänge in der realen Umwelt gerichtet ist, sondern auf künstlich oder technisch hergestellte Bilder, wird der Prozeß der Erkenntnis aus direkter Erfahrung in seinen Funktionen der Objektbestimmung und Vorgangserklärung völlig verändert.

Die Verwendung von Bildern aller Art zur Registrierung von Wahrnehmungsinhalten und zu deren Kombination in Erfahrungsurteilen kann bei entsprechender Auswertung mit der unmittelbaren Wahrnehmung nicht gleichgesetzt werden. Sie liefert nur technisch vermittelte Wahrnehmungsinhalte und das mehr oder weniger zulängliche Material für die Gewinnung einer besonderen Art indirekter Erfahrung.

Ich bezeichne alle bildlich vermittelte Erfahrung daher als „sekundäre Erfahrung" und behandele sie als eigentümliches Objekt der Wissenschaft der Bildgnoseologie.

Für die Wissenschaft ist wesentlich, daß sie die totale Verschiedenartigkeit der statischen und der bewegten Bilder in bezug auf ihren Geltungswert erkennt und in der entsprechenden Ableitung der sekundären Erfahrung würdigt.

Das statische Bild ist Abbild der Wirklichkeit oder Phantasiebild vorgestellter Wirklichkeit im Bewußtsein, in allen Fällen ein Duplikat des Urbildes. Es hat für sich selbst gegenständlichen Charakter — als ein Gemälde aus Leinwand und Farbe, als ein plastisches Standbild, als eine Fotographie. Als projiziertes Lichtbild verliert es zwar seinen gegenständlichen Charakter, bleibt aber an die Gegenständlichkeit des Lichtbildgebers gebunden. Alle diese Bilder sind Objekte der visuellen Sinneswahrnehmung, die sich auf ihren realen oder symbolischen Inhalt bezieht. Aus der Kombination dieser Wahrnehmungen und aus ihrer kognitiven Verarbeitung entsteht die sekundäre Erfahrung. Die Schwierigkeit dieser Verarbeitung liegt in der Einzelheit der Momentbilder und in der Begrenztheit ihres Details.

Ganz anders muß die Inhaltlichkeit und der Realitätsbezug der bewegten Bilder des Films und des Fernsehens beurteilt werden. Die technische Herstellung von Lichtreizkomplexen auf Leinwand und Bildschirm erzeugt keine gegenständlichen Eigengebilde, sondern nur physikalische Reize für Licht- und Farbempfindungen des zuschauenden Subjektes. Diese Empfindungen werden als Phänomene wahrgenommen. Nur diese Phänomene sind also hier Gegenstand sekundärer Erfahrung.

Zu den optischen Reizen kommen bei Tonfilm und Fernsehen

mit Tonanlage die auditiven Wahrnehmungen mit ihrem rein funktionalen Charakter. Sie gehen in die sekundäre Erfahrung ein und verstärken deren Wirklichkeitseffekt. Gerade an der Darstellung der menschlichen Person in den Bildmedien kann der wesentliche Unterschied zwischen primärer und sekundärer Erfahrung sowie der Unterschied zwischen der statisch vermittelten und der dynamisch vermittelten sekundären Erfahrung am besten verdeutlicht werden.

Im täglichen Umgang stehen sich die Menschen in der direkten mimischen und sprachlichen Kommunikation und in analoger Perspektive gegenüber. Sie erleben ihre Gegenwart und ihre Beziehung. Die natürliche Erfahrung entdeckt dabei Züge der fremden Individualität und ergänzt sie aus allgemeiner Menschenkenntnis und Lebenserfahrung.

Diese primäre Erfahrung der Person ist gekennzeichnet durch die sinnlich verifizierbare Existenz eines Mitmenschen, dessen Verhalten durch Kommunikation nachweislich zu beeinflussen ist.

Aber die sekundäre Erfahrung an Mitmenschen im bewegten Bilde beschränkt sich auf die Deutung der Phänomene manifester Personen und ihrer Veränderungen in der visuellen Wahrnehmung. Hierzu kommt die Erfahrung aus ihren sprachlichen Äußerungen.

Das Filmbild des Menschen fixiert die mannigfaltige Erscheinung der Einzelperson in ihrem Habitus und in ihrem Verhalten. Dabei zeichnen sich die Einzelzüge ihres Wesens deutlicher ab, als es im lebendigen Umgang in der Regel der Fall ist. Näher als das Urbild rückt das Filmbild dem Zuschauer in seiner gesteigerten Größe und sinnlichen Deutlichkeit, wenn er es auf der Leinwand betrachtet.

Im Fernsehen, soweit es der Bildschirm zuläßt, kann die Person in der Nahaufnahme mit überscharfer Deutlichkeit präsentiert werden. Das Fernsehbild erscheint dem Betrachter als die lebendig gewordene Großaufnahme des Fotographen, als die greifbare und ansprechbare Gestalt des Mitmenschen, der sich an ihn wendet und mit dem er als Zuschauer trotz ihrer Irrealität in Beziehung tritt.

Die Anschauung der Bildvorgänge des Films und Fernsehens entspricht also dem natürlichen Erleben der primären Erfahrung nur insoweit, als die Folge visueller Wahrnehmungen der Phänomene dem Zuschauer hier wie dort als eine Wirklichkeit der Dinge, der Personen und der Vorgänge erscheint. Der Unterschied beider Erlebnisweisen liegt indessen darin, daß sich der Zuschauer bei der primären Erfahrung der Realität des Geschehens in seiner eigenen Umwelt bewußt ist, bei der sekundären Erfahrung aber die Distanz des Geschehens gegenüber dem eigenen Dasein jederzeit fühlen und sich bewußt machen kann. Der Erlebnisgehalt aller sekundären

Erfahrung ist mithin auf die Bewußtseinswirklichkeit der sinnlichen Wahrnehmungen des Subjektes beschränkt. Er hat in seiner Gegenständlichkeit nur phänomenalen Charakter. Er schaltet jeden echten Realitätsbezug aus. Um diese immanente Bewußtseinswirklichkeit zu kennzeichnen, läßt sich diese Wahrnehmung der Phänomene auch als „Vision" besonderer Art bezeichnen.

Die sekundäre Erfahrung ist demgemäß, soweit sie sich auf Film und Fernsehen bezieht, nach ihrer Quelle eine Erkenntnis allein aus visueller Wahrnehmung. Sie kann durch den Sensualismus der alten Erkenntnistheorie erklärt werden.

Aber nach ihrem Gegenstande ist diese Erkenntnis eine Erfahrung aus bloßen Phänomenen. Was auf Leinwand und Bildschirm vorhanden ist, sind optische Signale, die durch Belichtung und Projektion technisch erzeugt werden. Sie würden, in Millimeterquadrate mosaikartig aufgeteilt, bei der Beobachtung der einzelnen Quadrate nur punktuelle Helligkeits- und Farbreize verschiedener Qualität und Intensität enthalten. Sie erscheinen erst im ganzheitlichen Komplex der belichteten Fläche gestalthaft und sinnhaft für die Wahrnehmung. Sie können in ihrer Erscheinung als gegenständlich oder personell bestimmt werden.

Das Subjekt steht dabei nicht einer sinnlich erfaßten Realität von Dingen und Personen gegenüber, sondern nur den Phänomenen. Über sie geht seine Erfahrung nicht hinaus. Der Realitätsbezug führt hinter die Wand der Phänomene zurück zu den von der Kamera aufgenommenen realen Gegenständen, die von der Bildwahrnehmung nicht erfaßt werden können. Sie sind demgemäß als unerkennbar für die sekundäre Erfahrung zu bezeichnen.

Es ist genau das Schema von Kants Kritik der reinen Vernunft, das hier seine bedingte Anwendung finden kann. Es rechtfertigt die These des Phänomennalismus ebenso wie den Kritizismus. Aber die Gnoseologie läßt die Erkennbarkeit der Dinge an sich aus natürlicher Erfahrung zu, weil sie zur wirklichen Welt gehören.

Schließlich entscheidet über die Gültigkeit der sekundären Erfahrung aus bewegten Bildern die vergleichende Prüfung der Gegenstände der primären und der sekundären Erfahrung, weil beide Erfahrungsarten der menschlichen Erkenntnis zugängig sind und in ihrer Geltung unabhängig voneinander verifiziert werden können. Die Wirklichkeit der menschlichen Person vor der Kamera und ihre Erscheinung in Film und Fernsehen sind in verschiedener und getrennter Beobachtung unserer Erkenntnis zugängig. Die Wirklichkeit eines kleinen Schiffsmodells auf dem kleinen Wasserbassin ist mit dem Filmbilde des Riesenschiffes auf dem Ozean in seiner faszinierenden Täuschung echter Abbildungen vergleichbar. Beide Erfahrungen bieten aus verschiedenen Quellen analoge Gegenstände an, denen das Subjekt Identität zuschreibt, wenn es das Phänomen im Filmbilde wahrnimmt. Dem Filmbilde wird ein Realitätsbezug zugeschrieben, weil hier reales und irreales Sein unmittelbar verglichen werden. In Wirklichkeit handelt es sich um eine Täuschung des Subjektes, dem die Unterscheidung von primärer und sekundärer Erfahrung nicht bewußt ist. So rechtfertigt sich hier der kritische Realismus der natürlichen und primären Erfahrung zugleich mit dem Phänomenalismus der sekundären Erfahrung.

Zum Schluß scheint es unumgänglich, diese Position der Gnoseologie im Einzelnen zu begründen, wie sie sich aus der Anwendung der klassischen Erkenntnistheorie auf die Bilderfahrung ergeben muß. Der Standpunkt der Gnoseologie ist von demjenigen der Theorie der Erkenntnis der natürlichen Welt durchaus verschieden.

Der Gegenstand der Erkenntnis ist für die künstliche Bildherstellung der Medien gegeben in der Realität der Phänomene, die sich dem Zuschauer auf Filmleinwand und Bildschirm präsentieren. Da ihm diese Phänomene als eindeutig erfaßbare Wirklichkeit erscheinen, kann die Gnoseologie einen *naiven Realismus* im Sinne der alten Erkenntnistheorie vertreten. Nach dieser Doktrin sind alle Sinnesqualitäten unserer Wahrnehmung Eigenschaften der Gegenstände, die wir in der Erfahrung erkennen. Daher erscheint das Filmbild und das Fernsehbild als fotografisch getreue Darstellung der Wirklichkeit, welche dem Auge des Zuschauers präsentiert wird.

Tatsächlich aber sind die mit der Kamera aufgenommenen Gegenstände und Personen nicht nur zurechtgemachte Naturdinge und Menschen, sondern auch künstlich hergestellte Ersatzgebilde, die mit fotografischer Technik in scheinbare Realitäten verwandelt werden. Wer diese Produktion kennt, wer die Realität der Kameraobjekte mit dem Anspruch auf Kunst in die scheinbare Wirklichkeit der Filmbilder und der Fernsehbilder verwandelt, weiß sehr wohl, daß der naive Realismus nur als eine Theorie der Täuschung und der Skepsis benutzt werden kann. Mit der Tatsache der Vermittlung der Wirklichkeit durch Bilder wird der Standpunkt des naiven Realismus aufgehoben.

Wenn demgegenüber die philosophische Reflexion den Versuch unternehmen würde, den psychologischen oder den subjektiven *Idealismus* der klassischen Erkenntnistheorie auf die Erklärung der Bildphänomene anzuwenden, so würde sie nachweisen müssen, daß die Bildphänomene allein als Bewußtseinsinhalte des wahrnehmenden Subjektes existieren und ihnen jede Realität außerhalb des Bewußtseins abzusprechen ist.

Alle Erkenntnis aus Filmbildern wird alsdann auf die Intentionalität des Bewußtseins beschränkt. Die Formel Berkeleys „esse est percipi" bedeutet in der Anwendung auf die Gnoseologie, daß der ganze Aufwand der Technik für die Herstellung von Bildphänomenen nichts anderes sei als die Erzeugung von Perzeptionen sinnlich wahrnehmender Subjekte. Diese idealistische Position beseitigt in der Konsequenz ihres Denkens die Realität der Außenwelt und beschränkt die einzelnen Gegenstände der Wahrnehmung auf Inhalte des Bewußtseins, wo sie für die Psychologie in der Tat nachweisbar sind.

Unter diesen Umständen würde es nahe liegen, gegenüber aller Bildwahrnehmung die Position der antiken Skeptiker einzunehmen und auf eine echte Erkenntnis aus den Medien überhaupt zu verzichten. Zurückhatlung im Urteil über Dinge und Geschehen in Film und Fernsehen gehört schon zur natürlichen Einstellung aller kritischen Zuschauer gegenüber dem Zauber von Kino und Fernsehgerät. Eine grundsätzliche Verneinung der Gültigkeit aller Erkenntnis aus den Medien würde sich aber bei philosophischer Überlegung im Sinne der klassischen Skepsis begründen lassen. Hiernach gelten zwar die Sinneswahrnehmungen als echte seelische Prozesse und als Vermittler von Sinnesinhalten. Aber deren wahres Wesen ist unerfahrbar. Wir können mithin über die mit den Sinnen vermittelte Realität nichts aussagen.

Die Begründung dieser These, wie sie mit der Aufstellung der zehn skeptischen Tropen des Aenesidemos vorgenommen worden ist, verweist einerseits auf die subjektivistischen Argumente der Abhängigkeit allen Erkennens von den individuellen Differenzen der Subjekte, andererseits auf die relativistischen Argumente der Bedingtheit des Erkennens von den jeweiligen Umständen und der Begrenzung ihrer Brauchbarkeit nach Ort, Zeit und Lage des Subjektes.

Wenn solche Argumente auch gegenüber aller Bildwahrnehmung vertretbar sind, so können sie rein theoretisch nur zur Annahme einer Doktrin führen, welche den Erkenntniswert derselben auf die Phänomene beschränkt. Die skeptische Haltung in ihrem pragmatischen Wert wird aber als Prinzip aller Kritik von Film und Fernsehen anerkannt werden müssen.

Wenn die Annahme der Realität der Kameraobjekte für die Gnoseologie unumgänglich und im Sinne eines Realismus vertretbar ist, so muß nach den Einwänden der Skeptiker gegen den naiven Realismus wie gegen allen Dogmatismus die genauere Bestimmung der Objekte der Wahrnehmung in Frage gestellt, wenn nicht gänzlich abgelehnt werden.

Die Stellungnahme der Gnoseologie zu dieser entscheidenden Frage des Realitätsbezuges der Bilder wird von der Tatsache ausgehen müssen, daß dem Zuschauer im Kino und beim Fernsehen nur künstlich erzeugte Lichtreize gegeben sind, welche in den Empfindungen registriert und in der Wahrnehmung als gestalthafte Gebilde geformt und gedeutet werden.

Die ganze Wirklichkeit dieser Folge von physikalischen, physiologischen und psychologischen Prozessen enthält nichts anderes als den Bezug des Subjektes auf Phänomene, welche in teuflisch gemachter Anpassung an die menschlichen Sinne als wirkliches Sein und Geschehen aufgenommen werden.

So bietet sich die philosophische Doktrin des *Phänomenalismus* sowohl bei Sextus Empiricus als auch bei Kant als einzig brauchbare Erklärung des Realitätsbezuges der Bildwahrnehmung an. Nach ihr muß die Gnoseologie also einen neuartigen Eidolismus vertreten, der alle Erkenntnis auf die gegebenen Bilder beschränkt und deren Realitätscharakter von vornherein ausschaltet. Die These dieses eidolistischen Phänomenalismus lautet also: was dem Subjekt in der optischen und akustischen Vermittlung durch Bilder des Films und des Fernsehens gegeben ist, besteht ausschließlich aus künstlich erzeugten Phänomenen, die das Subjekt als solche zu deuten hat. Ihr Realitätsbezug selbst ist nicht wahrnehmbar. Der Prozeß der Erzeugung liegt jenseits von Leinwand und Bildschirm und ist daher der sekundären Erfahrung nicht erkennbar. Die fotografisch aufgenommenen Objekte entsprechen den Dingen an sich, deren Existenz im Sinne des Kritizismus von Kant zugleich mit ihrer Unerkennbarkeit in sekundärer Erfahrung angenommen werden muß.

Die phänomenalistische Gnoseologie zieht in dieser Weise die Grenzen zwischen der primären Erfahrung der Natur und der sekundären Erfahrung der Bildwahrnehmung. Sie bezieht die Wahrnehmung aller technischen Gegebenheiten bei den Medien in die natürliche Erfahrung ein, stellt aber die Welt der Bildphänomene aus dieser Erfahrung heraus und gibt ihr eine eigene autonome Realität, die als „Zweite Welt" bezeichnet wird.

Mit dieser grundlegenden These wird zu aller speziellen Filmwissenschaft und Fernsehwissenschaft die erkenntnistheoretische Grundlage geschaffen, indem die gesamte Wirklichkeit der Bildphänomene einer deskriptiven, erklärenden und kritischen Untersuchung unterworfen wird. Die „Zweite Welt" ist der eigentliche Gegenstand der Bildwahrnehmung und der daraus abgeleiteten Erfahrung. Sie entspricht zwar der kategorialen Ordnung der natürlichen Welt im ganzen, kann aber in ihren Realgegebenheiten infolge ihrer technischen Verwendbarkeit und Gestaltbarkeit nicht ausschließlich unter den objektiven Bedingungen der natürlichen Erfahrung erkannt werden. Die Annahme der Identität der natürlichen Welt und der „Zweiten Welt" würde die neuartige These eines naiven Bildrealismus ergeben, der sich zugleich mit dem naiven Realismus widerlegen läßt. Die kategoriale Bestimmung der „Zweiten Welt" wird mithin zur besonderen Aufgabe der Gnoseologie der Bilderfahrung.

Die Frage nach den Quellen der natürlichen Erkenntnis hat den Streit um die Wertung von Erfahrung und Denken ausgelöst, aus dessen Aporien und Problemen die ganze Erkenntnistheorie hervorgegangen ist. Nach dem *Empirismus* wird alle Erkenntnis auf äußere und innere Erfahrung zurückgeführt. Der konsequente *Sensualismus* hält sich allein an die bloße Sinneswahrnehmung.

Erst hier könnte die Gnoseologie der Bilder einen Ansatz zur Erklärung der Tatsache finden, daß die Bildwahrnehmung ausschließlich auf Sinnesempfindung zurückgeht. Wie Condillac die natürliche Welt aus einzelnen Perzeptionen zusammensetzen will, so muß das Subjekt nach der Gnoseologie allein aus den phänomenalen Gegebenheiten der Sinneswahrnehmung alle Elemente der „Zweiten Welt" zu erkennen suchen. Die naheliegende Annahme der Identität beider Welten würde der naiv realistischen Vorstellung der Sensualisten entsprechen, mit den Sinnen allein die Realität unmittelbar erfassen zu können.

Letzten Endes gelangt alle philosophische Überlegung, die eine Erklärung der Gültigkeit der Bilderfahrung sucht, auf dem Wege über skeptische und kritizistische Thesen zum modernen *Positivismus.* In der Anerkennung der natürlichen Grenzen menschlichen Wissens und in der Ablehnung einer auf Wissenschaft begründeten Metaphysik ist die Doktrin mit dem Kritizismus Kants und seiner Nachfolger einig. Sie beschränkt sich aber auf die Auswertung der Erfahrung in allen empirischen Wissenschaften und auf ihre *Grundlegung* in den Formalwissenschaften.

Es ist die Besonderheit dieser Gnoseologie positivistischer Richtung, daß sie es nicht nötig hat, zu einer Metaphysik transzendenter Wirklichkeit Stellung zu nehmen. Sie bleibt mit ihrer sekundären Erfahrung auf die empirischen Gegebenheiten der „Zweiten Welt" der Phänomene beschränkt, mit ihrer primären Erfahrung aber zugleich an die Anerkennung der Realität aller jenseits der Bilder liegenden Gegenstände, Personen und Vorgänge gebunden. Die These der Unerkennbarkeit dieser sogenannten „Dinge an sich" wird damit zu einem grundlegenden Prinzip für alle Kritik und Bewertung des Films und des Fernsehens.

Zum Schluß suche ich die Ergebnisse meiner Darlegung kurz zusammenzufassen.

Die Kommunikationswissenschaft lehnt die Beschränkung der Bilderfahrung auf visuelle Information ab. Es gibt Kundgaben des Kommunikators durch optische Signale und Bildgestaltung aller Art. Es gibt andererseits visuelle Erfahrung beim Kommunikanten. Aber es gibt keine visuelle Information. Die Filmologie ist also unzulänglich.

Die Kommunikationswissenschaft kann vielmehr zeigen, daß statische Bilder keine Kommunikationsfunktion ausüben, Bilder des Films und Fernsehens aber in den Äußerungen der in ihnen erscheinenden Personen die Zuschauer ansprechen können.

Die Gültigkeit aller Erfahrung aus bewegten Bildern wird erst durch empirische Forschung der neuen Wissenschaft der Gnoseologie zu prüfen sein. Diese Wissenschaft kann zeigen, daß neben der natürlichen Umwelterfahrung durch die Erfindung von Film und Fernsehen eine neue Art von Erfahrung, die sogenannte sekundäre Erfahrung, entstanden ist. Sie hat zu beweisen, daß sich die visuellen Wahrnehmungen nur auf die technisch erzeugten Phänomene beziehen, welche beim Subjekt durch die Täuschung des Realitätsbezuges die Illusion natürlicher Erfahrung erzeugen. Die reale Welt der natürlichen Erfahrung aber bleibt in den Bildern unerkennbar.

In der sekundären Erfahrung der bewegten Bilder wird den Menschen die künstlich geschaffene „Zweite Welt" in Visionen vor Augen gestellt. Deren Gültigkeit wird durch die kritische Prüfung der Gnoseologie auf die Möglichkeit des Realitätsbezuges der Phänomene zurückgeführt.

Die erkenntnistheoretische Position der Gnoseologie entspricht unter diesen Voraussetzungen einem Phänomenalismus, der in seiner Anwendung auf die Bilderfahrung als Eidolismus bezeichnet werden kann. Er ist mit skeptischen Reserven belastet und in seiner wissenschaftlichen Begründung auf die empirische Selbstbeschränkung des Positivismus angewiesen.

Das Institut „Agostino Gemelli" hat Mailand eine führende Stelle in der Vertretung der neuen Wissenschaft von Film und Fernsehen verschafft. Es ist meine Überzeugung, daß die Ergebnisse dieser Forschung nicht allein das Wissen um den Sinn und den Wert von Film und Fernsehen bereichern werden, sondern auch zur Verbesserung der Kunst und Technik der Massenmedien beitragen können.

G. Cohen-Séat, Problèmes du Cinéma, 1961. — Das Istituto per lo Studio sperimentale di problemi sociali con ricerche filmologiche ed altre tecniche zu Mailand hat sich die Erforschung der »Information visuelle« nach den Anregungen von G. Cohen-Séat zur Aufgabe gemacht.

Der Terminus »information visuelle« ist so allgemein gefaßt, daß alle technischen Mittel des Druckes und sonstiger Herstellung statischer Bilder darunter fallen müssen. Er wird andererseits dazu benutzt, die Bildkünste Film und Fernsehen mit ihren nicht informativen Sparten ebenfalls einzubeziehen.

Ich übernehme daher den Begriff der Bildinformation zur Beziehung aller statischen und bewegten Bilder, welche der Information und der Regulierung dienen. Die Vermittlung des Spieles im Film und Fernsehen gehört aber zur Kategorie der Bildkünste, welchen in der Kommunikation eine eigene Gesetzlichkeit zukommt.

II Kommunikationstheorie der Massenmedien

1. Auf dem Wege zur Kommunikationsforschung

A.

Die Erfassung des Kommunikationsproblems mit seinen Aporien und Verschlingungen mit anderen Problemen durch die Wissenschaft macht eine ganze Problemgeschichte notwendig. Daran schließt sich notwendig die wissenschaftstheoretische Klärung seines logischen Ortes und seiner heuristischen Behandlung, wenn es in der heutigen Lage der Wissenschaft systematisch bearbeitet werden soll. Dabei wird seine Bedeutung für die Gesellschaft und ihre Kultur zur Geltung kommen.

Mit einem solchen Vorhaben ist zuerst eine Skizze der historischen Leitlinie der Problementwicklung und der Einordnung der Fragestellung in die wissenschaftliche Systematik erforderlich. Hiernach kann der Versuch gewagt werden, Wesen und Arten der Kommunikation zu bestimmen und diese Erkenntnis auf die Wissenschaften von Presse, Film, Rundfunk und Fernsehen anzuwenden. Es geht dabei um die Abgrenzung der Problemfelder und der eigenen Gegenstände dieser neuen Disziplin der Kommunikationsforschung im Bereiche der angewandten Kulturwissenschaften.

Die Entwicklung der Geisteswissenschaften im Abendland hat zuerst den philosophischen Problemstellungen Raum gegeben und daneben die Philologie in den trivialen Disziplinen der Grammatik und Rhetorik zur selbständigen Wissenschaft ausgebildet. Theoretische und praktische Sprachwissenschaften waren seitdem grundlegende Fächer in der höheren Bildung des Abendlandes. Sie beschäftigen sich mit der Struktur der heimischen Sprache und mit deren Anwendung im öffentlichen Leben. Sie fügen schon sehr früh die historische Registrierung und systematische Interpretation der literarischen Werke aller Gattungen hinzu und leisten die Vorarbeit für die Entwicklung der Geistesgeschichte. Bis zur Gegenwart ist die Philologie immer weiter spezialisiert und zu einem System von einzelnen Sprachwissenschaften, Literaturwissenschaften und Hilfswissenschaften ausgebildet worden. Die Verwendung der Sprache zur Herstellung sozialer Beziehungen und in ihrer kommunikativen Grundfunktion erscheint nur selten im Gesichtskreis dieser Wissenschaft, neuerdings in der behavioristischen Sprachsoziologie.[1].

Daneben blieb in der abendländischen Geschichte der Wissenschaften die soziale Problematik der praktischen Philosophie überlassen. Seit den Anregungen der Sophistik waren Politik und Ökonomie

[1] Vergleiche in diesem Bande: Die Publizistik als angewandte Kulturwissenschaft — mit der dort angeführten Literatur.

auf Beurteilung der Staatsverfassung und der Wirtschaft sowie gelegentlich auf Erklärung der Entstehung der Gesellschaftsordnung bedacht, ohne die zwischenmenschlichen Beziehungen in ihren seelischen Funktionen als deren Voraussetzung zu prüfen. Es bedurfte der weitgehenden Differenzierung der Gebiete der Staatswissenschaften in der Neuzeit, um zur Erkenntnis der Notwendigkeit einer allgemeinen Sozialwissenschaft auf empirischer Grundlage zu gelangen, die sich erst im 19. Jahrhundert ausbilden und eine Integration der einzelnen Disziplinen und Richtungen sozialwissenschaftlicher Forschung anbahnen konnte.

Aber auch hier blieben die Tatsachen der sozialen Prozesse und Institutionen so sehr im Vordergrunde der Betrachtung sowohl bei der historischen als auch bei der systematischen Forschung, daß eine Untersuchung jener seelischen Grundfunktionen nicht vorgenommen wurde, welche Herstellung und Fortentwicklung sozialer Lebensformen allererst möglich machen. Eine sozialpsychologische Erklärung der sozialen Phänomene wurde erst mit der Entwicklung der Soziologie und mit deren Anwendung psychologischer Heuristik versucht und durchgeführt.

Seitdem die Funktion der öffentlichen Unterrichtung in ihrer Bedeutsamkeit für das politische Leben und die wirtschaftliche Entwicklung der Gesellschaft erkannt worden ist, mußte zunächst die Rolle der Presse sowohl von den Historikern als auch von den auf die Gegenwart gerichteten Nationalökonomen und Soziologen näher untersucht werden. So entstand die Zeitungswissenschaft und in ihrer Folge der vielgestaltige Ansatz einer Kultursoziologie und Kulturpsychologie mit dem Bemühen um die Erkenntnis der Kräfte, welche den Fortschritt der Kultur und die Dynamik der Gesellschaft nach Gesetzlichkeit, Richtung und Intensität bestimmen. Die Ergebnisse dieser Untersuchungen sollten zur Erklärung historischer Vorgänge und gegenwärtiger sozialer Konstellationen dienen. Auf diesem Wege vollzog die neue Publizistik als Wissenschaft von den Mitteln der Unterrichtung und der Lenkung der Massen den Schritt von der historischen Hilfswissenschaft zu einer selbständigen umfassenden Wissenschaft im Rahmen der angewandten Kulturwissenschaften.[2] Im Zeitalter der Erhebung der Massen und der Souveränität der Völker in ihrem politischen und kulturellen Leben wird diese Wissenschaft zu einem wichtigen Organ der gesamten Daseinsgestaltung für die Menschheit. Sie vermag alle Funktionen und Institutionen zu untersuchen, durch welche in der Gesellschaft Informationen und Einflußnahmen ausgetauscht werden, welche zur Erhaltung ihrer Daseinsordnung

[2] *W. Hagemann*, Grundzüge der Publizistik. 1947. — Die Zeitung als Organismus, 1949.

lebensnotwendig sind. Sie schließt daher nicht allein die Zeitung und sonstige publizistische Druckerzeugnisse in ihre Forschung ein, sondern beansprucht neuerdings auch die Bearbeitung der technischen Medien Rundfunk, Fernsehen und Film. Dabei wird die Begrenzung dieser Arbeit auf die kulturellen Phänomene durch die geisteswissenschaftliche Methodik vielfach übersehen.

In dieser Forschung ist das Problem der Kommunikation in seiner Eigenart und nach seiner grundlegenden Bedeutung für die gesamte Daseinsordnung erstmalig aufgeworfen worden. Sie erfaßt im publizistischen Prozeß die verschiedenen Aussageweisen der publizistischen Organe und die Inanspruchnahme des Empfängers und deutet richtig die Funktion der Kommunikation zwischen beiden Seiten als den eigentlichen publizistischen Vorgang.[3] Die Unterrichtung über das Gegenwartsgeschehen in seiner Aktualität sowie die Lenkung der Öffentlichkeit in Gesinnung und Überzeugung treten als die beiden Grundformen der Kommunikation hervor. Mit diesen Einsichten hat die Wissenschaft der Publizistik den Zugang zur Kommunikationsforschung gefunden und dieselbe nach ihren eigenen Zwecken zu betreiben unternommen.

Daneben ist der Sozialpsychologie die Problematik dieses Phänomens der Kommunikation zwischen den Menschen aufgegangen und in methodische Untersuchung genommen worden. Sie prüft die Wirkungswege zwischen den Menschen und unterscheidet deren Einzelfunktionen als Ausdruck, Mitteilung und Handlung, sie erkennt zugleich die soziative Wirkung dieser Funktionen. Auch der Prozeß der sozialen Anpassung wird auf Vorgänge der Kommunikation zurückgeführt.[5]

In der neuesten Entwicklung der Sozialpsychologie der Amerikaner und ihrer europäischen Gefolgschaft ist die Kommunikation als die eigentliche Lebensfunktion der Gesellschaft nicht nur hypothetisch fixiert, sondern nach allen Seiten empirisch untersucht und erklärt worden. Dabei hat sich gezeigt, daß die psychologische Kommunikationsforschung zur Grundlegung aller Sozialwissenschaften unentbehrlich ist.[6]

Die sozialpsychologische Kommunikationsforschung bildet aber nur die eine Seite dieses Forschungsbereiches. Diese sollte durch eine spezielle soziologische Disziplin ergänzt werden, um auch die soziale Struktur auf beiden Seiten der Kommunikation und deren gesellschaftlichen Effekt kennen zu lernen. Erst mit dieser Ergänzung kann eine vollständige Kommunikationsforschung zur

[3] *E. Dovifat*, Zeitungslehre, 2 Bde. 3. Aufl. 1955.
[4] *W. Hellpach*, Sozialpsychologie, 1951. — *P. Hofstätter*, Einführung in die Sozialpsychologie, 1954.
[5] *E. u. R. Hartley*, Die Grundlagen der Sozialpsychologie, 1955.
[6] *P. Lazarsfeld, F. Stanton*, Communications Research, 1949.

Grundlegung sowohl der theoretischen Sozialwissenschaften als auch der angewandten Disziplinen benutzt werden, mit denen die verschiedenen Kommunikationsformen und Kommunikationsmittel in ihrer praktischen Gestaltung und Wirkung untersucht werden.[7]

Im Hinblick auf die Prüfung der modernen Massenmedien auf ihre Wirkung in der Lebensgestaltung der Einzelmenschen, in der Daseinsordnung der Gesellschaft und in der objektiven Kultur erscheint die wissenschaftliche Bearbeitung ihrer Kommunikationsfunktionen als Voraussetzung für diejenigen angewandten Kulturwissenschaften, in welchen solche Einflüsse in Erscheinung treten. Insofern lassen sich Erziehungswissenschaft, Ethologie, soziale Organisationslehre, Publizistik, Rundfunk- und Fernsehwissenschaft sowie Filmwissenschaft mit ihrem eigenen Problemkomplex nicht mehr betreiben, ohne daß zuvor das Phänomen der Kommunikation geklärt und das Resultat dieser Erkenntnis für die einzelnen Regulationen und Medien ausgewertet worden ist.

Wer versuchen wollte, eine systematische Kommunikationswissenschaft zur allgemeinen Wissenschaft von den sozialen Vorgängen und Beziehungen zu machen, würde das weitere Problemfeld der Soziologie ungeachtet lassen. Wer die Kommunikationsforschung nur als Sozialpsychologie gelten lassen wollte, müßte die eigenartige soziale Seite des Phänomens vernachlässigen. Wer schließlich an die Stelle der speziellen Wissenschaften von den publizistischen Organen und technischen Medien eine allgemeine Kommunikationswissenschaft setzen möchte, würde die spezielle Untersuchung derselben in den angewandten Teildisziplinen ausschalten und die Vielschichtigkeit ihrer Probleme unbeachtet lassen.

Eine angemessene Bearbeitung der Kommunikationsproblematik durch eine empirische Forschung ist daher auf sozialpsychologische und soziologische Methoden angewiesen und im Bereich dieser Disziplinen durchzuführen. Sie kommt alsdann allen angewandten Kulturwissenschaften zugute, welche die verschiedenen Vermittler der Kommunikation behandeln, insbesondere der Rhetorik und Publizistik, der Film-, Rundfunk- und Fernsehforschung mit ihren eigenen Problemfeldern. Sie dient letzten Endes der Grundlegung aller Sozialwissenschaften, weil in den zwischenmenschlichen Beziehungen und in der Herstellung sowie Erhaltung der rechtlichen, staatlichen und gesellschaftlichen Daseinsordnung die Kommunikation überall der funktionale Lebensprozeß ist, durch welchen sie erhalten und verändert wird.

[7] *W. Hagemann*, Vom Mythos der Masse, 1951. — *E. Freemann*, Conquering the Man in the Street, 1940. — *H. Lasswell*, The language of politics, 1949.

In diesem Rahmen läßt sich die weitreichende Ausstrahlung der Erkenntnis des Kommunikationsphänomens über alle Sozialwissenschaften nachweisen, sobald die Kommunikation in ihrem Wesensmerkmal und mit ihren spezifischen Differenzen an ihren zahlreichen Arten und Wirkungsweisen genauer bestimmt worden ist. Dies erfordert die Voraussetzung aller Materialien der empirischen Soziologie und experimentellen Sozialpsychologie, die in diesem Zusammenhang nicht im Einzelnen ausgebreitet werden können.

B.

Da der Mensch als Einzelwesen in völliger Isolierung nicht menschenwürdig leben kann, ist er auf Verbindung mit anderen Menschen angewiesen. Diese Verbindung stellt Beziehungen her, die auf die Dauer zu Paarungen, Gruppierungen und Gemeinschaften führen und die soziale Daseinsordnung herstellen, in welcher der Mensch allein zur Kultur emporsteigen und seine Humanität entfalten kann. Der Einzelmensch wird zum Glied von Sozialformen, denen er sich in seinem Lebenslauf einfügt, deren Gewohnheiten und Sitten er sich anpaßt oder mit denen er sich auseinandersetzt. In allen diesen Beziehungen der Glieder der Gemeinschaft und der gesellschaftlichen Gebilde vollzieht sich ein ständiger Austausch von Kundgaben und Erwiderungen, von Fragen und Antworten, von Aufträgen und Vollzügen. Die Personen stehen miteinander in vorübergehenden oder dauerhaften Verbindungen, welche durch Kommunikation herbeigeführt und aufrecht erhalten werden. So wird die Kommunikation zum Mittel aller sozialen Verständigung und aller Organisation in der Herstellung der Daseinsordnung der Gesellschaft.

Es ist lange Zeit übersehen worden, daß die soziale Ordnung nur entstehen und bestehen kann, solange die Funktionen der Kommunikation normal verlaufen, daß ihre Stabilität nur durch eine gesunde organische Kommunikation gewährleistet ist. Störungen der Gesellschaft beruhen auf Einflüssen der Kommunikation, welche dem sozialen Organismus nicht gemäß sind und seine Lebensfunktionen beeinträchtigen oder unterbrechen. Zu einer harmonischen Daseinsordnung der Gesellschaft gehört mithin eine adäquate Kommunikation, wie zum gesunden Organismus die normale Funktion der physiologischen Prozesse gehört.

Andererseits wird der gesamte Funktionszusammenhang des sozialen Lebens durch die Kommunikationsprozesse im Innern des Sozialkörpers gesteuert. Sein Leben beruht nicht auf mechanischen Vorgängen, durch welche die Individuen wie Atome in Bewegung gehalten werden, sondern auf dem organischen Gefüge des Zusammenlebens und Zusammenwirkens geistig gelenkter eigenwilliger Personen mit ihren komplexen seelischen Bindungen aneinander und Spannungen gegeneinander, die sich in der Kommunikation äußern. Die Kommunikation ist also als der eigentliche Lebensprozeß der Gesellschaft anzusehen, mit welchem ihre einzelnen Glieder und Sozialgebilde zusammengehalten werden.

Die Kommunikation wird daher als der Prozeß der Verbreitung und des Austausches sinnvoller Mitteilungen, Anforderungen und Kulturgehalte zwischen Einzelmenschen und Gruppen im Vollzuge ihrer Beziehungen bestimmt werden können. Solche Beziehungen werden mittels Kommunikation angebahnt, sie bewirken andererseits aus sich selbst eigene Kommunikationsvorgänge. Der Ausfall der Kommunikation bedeutet Störung oder Aufhebung der sozialen Kontakte und damit der Beziehungen zwischen Individuen und Gruppen. Der Kommunikationsprozeß gehört dem kollektiven Seelenleben an, er hat aber seine funktionelle Basis im Seelenleben des einzelnen Subjektes.

Jede Kommunikation geht aus von der innerseelischen Verfassung des Kommunikators, der in spontanem Impuls oder aufgrund äußerer Einflüsse zur Äußerung seiner Intentionen kommt. Er wirkt dabei immer als Einzelsubjekt, auch wo er mit anderen Personen an einer Gemeinschaftskommunikation beteiligt ist. Seine eigene Intention in der Hinwendung zum Mitmenschen ist personal bedingt und individuell geformt. Der Austausch vollzieht sich in mimischen und motorischen Äußerungen, in ihrer Lautgebung und artikulierten Sprache, ferner unter Benutzung technischer Vermittler, der sog. Medien. An jeder Kommunikation können Auftraggeber beteiligt sein, die hinter dem wirkenden Kommunikator stehen. Sie werden hier als primäre Kommunikatoren, also Instanzen bezeichnet. Die kundgebenden Personen werden alsdann zu sekundären Kommunikatoren.

Andererseits ist die Kommunikation ebensowohl an Einzelmenschen als auch an Gruppen gerichtet, welche die Rolle des Rezipienten oder Kommunikanten zu übernehmen haben, wenn sie auf die Äußerung eingehen wollen. Sie vollenden die Kommunikation durch ihre Annahme und ihre Reaktion auf die Intentionen des Kommunikators. Im Vollzug dieser Rezeption und Stellungnahme wird eine Beziehung hergestellt, die von kurzer oder längerer Dauer sein kann. Mit der Ablehnung der Kundgabe wird eine solche Beziehung ausgeschaltet oder bei vorherigem Bestande unterbrochen. Wo die Beziehung bereits besteht, gehört sie zum Bedingungskomplex der Kommunikation und wirkt sich darin aus. Sie nimmt teil an der Motivation und Prägung der Äußerung des Kommunikators und kann damit beliebige Absichten verbinden, diese Beziehung zu pflegen, sie zu vertiefen oder abzubrechen.

C.
Für die Teleologie der Kommunikation ergeben sich bei einer Einteilung und Vergleichung aller im Leben der Gesellschaft auftretenden Formen drei verschiedene Arten. Die über Sprache und Schrift vermittelten Kommunikationen des Alltags sind zumeist informierender Natur. Sie geben anderweitige Mitteilungen, eigene Erfahrungen und Erlebnisse, Ansichten und Sachverhalte an den Mitmenschen weiter. Die Eigenart der Information liegt in der eigenständigen Sachlichkeit, welche den Inhalt der Kommunikation kennzeichnen und eine objektive Vermittlung zwischen den Partnern der Kommunikation möglich machen soll. Gleichwohl werden Informationen durch die Subjektivität ihrer Gestaltung in der Intention des Kommunikators und nach seiner Motivation individuell gefärbt und mit Tendenzen aller Art aus Vorurteilen, Sitten und Gewohnheiten der umgebenden Gesellschaft versehen. Die ganze Subjektivität der alltäglichen Mitteilungen beruht auf der perspektivischen Verzerrung individueller Beobachtungen, öffentlicher Meinung und Milieubestimmtheit im Horizont des mitteilenden Subjektes sowie auf dem Bestreben der Einstellung auf den angesprochenen Partner. So wird zum Beispiel die bloße Nachricht vom Tode des Nachbarn mit der persönlichen Note der Qualifikation des Verstorbenen verbunden, sobald sie weitergegeben wird. Sie kann aber auch auf den Empfänger bezogen werden, indem der Bekanntgabe Bemerkungen über den Nutzen oder Schaden des Ereignisses für ihn hinzugefügt werden. Diese Färbungs- und Wertungstendenz äußert sich im Bereiche publizistischer Nachrichtengebung mit größter Breitenwirkung in den politischen, wirtschaftlichen oder ideologischen Tendenzen der Auswahl und der Gestaltung.

Die Information gehört zu den unentbehrlichen sozialen und sachlichen Bedürfnissen der Lebensgestaltung des Einzelmenschen und der Daseinsgestaltung der Gesellschaft. Sie geht vom spontanen Mitteilungsdrang des Wissenden aus und rechnet im allgemeinen mit dem Wissensdrang oder der Neugier der Empfänger. Sie kann aber auch durch den Empfänger selbst bedingt sein, wenn er ohne eigene Äußerung eine Lage manifestiert, in der er einer Nachricht oder Hilfe bedürftig erscheint.

Die Formen der Mitteilung ergeben sich aus der Variation der intentionalen Motivationen ihres Vollzuges. Es müßte der mitteilenden Kommunikation genügen, den Inhalt in seinem Sachverhalt bloß zu vermitteln, ohne auf irgendwelche Effekte beim Empfänger abzuzielen. Die einfache und unberührte objektive Weitergabe eigenen Wissens oder fremder Mitteilung sollte als die eigentliche Information angesehen und im Bereiche der Publizistik gepflegt werden.

Aber schon die Einstellung auf den Empfänger bringt eine Modifikation der Form durch die Anpassung des Inhaltes an denselben mit sich. Die Formgebung wird auf dessen Bildung, Individualität und Lage Rücksicht zu nehmen suchen. Sofern die Mitteilung der Rezeption bedarf, kann die Gestaltung didaktische Züge annehmen. Außerdem werden mit vielen Mitteilungen regulierende Tendenzen verbunden.

In jeder Information kann also neben der Substanz des Sachgehaltes eine vielseitige rationale und emotionale Tönung sowie eine regulierende Dynamik enthalten sein. Informationen zwischen Individuen und Gruppen leisten sowohl den beteiligten Partnern als auch speziellen Interessen anderer Faktoren Dienste, die auf die Partner Einfluß nehmen. Mit diesem Einfluß kann sich eine Heterogonie der Zwecke ergeben, bei welcher die Zielsetzung der primären und sekundären Kommunikatoren different ist. Die Wirkung der Kommunikation beim Empfänger braucht alsdann nicht notwendig von einer der beiden Zielsetzungen abhängig zu sein.

Ganz anderer Art sind die regulierenden Kommunikationen. Sie werden in ihrer Absicht und Formgebung auf die Beeinflussung des Empfängers von vornherein eingestellt und wollen diesen durch Auftrag, Befehl, Lob, Mahnung und Tadel zu einer vorbestimmten Haltung oder Handlung veranlassen. Solche Regulierungen werden im ganzen Bereiche der Erziehung angewandt, welche in der Lebensregelung ihre eigentliche Aufgabe und Wirkung hat. Sie erfolgen ebenso vielfältig im Berufsleben und in den Maßnahmen ärztlicher und richterlicher Betreuung und Behandlung. Die charakteristische Situation der Regulierung als Kommunikation ergibt sich aus der Abhängigkeit des Empfängers gegenüber dem Kommunikator, aus dem Verhältnis der Über- und Unterordnung oder aus der Beziehung zwischen Betreuer und Klient. Auf der einen Seite besteht die Absicht einer Einflußnahme auf Meinung, Haltung und Handlung durch Bestimmung des Willens, auf der anderen Seite ergeben sich alle Möglichkeiten der Annahme, Ablehnung oder Modifikation der fremden Lenkung.

Die überragende Bedeutung dieser Kommunikationsart für das soziale Leben ergibt sich aus den Tatsachen der Erziehung, der sozialen und wirtschaftlichen Organisation und der Politik innerhalb der Gesellschaft, bei denen überall durch Regulierungen an der Erhaltung und Veränderung der Daseinsordnung oder an der Lenkung der individuellen Lebensgestaltung gearbeitet wird.

Diese Regulierungen machen die soziale Dynamik aus, während isoliertes Einzelleben und autistische personale Lebensgestaltung der Individuen zur Erstarrung der Kultur und zum Chaos der Gesellschaft führen würde. Die gereifte Erfahrung der älteren Generationen gegenüber den jüngeren, die Verfügungsgewalt der verantwortlichen Instanzen über Sozialordnung und Arbeitsverteilung, die Kundigkeit und Hilfsbereitschaft medizinischer Ratgeber und Helfer, die Autorität des Staates und seiner Organe gehören zu den ordnenden Faktoren des gesellschaftlichen Lebens, zu den Bedingungen der Daseinsordnung. Die dysteleologischen und pathologischen Erscheinungen in dieser Daseinsordnung bedürfen überdies besonderer Eingriffe und demgemäß besonderer Formen der Kommunikation in einer veränderten Atmosphäre der Beziehungen der Partner.

Zu den regulierenden Kommunikationsformen müssen auch die Funktionen der Werbung, der Propaganda und der Agitation gerechnet werden. In der Werbung wird die Werthaftigkeit eines Gegenstandes oder eines Organisationszweckes in Wort, Schrift und Bild vorgestellt, um durch Kommunikation ein Eingehen der angesprochenen Personen auf deren Nutzung herbeizuführen. So werden die Waren durch den Handel, die Beteiligungen an sozialen Institutionen durch die Organisation mittels Reklame und persönliche Werbung angepriesen und zum Absatz gebracht. Die Werbung dient der Nutzung der Sache oder des Zweckes, für welche die Aufmerksamkeit und das Interesse des Publikums angesprochen und gesucht wird.

Dagegen gehört die Propaganda zu den sozialen Funktionen der Ausbreitung von Ideen und Richtungen des kulturellen und sozialen Lebens unter Vorspiegelung oder Nachweisung gemeinsamer Interessen. Sie wendet sich an die Öffentlichkeit und sucht in ihr Anhänger zu gewinnen und Gegner umzustimmen. Sie sucht zugleich die öffentliche Meinung im Ganzen zu beeinflussen und in den Massen homogene Schichten für die Beteiligung an ihren Bestrebungen zu bilden. Hierzu bedarf es bestimmter Formen der Kommunikation, insbesondere der Ansprache durch Wort und Bild an die Masse der gesuchten Anhängerschaft.

Unter Agitation im engeren Sinne versteht man die persönliche Bemühung oder gemeinschaftliche Arbeit einer Gruppe um eine zielbewußte Einflußnahme auf die Umgebung, um aus ihr unmittelbar Anhänger für die eigenen Zwecke zu gewinnen. Sie erstrebt nicht das Eingehen der angesprochenen Menschen auf deren eigene Interessen, sondern die Gewinnung einer Gefolgschaft zu gemeinsamer Tätigkeit. Man kann die Werbung für eine Arbeitsgruppe zu direkter politischer Aktivität als eine besondere Art der Beeinflussung durch Kommunikation bezeichnen, weil die Kommunikation hier unmittelbar auf die Herstellung der Gemeinsamkeit des Handelns aller Beteiligten eingestellt ist. Sie reguliert die gemeinsame Aktivität.

Während sich die Technik der Werbung im Allgemeinen sinnfälliger und intensiver optischer und akustischer Reize bedient, um die Aufmerksamkeit der Masse zu fesseln, sucht die Technik versteckter Gesinnung und Verführung mit unterschwelligen Informationen Wirkungen zu erzielen, welche dem Empfänger intentional nicht deutlich bewußt werden, sich aber gleichwohl in der Tiefe der Person festsetzen und ihr Handeln irgendwie beeinflussen. Die Anwendung dieser tendenziösen Taktik unterschwelliger Kommunikation ist erprobt und in ihren Wirkungen erforscht worden. Sie wird aber von der seriösen Reklame und Propaganda allgemein abgelehnt.

Endlich lassen sich alle Kommunikationen zur zerstreuenden Unterhaltung, ästhetischen Erhebung und erholsamen Beschäftigung zur Sonderart der stimulierenden Kommunikation zusammenfassen. Zu dieser Art gehören die Sendungen von Rundfunk und Fernsehen, die Vorführungen des Theaters und Kinos, die Darbietungen der poetischen, musikalischen, orchestrischen und akrobatischen Künste, die sportlichen Konkurrenzen, soweit sie alle einer Kommunikation bedürfen. Eine stimulierende Wirkung besteht im Erfolg des genießenden Hinnehmens der Darbietung beim Empfänger, stimulierende Tendenzen sind allen Künsten nach ihrem Wesen immanent. Da es zur Kunst gehört, die ästhetische Formensprache des Schaffens und die kulturelle Fertigkeit der Ausübung an den Menschen zu seinem sinnlichen und ästhetischen Genuß zu richten, entsteht zwischen der Kunstübung und dem Kunstwerk einerseits und dem wahrnehmenden Subjekt andererseits jene Art von Kommunikation, die zur anregenden, erhebenden und unterhaltenden Wirkung der Begegnung führt. Freilich besteht eine echte Kommunikation im Bereich der Künste insoweit, als direkte Übertragung oder technische Vermittlung zwischen den ausübenden und empfangenden Personen erfolgen kann. Das tote Kunstwerk und mithin auch das statische Bild kann für sich selbst keine Kommunikation herstellen.

Man versteht unter der Erlebnisform der Unterhaltung die sinnvolle Erfüllung von Mußezeit durch Darbietungen von Künsten, durch gesellige Anregungen oder durch Eigentätigkeit mit dem Ziele des sinnlichen oder ästhetischen Genußes. Jede Bereicherung des Seelenlebens durch Erlebnisse, welche mit Freude oder mit lustvollem Interesse verbunden sind, unterhält das Subjekt und hält es zugleich von bedrückenden, anstrengenden oder ernsten Beschäftigungen der Seele fern. Das Gemütsleben bedarf solcher Unterhaltung als Ausgleich gegenüber den Spannungen, denen das Seelenleben des heutigen Menschen ausgesetzt ist.

Eine edle Form der Unterhaltung liegt in der Erhebung des Gemütes durch echten Kunstgenuß. Aber auch eine Beschäftigung ohne eigentliche Anstrengung der physischen oder seelischen Kräfte kann als Erholung wirken, wenn sie lustbetont ist oder seelische Belastung zerstreut. Ihre Kommunikationsform würde an unterhaltsame Geselligkeit gebunden sein, die durch Gespräch oder Spiel stimulierend wirkt.

D.

So mannigfaltig diese Kommunikationen in ihren verschiedenen Tendenzen sind, überall zeigt sich die Verknüpfung des Kommunikationsvorganges mit den sozialen Beziehungen der Partner. Der Vermittlungsvorgang fügt sich in die Sozialform der verschiedenen Beziehungen ein und macht sie funktionell wirksam. Aus der bloß formalen Beziehung, die im individuellen Seelenleben der Glieder latent ist, wird ein seelischer Kollektivvorgang, der das Nebeneinander der Individuen zum Miteinander macht, in welchem sie verharren können.

Geht man von der Einzelperson in ihrer Isolierung aus, so kann eine Kommunikation erst mit ihrer Wendung zum Mitmenschen im Heraustreten aus dem bloßen Fürsichsein entstehen. Äußerungen, die keinen Empfänger und kein Echo finden, liegen im Selbstgespräch vor, wie es bei einsamen und alten Leuten vielfach vorkommt. Es sind sprachliche Ausdrucksformen von Gedanken, Gefühlen und Vorhaben, welche den Impuls zur Äußerung verstärken. Eine Kommunikation ist damit nicht gegeben.

Diese setzt vielmehr den Partner voraus, an den die Kommunikation gerichtet ist, ganz gleich, ob derselbe zugegen ist oder nicht, ob eine Einzelperson oder eine Gruppe angesprochen wird. Diese Kommunikation findet ihre Ablehnung oder ihre Annahme. Die echte Kommunikation ist jedenfalls auf passive oder aktive Beteiligung des Empfängers angewiesen. Je mehr die angesprochene Person auf die Kundgabe eingeht, desto geformter wird die Kommunikation in ihrer Gestalt und in ihrem Verlauf.

Erst mit der Rückwendung des Empfängers, mit seiner Antwort, Absage oder Gegenwirkung gelangt die Kommunikation zur perfekten Verständigung oder zur mehr oder minder radikalen Ablehnung der Kundgabe und Anforderung. In solcher Reziprozität findet die Kommunikation den Abschluß als ein sozialer Prozeß, der sich in vielfältigen Formen abspielt: Herstellung, Erweiterung und Vertiefung, andererseits Trübung und Abbruch von Beziehungen aller Art zwischen den Partnern. Sie gehört nicht zu jeder sozialen Beziehung und Gemeinschaftsbildung, sondern nur zu denjenigen, welche eine direkte oder indirekte Kommunikation zwischen einzelnen Gliedern von Gruppen oder zwischen Partnern der Kommunikation selbst möglich machen.

Direkte Kommunikation liegt vor, wo die Partner durch Gespräch oder Briefwechsel unmittelbar miteinander in Beziehung stehen. Hier erfolgt die direkte Anrede und in der Regel auch die direkte Erwiderung. Die Kommunikation wird zur personalen Begegnung und Verbindung, sobald der Kontakt vom Ich zum Du, von Person zu Person hergestellt ist. Sie gehört in dieser Form zum Leben des Alltags und der Gemeinschaft und dient dem direkten Verkehr der Menschen miteinander. Sie ist nicht auf personale Affinität oder dauernde Beziehung der Partner eingeschränkt, obgleich sie hier vorwiegend vollzogen wird. Sie gehört auch zu den zufälligen und unverbindlichen Kontakten bei den vielfältigen Berührungen fremder Personen im Menschengewühl der modernen Welt.

Ganz anders vollzieht sich die indirekte Kommunikation. Sie benötigt einen Vermittler, der in selbständiger Weise über die Kommunikation mit verfügt, indem er sie herstellen oder unterlassen kann, der Intention gemäß durchführen oder nach Inhalt und Tendenz mehr oder weniger gewollt modifizieren oder gar fälschen kann. So wird der diplomatische Vertreter in Missionen der Intention seiner Regierung genau zu entsprechen, der Publizist seinen Wahrnehmungen zu folgen, der Zeuge seinen Bericht wahrheitsgemäß zu erstatten suchen. In allen Fällen werden die Mitteilungen durch die Subjektivität der Vermittler gefärbt oder sogar entstellt sein. Die Filterung der Kommunikation auf indirektem Wege läßt sich nicht vermeiden. Jede Art indirekter Kommunikation in der Form der Mitteilung oder des Auftrags trägt die Signatur des Vermittlers an sich. Sie erscheint in ihrer Formgebung subjektiv bestimmt, in ihrer Substanz personell gefiltert.

Auf diese Tatsache muß jede publizistische Arbeit und ihre Rezeption im Publikum Rücksicht nehmen. Namentlich bedarf die Presse, der Rundfunk und das Fernsehen in ihrer Informationsgestaltung der kritischen Prüfung und Abwägung, zumal wenn sie bloße Nachrichtengebung oder Berichterstattung mit wirtschaftlichen Interessen und politischen Tendenzen verknüpft, die eine Beeinflussung erstreben.

Die Bindung der Kommunikation an das soziale Gefüge, aus dem heraus die Partner handeln, zeigt sich weiterhin im Auftreten von verschiedenen Kommunikationsformen, welche als intentionale und funktionale Kommunikation unterschieden werden können. Eine intentionale Kommunikation besonderer Art liegt überall vor, wo die Intention des Kommunikators von vornherein mit ihrer Absicht und Zielsetzung auf den Partner und seine Rezeption festgelegt ist. Die Intention ist zwar in jeder Äußerung vorhanden, sie ist aber nicht in jeder Form der Kommunikation auf die Beeinflussung der angesprochenen Person oder Gruppe eingestellt. In dieser Wendung zum Mitmenschen mit dem Ziele, ihn zum Anhören oder zur Erwiderung zu veranlassen, bei den regulierenden Formen auch zum determinierten Verhalten im Sinne der Kundgabe, erhält die Kommunikation ihren intentionalen Charakter. Sie erscheint sozusagen gezielt auf den angesprochenen Menschen, dessen Eingehen auf sie erstrebt und erwartet wird.

Derartige Kommunikationsformen können sowohl informative als auch regulierende Absicht enthalten. Die Regulierung ist ihnen natürlich, die Information erfordert in jedem Falle eine personale Koordination. Im Allgemeinen bedienen sie sich direkter Ansprache durch Wort und Brief. Diffuse und indirekte Kommunikationen mit technischer Vermittlung durch die Medien werden zu gezielten Sendungen. Der Film schließt alle intentionalen Formen der Kommunikation aus, da er nicht individuell abgestimmt werden kann.

Von funktionaler Kommunikation wird man sprechen können, wenn sich aus dem Umgang der Personen in kontinuierlichen Kontaktmöglichkeiten latente Beziehungen unmittelbar ergeben. Dabei erscheint die Kommunikation als eine Funktion des Gemeinschafts- oder Gruppenlebens selbst und als eine Auswirkung ihres Kollektivgeistes und ihrer inneren Dynamik. Je intensiver der Gedankenaustausch und das Initiativpotential der einzelnen Mitglieder ist, desto stärker wird ihr Zusammenhalt in der Gemeinschaft oder Gruppe, desto eher kann sich aber auch deren Differenzierung und Aufspaltung ergeben. Kommunikationen wirken sich mithin sowohl als Bindemittel wie auch als Zersetzungs- und Trennungsfaktoren im sozialen Leben aus. Menschen verfügen je nach ihrer individuellen Konstitution und Situation über ebensoviel Anziehungskraft wie Isolierungspotenz und äußern sich je nach Lage in beiden Richtungen durch entsprechende Kommunikation.

E.

Das soziale Gefüge der Kommunikation würde für alle Formen im Einzelnen auf seine Valenz zu prüfen sein. Hier können die verschiedenen Beziehungen nur aufgezählt und auf dieses Problem hin kurz gekennzeichnet werden.

Die einfachen Formen der Kommunikation bestehen im Austausch zwischen Einzelpersonen. Der Mensch wendet sich mit Nachricht, Anfrage und Hilfsbedürftigkeit an den nächsten Mitmenschen, er knüpft mit ihm in der alltäglichen und zufälligen Begegnung ein Gespräch an, er sucht ihn im eigenen Interesse zu informieren. So schließen Menschen Bekanntschaft, suchen die Geschlechter Partnerschaft, Werkleute Genossenschaft, so werden alte Beziehungen fortgesetzt oder nach Unterbrechung erneuert.

Die normale Form solcher Begegnungen ist das Gespräch zu zweien oder in kleiner Gruppe. Der Gesprächsverlauf unterliegt eigenen seelischen Gesetzmäßigkeiten, die Gesprächführung kann nach Kunstregeln zweckmäßig gestaltet werden. In der Entfernung der Partner wird die Kommunikation durch Briefwechsel oder telefonische Verbindung weitergeführt. Die gewohnte Intimität und Exklusivität der Partner wird durch Vermittlung dritter ausgeschlossen.

Aber in der Entgegensetzung von Interessen und Gefühlen kommt Kommunikation zustande, wo immer eine Aussprache oder ein Austausch auf anderem Wege zur Klärung, Lösung oder Wiederherstellung einer bisherigen Beziehung eingestellt ist. Meist werden Spannungen und Konflikte zwischen Einzelpersonen nicht durch mündlichen Gedankenaustausch, sondern durch Briefwechsel oder Vermittlung neutraler Personen ausgetragen. Die Kommunikation besteht hier in der Begegnung der entgegenstehenden Meinungen, Ansprüche, Klagen und Rechtfertigungen unter Darlegung des eigenen Standpunktes und Vorbringung eigener Forderungen an die Gegenpartei.

So allgemein die positiven Kommunikationsvorgänge des friedlichen Austausches im sozialen Leben sein mögen, so vielfältig sind auch die dialektischen und aggressiven Kommunikationen des Alltags vom einfachen Insult bis zur Austragung schwerer moralischer und materieller Konflikte zwischen Verwandten, Bekannten, Konkurrenten, Gegnern und eigentlichen Feinden. Man darf in dieser Differenz der Atmosphäre und der Tendenz zwischen den wesensverschiedenen Kommunikationen der Gemeinschaft und der Gegnerschaft die Konformitäts- und Konfliktskommunikationen unterscheiden.

Eine besondere Note erhält jede Kommunikation durch den Austausch von Meinungen und Wünschen innerhalb einer engeren Lebensgemeinschaft. Familie und Berufsgenossenschaft pflegen einen dauernden Verkehr des täglichen Zusammenlebens, in welchem eine Fülle von Erlebnissen gemeinsam ist und sich nur durch die Art der Erfahrung unterscheidet. Dieser Verkehr vollzieht sich innerhalb des internen Kommunikationsgefüges der Gemeinschaft aus deren eigenen Lebensbedingungen und Lebensbedürfnissen heraus und zu deren zweckmäßiger Gestaltung. Der Lebenskreis jedes Einzelnen bietet ihm darüber hinaus gewisse Ergänzungen zur Kommunikation seiner Gemeinschaft. Hierbei wirken die von außen kommenden Kommunikationen mit, welche mit fremden Kundgaben und Anbietungen die Struktur der Gemeinschaft verändern können, während die internen Kommunikationsvorgänge sie bei allen Variationen der Tendenz zu erhalten und zu festigen pflegen. Bei den äußeren Einflüssen offenbart sich deren Heterogenität gegenüber dem Geist der Gemeinschaft, die inneren Vorgänge des Austausches hingegen entsprechen diesem Geist und den Lebensinteressen der Gemeinschaft, solange sich ihre Glieder zu ihr bekennen und mit ihr verbunden sind.

Ganz anders ist die soziale Struktur derjenigen Kommunikationen, mit denen sich eine Person oder eine kleine Gruppe an eine begrenzte Zahl von Menschen wendet, die eine beliebig zusammengesetzte Menge bilden und räumlich zusammengeschlossen sind. Der soziale Rahmen besteht hier aus der gesamten Teilnehmerschaft an Kommunikationsvorgängen, die von jedem einzelnen Teilnehmer für sich verfolgt und individuell rezipiert werden. Man bezeichnet diese umgrenzte Zahl teilnehmender Personen als Publikum. Es hat seine Eigenart in der gemeinsamen Hinwendung zur Kommunikation, mit welcher alle Teilnehmer angesprochen oder beeinflußt werden. Deren Rezeption verläuft bei Vorträgen zumeist passiv, in Versammlungen eher in aktiven Formen.[8]

Dem Publikum steht die handelnde Einzelperson gegenüber, die als Kommunikator bemüht ist, in der Zuhörerschaft jeden Teilnehmer besonders anzusprechen und zu fesseln. Sie hat keine Beziehung zu diesen Teilnehmern und gelangt nur im Einzelfalle aufgrund ihrer Darbietung zum persönlichen Kontakt mit einem Teilnehmer, der aktiv reagiert und sich an den Kommunikator wendet. Eine Gemeinschaft wird nur durch längeres Zusammenwirken in einem eng begrenzten Kreise aufgrund fortdauernder Kommunikationen hergestellt, wie sie in einer Arbeitsgenossenschaft und in einem wissenschaftlichen Seminar vorkommen. Das Publikum ist einer differenzierten Strukturierung nur durch den Eingriff der Organisation zugängig, während bloße Kommunikation die Menge nur in ihrer Dynamik der Rezipienten beeinflußt.

Die gewöhnliche Form der Kommunikation in diesem sozialen Rahmen ist beim Vortrag vor einer größeren Zuhörerschaft gegeben. Sie hat den beliebigen Zweck der Information, Belehrung oder Beeinflussung und rechnet mit einer positiven, aber passiven Reaktion des Publikums.

Die Teilnehmer vollziehen ihre Rezeption in verschiedenen Graden des Verstehens und Eingehens auf die Intention des Redners, ohne ihre Stellungnahme anders als durch gelegentliche Kundgebung des Beifalls oder des Mißfallens einzelner auszudrücken. Je passiver sich die Teilnehmer verhalten, desto geringer ist ihre einheitliche Reaktion sowie die Wirkung der Kommunikation anzusetzen. Aktive Beteiligung einzelner Personen und gemeinsame Stellungnahme offenbaren die Differenzierung des Kommunikationseffektes oder dessen Homogenität im positiven wie im negativen Sinne. Bei Information und Belehrung wiegt die Passivität des Publikums vor, bei Regulierung im Sinne politischer und organisatorischer Beeinflussung wird eine aktive Reaktion der Teilnehmer herausgefordert.

[8] *E. Feldmann*, Erziehungswissenschaft und Philosophie. Päd. Rundschau, 11. Jahrg., Heft 12; 12. Jahrg., Heft 1, 1957.

Die Versammlung mit einer Mehrzahl von Rednern und einer Diskussion der Teilnehmer bildet eine diskursive Folge von Kommunikationen, die quer durch die Teilnehmerschaft verlaufen und im ganzen als ein Kommunikationsgemenge erscheinen, dessen Einzelvorgänge teils auf Einzelpersonen, teils auf die Menge gerichtet sind und in konsentierenden oder dissentierenden Aktionen verlaufen.

Die Verbreitung der Teilnehmerschaft und ihre räumliche Trennung vom Kommunikator bedingt eine wesentliche Veränderung der Kommunikation. Diese nimmt diffusen Charakter an, sobald die einzelnen Teilnehmer nicht mehr direkt ansprechbar und im ganzen verstreut sind, wie es bei den Lesern der Presse, bei den Zuhörern des Rundfunks und bei den Zuschauern des Fernsehens der Fall ist. Deren Teilnehmerschaft ist zwar funktionell durch die Gemeinsamkeit der Wahrnehmung und Aufnahme der Druckzeichen, Töne und Bilder zeitweilig verbunden, sie bildet aber gleichwohl nur eine verstreute Masse einzelner Personen oder Gruppen, deren Struktur nicht durch die Kommunikation allein bedingt ist. Alle Kommunikation wird hier durch die Vermittlung technischer Medien herbeigeführt und auf die Diffusion in die verstreute Masse eingestellt. Für deren Teilnehmer kommt die Kommunikation als eine normale Vermittlung und indirekte Ansprache an. Wo sie im Fernsehen mit dem Bilde des Kommunikators verbunden ist, entsteht sogar der Eindruck direkter Kommunikation. Die Kommunikation wird hier zur Massenkommunikation und unterliegt als solche einer kollektiv seelischen Gesetzlichkeit.[9]

Unter Massenkommunikation versteht man heute die Vermittlung informativer, regulierender und stimmulierender Kundgaben an eine beliebige anonyme Menge von Menschen, die untereinander ohne seelische Beziehung und soziale Bindung leben und auch zum Kommunikator kein direktes Verhältnis haben. Die Empfänger in der anonymen Kollektivität und räumlichen Zerstreuung sind voneinander nach Raum und Zeit getrennt, aber im Rundfunk und Fernsehen zeitlich an die Sendung gebunden. Sie bilden eine variable Menge von Menschen aller Alters-, Berufs- und Bildungsschichten, die allein durch die Funktion des Lesens und der visuellen und auditiven Aufnahme der Sendungen der Medien gemeinsam bestimmt sind. Die an sie gerichtete und von ihnen aufzunehmende Kommunikation kann daher keine Rücksicht auf individualisierende und typisierende methodische Gestaltung der Kommunikation nehmen. Diese ist in jedem Falle diffus.

Die Kommunikation zwischen Gruppen bewegt sich über die

[9] *E. Feldmann*, Der Film und seine Zuschauer. Internationale Filmrevue, 2. Jahrg., Heft 6, 1954/55, S. 281 ff.

Vermittlung von Individuen zur Verständigung zwischen den beiderseitigen Mitgliederkreisen. Diese Vermittlung kann in einem Gespräch oder brieflichen Austausch erfolgen, indem Einzelpersonen als Vertreter ihrer Gruppen deren Interessen vertreten. Sie kann bei kleineren Gruppen auch in einer gemeinsamen Konferenz vorgenommen werden, in welcher alle Mitglieder zu Worte kommen können. Dabei ist die Möglichkeit der Strukturveränderung der Gruppe auf beiden Seiten gegeben. Es können Übertritte und Ausscheidungen erfolgen. Auch die Vermittlung einer neutralen Person zwischen beiden Seiten führt zur Entscheidung über Verständigung oder Trennung. Das Scheitern der Gespräche und der Vermittlung bedeutet die Aufhebung oder wenigstens die Unterbrechung der Beziehungen. Diese Möglichkeiten gehören zu den natürlichen Folgen der verschiedenen Kommunikationsarten.

Als Beispiel solcher Gruppenkommunikation lassen sich anführen die Vermittlungen zwischen Familien und zwischen wirtschaftlichen Unternehmen, ebenso zwischen Vereinen und staatlichen Organen. Das Wesen ihrer Kommunikation wird in ihrem Austausch der Interessen nicht dadurch verändert, daß die ganze Gruppe auf beiden Seiten hinter dem Vermittler steht, welcher den Auftrag seiner Gruppe ausführt und deren Interessen vertritt.

In allen Formen der auf eine Menge eingestellten Kommunikationen haben wir es mit einer diffusen Kommunikation zu tun, deren Eigenart in der Anonymität, Unsichtbarkeit und Unbestimmbarkeit des angesprochenen Kreises besteht. Wenn der Redner auf dem Podium, der Prediger auf der Kanzel steht, hat er seine Zuhörer sichtbar vor sich. Er kann sie auf ihre Aufmerksamkeit und Teilnahme hin beobachten und ihre Ansprechbarkeit abwägen. Wenn die Redaktion der Tageszeitung ihr Material bearbeitet, hat sie immer noch einen quantitativ umschriebenen Kreis von Abnehmern und eine überschaubare Differenzierung der Leserschaft vor sich, ohne allerdings genauere determinierende Bestimmungen des Lesertypus vornehmen zu können. Die Presse ist mithin auf diffuse Kommunikation angewiesen.

Jede auf das unübersehbare Publikum eingestellte Kommunikation publizistischer Art muß diesem diffusen Charakter in ihrer Gestaltung Rechnung tragen. Sie wird dabei um so unverbindlicher sein, je mehr sie auf die Weite und die Anhänglichkeit des Leserkreises angewiesen ist. Jede Verstärkung der dogmatischen Note und jede Betonung des exklusiven Charakters der Kommunikation bringt eine Verengung des Teilnehmerkreises mit sich.

Weit stärker ist die Diffusität der Kommunikation bei den technischen Medien Rundfunk und Fernsehen. Sie haben zwar eine nachweislich begrenzte Zahl von Abonnenten, aber eine unbestimmbare Menge von Publikum als Zuhörer und Zuschauer. Die

wirkliche Zahl der Teilnehmer läßt sich in keiner Weise genau feststellen. Sie wechselt je nach Tageszeit der Sendung sowie unter dem Einfluß bestimmter Konstellationen der Umwelt.
Für eine so sehr fluktuierende Teilnehmerschaft ist die Kommunikation von vornherein auf die Einhaltung eines bestimmten Standards der Sendungen angewiesen, der dem allgemeinen Stande des Durchschnittes der angesprochenen Bevölkerungsschicht hinsichtlich seiner Bildung, seiner Interessen und seines Geschmacks entspricht. Weder das kulturelle Maximum einer Elite von Teilnehmern noch das kulturelle Minimum einer Unterschicht der Bevölkerung darf der Gestaltung der öffentlichen Kommunikation das Gepräge geben.

Von der diffusen Kommunikation weicht die gezielte Sendung der Medien insofern ab, als sie auf die Eigenart des angesprochenen Teilnehmerkreises eingeht und deren Sonderinteresse in gewisser Weise berücksichtigt, so daß die Diffusität eingeengt wird. Gleichwohl bleibt es auch hier bei einer diffusen Art der Kommunikation, da die Sendung in jedem Falle an eine verstreute Menge von Empfängern gerichtet ist.

F.

Jede Kommunikation vollzieht sich im Rahmen einer Situation oder unter den verschiedenartigen Bedingungen getrennter Situationskomplexe. Bei direkter Übermittlung von Informationen, Anforderungen oder Unterhaltungsstoffen umschließt die Situation die beiden Partner oder Partnergruppen und bindet sie durch ihre Begegnung in der Kommunikation zeitweilig aneinander. Die Partner werden durch die gleiche Konfiguration von Bedingungen in der gemeinsamen Situation zusammengehalten und müssen ihre Kommunikation der Situation anpassen. Dabei werden die verschiedenen Bedingungskomplexe in der Kommunikation in verschiedener Weise relevant, weil die Partner mit denselben in eigenen und differenten Beziehungen stehen.

Bei der Übermittlung zwischen getrennten Partnern entstehen zwei getrennte Situationen, die jede für sich das Handeln der einzelnen Partner bestimmten. Die kundgebende Seite bleibt dabei in gewisser Weise auf die Beachtung der Situation des Rezipienten eingestellt, wenn sie ihre Absicht zur Geltung bringen und bestimmte Wirkungen erzielen will. Die empfangende Seite hingegen verfügt in der Regel nicht über Kenntnis und Beachtung der Situation des Kommunikators. Wo dies der Fall ist, bedarf es keiner Berücksichtigung derselben.

Überblickt man die einzelnen Bedingungen im Konfigurationsgefüge jeder Situation, so ergibt sich eine erhebliche Verschiedenwertigkeit der Komplexe hinsichtlich der Gestaltung und der Wirkung der Kommunikation. Sicherlich spielt auf beiden Seiten die jeweilige Kondition der Personen sowohl hinsichtlich ihrer Anlage als auch hinsichtlich ihrer augenblicklichen Verfassung eine wichtige Rolle. Niemand kann in der Krankheit hochgestimmte Darbietungen der Unterhaltung vollziehen oder aufnehmen. Vor allem gehört zu jeder Situation für die Äußerungen des Kommunikators eine dauernde Verfügbarkeit über Kenntnis und Fertigkeiten, eine sichere Urteils- und Assoziationsfähigkeit, um in den Entwicklungen und Spannungen derselben vor den Beobachtern und Teilnehmern bestehen zu können. Auch bisherige Erfahrungen und Erlebnisse gehören zum brauchbaren Inventar der beiden Partner.

Weiterhin wirkt sich in Mitteilung und Rezeption der Kommunikation die Anwesenheit von Personen aus, welche entweder zur Gestaltung und Wirkung der Kommunikation beitragen oder sie nur miterleben. Ihre persönliche Beziehung zu den Partnern kann für deren Verhalten mitbestimmend werden. Rücksichtnahme auf die passiven Zuschauer erfolgt überall, wo deren Stellungnahme erwartet wird. Diese Situationsbedingtheit erhält ihre Bedeutung vor allem in den stimulierenden Kommunikationsformen des Spieles und der Unterhaltung.

Für jeden Kommunikationsvorgang ist ein begrenzter natürlicher Rahmen im Raume gegeben, dessen Beschaffenheit und Ausstattung in Rechnung gestellt werden muß, insofern er die Art der Kommunikation bestimmt. Gleiche natürliche und technische Gegebenheiten umschließen die Teilnehmer direkter Kommunikationsformen. Bei ihrer Trennung teilen sich die Räume und deren Milieubedingungen und erlangen eine verschiedene konditionale Wertigkeit. In der Wirkung der technischen Medien besteht nur die einseitige Situationsgegebenheit in dem verschiedenen Milieu der Teilnehmer. Die Situation der Sendeleute wird von der Funktion ihrer Kommunikation in jeder Weise ausgeschlossen. Die Situation der Bildereignisse in Film und Fernsehen ist bloßes Phänomen. Sie wird aber vom Zuschauer als Wirklichkeit aufgenommen und in sein eigenes Situationsgefühl einbezogen.

Schließlich sind die Umstände mit zu berücksichtigen, unter denen Informationen und Regulierungen erfolgen und deren Rezeption in Rücksicht auf solche Umstände vorgenommen oder unterlassen wird. Die Beachtung von Sitten und Gewohnheiten in der Kundgabe, die Rücksichtnahme auf Überzeugungen und Gesinnungen der Empfänger, die Anpassung an die öffentliche Meinung oder an soziale Normen und selbst an Vorurteile der Umgebung, alle diese Besonderheiten der Situation gehen in den Funktionszusammenhang der Kommunikation ein und bewirken Modifikationen der natürlichen Gegebenheiten und des naturgemäßen Verhaltens des Kommunikators und seines Rezipienten.

Im ganzen zeigt diese Betrachtung der Situationsbedingungen, wie stark sich die Umwelt am Prozeß der personalen Erlebnisse und Handlungen der Partner aller Kommunikationen beteiligt. Die Forschung sieht sich daher genötigt, auch diesen Fragenkomplex der Situationskonfiguration in die soziologische Untersuchung der Kommunikation einzubeziehen und dabei zu einer sozialpsychologischen Analyse des Prozesses der Kommunikation vorzudringen, um die gestaltenden Kräfte und die Bedingungen ihrer Auswirkung zu erfassen. Die Kommunikation erscheint alsdann nicht allein als eine funktionale Beziehung von Personen, sondern auch als ein Vorgang, der durch die Gesetzlichkeit des Naturgeschehens und der technischen Apparatur mitbedingt ist.[10] [11]

Neue Gesichtspunkte für die Bearbeitung der Kommunikationsphänomene ergeben sich aus der psychologischen Untersuchung der Teilnehmer und ihrer seelischen Beteiligung in der Entstehung und im Ablauf des Kommunikationsprozesses. Der erste Schritt einer solchen Untersuchung gehört zur Ausdruckspsychologie und bemüht sich um das Verhalten des Kommunikators. Es handelt sich in dieser psychologischen Forschung um die Isolierung derjenigen menschlichen Fähigkeiten aus dem seelischen Gesamtgefüge, welche die Innenwelt der Erlebnisse und Vorgänge nach außen kundgeben, um dadurch zur Diagnose der Person und zur Erkenntnis ihrer Motive im Handeln sowie ihrer Antriebe im Gebaren zu gelangen.

Die menschliche Fähigkeit, den Erlebnissen im körperlichen Gehabe Ausdruck zu verleihen, wendet sich nicht notwendig an den Mitmenschen, um ihn anzusprechen oder zu einem Dienst zu veranlassen. Sie entspricht der natürlichen Korrelation des seelischen und motorischen Apparates, die nach Individualkonstitution verschieden ist und sich in verschiedenen Graden der Intensität und Richtungen der Lokalisierung äußert. Die reflexartige Reaktion des Mitmenschen auf fremde Ausdrucksbewegungen beruht auf dem ideomotorischen Gesetz und seinen Auswirkungen, dem sogenannten Carpentereffekt, wie er sich beim Beobachten von Tänzen und

[10] *W. Schramm* (Hrsg.), Mass Communication, 1949. — *C. Münster*, Mengen, Massen, Kollektive, 1952. — *W. Schramm*, The Process and Effects of Mass Communication 1954. — *G. Maletzke*, Zur Sozialpsychologie der Massenkommunikation. In: Rundfunk und Fernsehen, Jahrg. 1954, Heft 3/4, S. 305 ff. — *M. Janowitz* u. *R. Schulze*, Neue Richtungen in der Massenkommunikationsforschung. In: Rundfunk und Fernsehen, Jahrg. 1960, Heft 1, S. 1 ff.

[11] *E. Feldmann*, Die Situationsanalyse in der Erziehungswissenschaft, Bildung und Erziehung, Jahrg. 7, Heft 5, 1954. — *Der.*, Erziehung zur Lebensgestaltung und Situationsbewältigung. Bildung und Erziehung, Jahrg. 7, Heft 6, 1954.

Filmen zeigt. Die Reaktion des Zuschauers auf diese Erscheinungen aber stellt in der Tat eine echte Kommunikation her, wenn sie dem Sinn des Ausdrucks gemäß erscheint. So entsteht ein Einverständnis zwischen Personen allein durch Blick, Wink oder Geste, wozu die körperliche Berührung hinzukommen kann. Der Weg des körperlichen Gebarens zum Mitmenschen hin gehört zu den primitiven Formen der Kommunikation und spielt im engen Vertrauensverhältnis der Partner eine große Rolle.

Was über den physischen Ausdruck hinausgeht, ist im allgemeinen als Äußerung zu bezeichnen. Unter dieser Kommunikationsfunktion fallen alle Kundgaben des Subjektes an Mitmenschen, die durch die Fähigkeit des Kundgebers bedingt sind, sich mit Laut und Sprache, mit Zeichen und Schrift an die Umgebung zu wenden und dabei eine Mitteilung oder Absicht zu vermitteln, welche entweder auf den bloßen Sachgehalt oder auf Personen gerichtet sind. Alle diese Äußerungen gehen vom Subjekt selbst aus, sie haften mit ihrem Sinngehalt und ihrer Ausdrucksform an der kundgebenden Person. Sie tragen die Züge ihrer Individualität. Sie offenbaren Geist, Gesinnung, Tendenz ihrer sozialen Lebensgestaltung.

Zu diesen Lebensäußerungen gehören zunächst alle spontanen und absichtslosen Hinwendungen zum Mitmenschen in der zufälligen Begegnung, gelegentlichen Genossenschaft und räumlichen Nachbarschaft. Sie stellen eine Kommunikation her, die lediglich situationsbedingt ist und über eine neutrale Reaktion hinaus in der Regel ohne weiterreichenden Effekt bleibt. Solche Zufallskommunikationen stellen keine Beziehungsformen und Sozialfunktionen zwischen Menschen her und gehören nicht zu den Binnenkommunikationen echter Beziehungen.

Dagegen stellen Äußerungen mit einer auf den Mitmenschen gerichteten Intention echte Kommunikationen her. Solche wirklichen Vorgänge der Mitteilung und Beeinflussung erlangen durch die Intention, durch ihre Zweckhaftigkeit und Tendenz einen Zug der Gerichtetheit, der sie über die Innensphäre des Subjektes hinausführt und auf die angesprochene Person einstellt. Die intentionale Zwecksetzung ist demgemäß der determinierende Faktor der Kommunikation. Sie verleiht den Vorgängen, welche im kundgebenden Subjekt zur Intention führen, eine immanente Tendenz, der Intention zum Vollzug zu verhelfen. Dabei ergeben sich die verschiedenen Arten der Kommunikationszwecke, wie sie bereits dargelegt worden sind.

Ganz anders ist die jeweilige Lage derjenigen Person, welche durch direkte Ansprache oder indirekte Einwirkung von außen zum Rezipienten von Kundgaben, Anregungen und Sinngehalten aller Art wird. Das Subjekt kann auf jeden intentional erfaßbaren Reiz durch Sperrung seiner Empfindungen, Ausschaltung seiner perzipierenden und apperzipierenden Funktionen oder direkte Gegenwirkung reagieren. Es kann und wird in der Regel den vermittelten Intentionen folgen und in einer individuell abgestimmten Weise ihre Rezeption vollziehen. Hierdurch wird es zum Kommunikanten gemacht. Seine Einstellung ist dabei nicht allein durch seinen personalen Habitus bestimmt, sondern auch durch die gegebene Situation mit ihrer sozialen Konstellation und ihrem kulturellen Sinngehalt.

Bei bloßen Informationen wird der Rezipient zum Mitwisser des Kommunikators, bei Regulationen zu dessen Schüler, Teilnehmer, Anhänger, Kunden oder auch zu dessen Verweigerer, bei aller Stimulation zum Konsumenten. Die Rolle des Rezipienten ist so vielgestaltig wie die Substanz und Form der Kundgabe und ihre teleologische Dynamik .

In engerer Gemeinschaft erscheint das Subjekt durch seine personalen Bindungen an deren Glieder in seiner Stellungnahme und Reaktionsweise gelenkt, im weiten Gefüge der Gesellschaft durch soziale Normen und Pflichten gesteuert. Im allgemeinen werden Außenkommunikationen um so stärker gesperrt und gesiebt, je enger der Lebenszusammenhang der Gruppe ist und deren Binnenkommunikation sich auswirkt.

Alle in einer Gruppe von Menschen mit organischer oder organisierter Lebensform ankommenden Informationen, Regulationen und Kulturgebilde haben die Tendenz homogener oder heterogener Weiterleitung von Person zu Person in einer Kette von aufeinanderfolgenden Kommunikationen. Dabei ergeben sich Prozesse der Umwandlung, Verstärkung oder Abschwächung der kommunizierten Substanz innerhalb der nächsten Umwelt, wobei die verschiedenen Sozialstrukturen verschiedenartig reagieren.

G.

Zur abschließenden Erklärung des Kommunikationsprozesses gehört der Nachweis der Gesetzmäßigkeit und Bedingtheit seiner Genese. Dieser Prozeß hängt an dem Gefüge sozialer Beziehungen und seelischer Anlagen des kundgebenden Subjektes, so daß die Untersuchung sich teils soziologischer, teils psychologischer Methoden und Kategorien bedienen muß. Der Vorgang ist ungeheuer mannigfaltig durch die Verschiedenheit der Milieubedingungen und Individualkonstitutionen. Er muß daher nach dem Schema einer Modellkonstruktion betrachtet werden.

Die Kommunikation beginnt mit der innerseelischen Konstellation der Stimmungen, Strebungen und Orientierungen in der Person des Kommunikators. Sie geht über diese Innenwelt hinaus in die offene Welt der optischen, akustischen und haptischen Reize, die auf den Mitmenschen gerichtet sind, und endet in den seelischen Vorgängen der Aufnahme und Verarbeitung der Reize durch die Person des Rezipienten.

Hinsichtlich der Beziehungen, welche zwischen Sender und Empfänger vor der Kundgabe bestehen, ergeben sich verschiedenartige Voraussetzungen für die Entstehung der Kommunikation. Die durch Beziehungen nicht bedingte Kommunikation gehört zu den spontanen Äußerungsfunktionen, mit denen der Mensch Begegnungen herstellt oder Beziehungen anstrebt.

Die Äußerung gegenüber einer bekannten Person oder einem durch Teilbekanntschaft zugängigen Personenkreis vollzieht sich in einer auf Vertrautheit abgestimmten Atmosphäre, in welcher dem Sprechenden die Herstellung des Kontaktes leicht gemacht wird. Man kann die dabei entstehenden Vorgänge als Kontaktkommunikationen bezeichnen, insofern sie den direkten Kontakt zwischen den Partnern voraussetzen oder unmittelbar herstellen.

Der Kontakt zwischen Personen besteht also im Vollzug ihrer Verbindung aufgrund der Kommunikation durch einen Akt der Rückwendung des Kommunikanten zum Kommunikator, so daß die Reziprozität der beiderseitigen Kommunikationsfunktionen hergestellt wird. Im seelischen Kurzschluß kann der Kontakt bereits mit den primitiven Ausdrucksmitteln der Mimik und Gestik unmittelbar herbeigeführt werden. In der Regel beruht er auf einer Verständigung durch Gespräch oder Briefwechsel.

Eine andere Lage ergibt sich für den Kommunikator, wenn er sich an fernstehende und unbekannte Personen oder an einen fremden Personenkreis wendet. Der Schriftsteller schreibt für zahllose anonyme Leser, die selten brieflichen Kontakt mit ihm suchen, wenn sie sein Werk gelesen haben. Der Rundfunk- und Fernsehsprecher hat zahllose unbekannte Zuhörer.

Daher lassen sich derartige Kommunikationen als Fremdkommunikationen bezeichnen, sofern sich die Partner als Fremde gegenüberstehen und den Kontakt erst unter gewissen Bedingungen der Annäherung und des Verständnisses herstellen können. Wenn auch nicht immer zwischen den Partnern Neutralität besteht, da sich Wertgebungen auf ganze Menschengruppen und Zuhörerkreise beziehen können, so ist doch die personale Trennung und der Mangel eines konkreten Personenbildes für die menschliche Distanz bestimmend, in welcher sich diese Kommunikation vollziehen muß.

In der Genese des Kommunikationsprozesses lassen sich bei einem typischen Modellfall mehrere eigenständige Phasen aufweisen.

1. Die Phase der Anbahnung vollzieht beim Kommunikator den Schritt von der Absicht zum Entschluß und Vollzug der Äußerung

und Kundgabe. Sie geht von der seelischen Bereitschaft aus, einem Vorstellungskomplex, Willensimpuls oder Stimmungsgehalt Ausdruck zu geben und sich dabei an den Mitmenschen zu wenden. Mitteilungsdrang, Einwirkungswille, Kontaktsuche und ähnliche Strebungen treiben das Subjekt über sich selbst hinaus und bahnen den Weg zum Mitmenschen. Es entsteht die Tendenz der Äußerung zugleich mit der Möglichkeit, einen Rezipienten zu finden, an den man sich wenden kann, der sich ansprechen, anrufen oder anschreiben läßt. Eine totale Isolierung nimmt der Einzelperson die Möglichkeit der Kommunikation. Zugleich mit einer solchen Möglichkeit wird die Beurteilung der Person nach ihrer Ansprechbarkeit vollzogen, deren Ergebnis für die Gestaltung der Äußerung von Wichtigkeit ist. Die Gestaltung richtet sich nach dem Zweck der Kundgabe. Der seelische Prozeß dieser Anfangsphase führt zur Motivation der Äußerung, mit der sich das geschlossene Ich für die Mitwelt öffnet und eine Beziehung zu anderen Personen herstellt, die alle Stufen der Bindung aufweisen kann.

2. In der Regel wird mit der Motivation und dem Entschluß zur Äußerung auch die Intention ausgebildet, welche übermittelt werden soll. Sie enthält einen Komplex von Vorstellungen, Meinungen, Willenstendenzen und Gefühlen aus dem Gefüge des seelischen Habitus, der durch die Dynamik des Äußerungsstrebens aus dem Erlebnisstrom herausgenommen und als Inhalt der Äußerung fixiert wird. Mit der neuen Phase vollzieht sich die Prägung dieses Inhaltes zur angemessenen Gestalt der Intention unter Benutzung aller Ausdrucksmöglichkeiten mit ihrer vielseitigen Variation. Sie erhält daher den Charakter der Prägungsphase. Sie gibt dem Impuls zur Äußerung die Substanz der Übermittlung und ihre sinnhaltige Form. In vielen Fällen geht diese Phase der Anbahnung voraus oder schmilzt mit ihr zu einem einzigen Akt der Intention zusammen.

3. Der nächste Schritt der Kommunikation muß die Intention zum Ausdruck bringen und irgend eine Äußerung vollziehen. Der Kommunikator äußert sich über sein Wissen und Wollen, er gibt seinem Gefühl und seiner Gesinnung Ausdruck, er vermittelt Berichte und Aufträge anderer Menschen, er sucht die Mitmenschen in ihrer Haltung zu bestimmen. In allen diesen Möglichkeiten liegt der Vollzug der Kommunikation, mit welchem sich das Subjekt an deren Objekt wendet und es zum Kommunikanten macht. Es ist der Schritt der Kundgabe in beliebigen Formen der subjektiven oder objektiven Äußerung der kundgebenden Person, so daß diese Phase als Äußerungsphase bezeichnet werden kann. Sie vollzieht die Übermittlung der Intention nach Prüfung ihres Inhaltes in den verschiedensten Arten des persönlichen Ausdrucks,

der sprachlichen Fixierung und der technischen Übertragung. Alle diese Arten bilden den Gegenstand spezieller Untersuchungen hinsichtlich ihrer Zweckmäßigkeit, Wertigkeit, Wirksamkeit und Funktionsweise im Zusammenhang des Kommunikationsprozesses.

4. Dieser Prozeß geht nunmehr auf den Rezipienten über, an den sich die Äußerung wendet. Verweigert der Adressat die Annahme, so ist die Kommunikation zwar vollzogen, aber verfehlt. Im Falle der Hinwendung des Kommunikanten zur Kundgabe oder zur Person des Kommunikators beginnt der Prozeß auf der Seite der angesprochenen Person mit der Perzeption des Kommunikators oder mit einer Orientierung nach demselben, sofern er nicht sichtbar oder nicht bekannt ist. Die Perzeption seiner Äußerung kann der personalen Kenntnis vorangehen oder folgen. In der Regel erfolgt sie gleichzeitig, und zwar in der Verknüpfung von visueller und auditiver Warhnehmung der Person des Kommunikators. Jede Wahrnehmung von Bildern, Worten oder Tönen der Kundgabe enthält die Tendenz, den Empfänger zum Aufmerken und Deuten derselben zu nötigen. Der Akt des Verstehens endet mit der Apperzeption des Sinngehaltes. Wird die Kundgabe in dieser Weise aufgenommen, so ist die Kommunikation im ganzen hergestellt. Man darf von einer Rezeption der Kommunikation sprechen und diesen Prozeß als Phase der Rezeption gegen die früheren Phasen abgrenzen.

In dieser Phase spielt die Korrelation zwischen der Perzeption der Kundgabe und der Person des Kommunikators eine besondere Rolle. Die positive Bewertung der Person wird bei der persönlichen Begegnung der Partner zur Bedingung für die Auslösung der Annahmebereitschaft und die Ausführung der Rezeption. Bei ihrer Trennung vermag der Sachgehalt der Kommunikation die Annahme herbeizuführen, sobald er in seinen Elementen erfaßt und nach seinem Sinn verstanden wird. Dies ist bei entfernten Kommunikanten der Fall, falls sie als Briefempfänger, Leser von Schriften und Rundfunkhörer allein auf den Wortlaut der Mitteilung angewiesen sind. Die lebendige Vorstellung des Kommunikators in Film und Fernsehen entspricht in ihrer Wirkung auf die Aufnahmewilligkeit des Empfängers ohne Zweifel der Situation persönlicher Begegnung.

5. Mit der Erfassung der Intention des Kommunikators steht der Rezipient vor der Entscheidung seiner Reaktion. Das Verstehen des Inhaltes kann zur unmittelbaren Auslösung von Handlungsinnervationen führen, wie sie beim Befehl sofortiger Ausführung gefordert werden. Es kann aber auch in Überlegungen und Abwägungen übergehen, die in beliebiger Dauer zum passiven oder reaktiven Verhalten veranlassen.

Hier darf die wesentliche Verschiedenheit nicht übersehen werden, in welcher die Reaktionen auf die besonderen Kommunikationstendenzen verlaufen. Sicherlich ist die passive Aufnahme bloßer Informationen die Regel, soweit sie nicht die Lage der Person des Kommunikanten berühren oder bedrohen. Die regulierenden Kommunikationen hingegen erstreben geradezu die Aktivität der angesprochenen Person und demgemäß eine koordinierte Reaktion derselben. Wiederum passiv ist für gewöhnlich die Aufnahme stimulierender Sendungen, soweit sie nicht unmittelbar zum Mitmachen oder Nachmachen dargebotener Künste auffordern. Es ist ganz natürlich, daß die Art der Reaktion zugleich von der Kondition des Rezipienten abhängig ist, weil in jeder Lage desselben die Wirkung der Intention verschiedenartig sein wird.

Der ganze Vorgang der Erfassung und Verarbeitung der Intention und der ihr zugeordneten Stellungnahme kann als Rezeptionsprozeß zusammengefaßt werden, der die Phase der Rezeption ausfüllt. Eine Trennung der beiden Phänomene in einen apperzeptiven und einen reaktiven Vorgang würde denselben nicht den Charakter von eigenständigen Phasen zuerkennen dürfen.

6. Wenn auch mit dieser Phase der normale Verlauf eines isolierten Kommunikationsprozesses abgeschlossen ist, so offenbart die Wirklichkeit des sozialen Lebens doch die Kontinuität derartiger Prozesse in einer Kette von Kommunikationen, die ihrerseits den Charakter von Äußerungen und Reaktionen annehmen. Im Gespräch wechseln Äußerungen mit Gegenäußerungen und entstehen ganze Folgen von Fragen und Antworten, Behauptungen und Einwendungen, Mitteilungen und Ergänzungen. Die Struktur des Gespräches verlangt eine Analyse der darin auftretenden Einzelvorgänge der Kommunikation. Diese muß von der Zusammensetzung des Gesprächskreises ausgehen, wenn die Wertigkeit der Intentionen der verschiedenen Teilnehmer für den Verlauf der Kommunikationen in Ansatz gebracht werden soll. Dabei offenbart sich der diskursive oder diskontinuierliche Gang der Kommunikationsfolge, welche eine Kette ineinandergefügter Glieder bildet, aber ebensowohl eine beliebig unterbrochene Reihe von beziehungslosen Vorgängen darstellen kann. Die ganze Folge macht in allen Fällen einen zusammenhängenden Kommunikationsprozeß aus, wenn die Teilnehmer in demselben in räumlicher und zeitlicher Berührung bleiben und untereinander Kontakt behalten. Solche Folgen liegen im alltäglichen geselligen Unterhaltungsgespräch vor, ferner in Verhandlungen eines geschlossenen Kreises, in Versammlungen einer größeren Teilnehmerzahl, in festlichen Veranstaltungen. Auch der Unterricht in seiner methodischen Form und in seiner didaktischen Zielsetzung kann als eine solche Kommunikationsfolge betrachtet werden.

7. Bei der Massenkommunikation der Medien ist dieser Prozeß dadurch abgewandelt, daß die Masse der Rezipienten keinen unmittelbaren Kontakt mit dem Kommunikator und seinen Mitarbeitern oder Auftraggebern hat. Zwischen Kundgabe und Rezeption ist vielmehr eine technische Vermittlung eingeschaltet, deren Funktion als eine eigene Phase des Gesamtprozesses der Medienkommunikation behandelt werden kann. Eine solche Funktion ist an und für sich physikalischer Art und wird mit ihrer technischen Konstruktion erst durch die kulturelle Verwendung zum Vermittler von Sinngehalten gemacht, die nur durch humane Akte intendiert und rezipiert werden. Die Zwischenphase der Medienkommunikation bildet also die Überleitung einer humanen Kommunikation in einen physikalischen Prozeß zu dessen humaner Auswertung.

Bei dieser Vermittlung von Sinngehalten ergibt sich nun der tiefgreifende Unterschied zwischen der Wortvermittlung und der Bildvermittlung, zwischen Presse und Rundfunk einerseits und Film und Fernsehen andererseits. In der Wortvermittlung, zu der auch die Musik zu rechnen ist, ist die Sprache an Auge und Ohr der Empfänger geführt, als ob er unmittelbar angesprochen werde. Der Empfänger muß die Worte und Laute vernehmen und verstehen, um ihre Intention vollkommen aufzunehmen, kann aber stets eindeutig reagieren, weil die Intentionen in der Folge der Ausdrucksphänomene in ihrer vollen Bedeutung erfaßt werden können. Die technische Weiterleitung von Schrift und Wort ändert nicht die seelische Grundqualität der Erlebnisweisen der Prägung und Erfassung. So wird jede sprachliche Kommunikation zur natürlichen und lebensechten Vermittlung zwischen Menschen, welche eine sachgemäße Information und wunschgemäße Beeinflussung der Mitmenschen in sinnvoller Verständigung suchen.

Die durch die moderne Technik zur Perfektion gebrachte Übertragung der lebendig bewegten tönenden und sprechenden Wirklichkeit in Bildern hat eine neuartige indirekte Kommunikationsform geschaffen, deren psychische Funktionsgesetzlichkeit und physische Bedingtheit einer besonderen Erforschung bedarf und nicht nach dem Schema der Wortkommunikation betrachtet werden kann. Film und Fernsehen bieten sich dem Empfänger als eine scheinbar echte Erfahrungsquelle an und erhalten die Funktion direkter Kommunikationsmittel. Ihre Vermittlungsfunktion besteht nicht in der Weiterleitung kultureller Sinngehalte, sondern in der Herstellung einer künstlichen Wirklichkeit zum unmittelbaren Erlebnis ihrer eigenartigen Bilderfahrung. Darin zeigt sich eine von der Sprechübertragung gänzlich verschiedene technische Voraussetzung für Kommunikationsvorgänge, welche die Realität menschlichen Zusammenlebens und Umweltdaseins durch technische Prozesse ersetzen, mit welchen künstliche Kommunikationen herbeigeführt werden. Diese sind für jedes Medium nach seiner Sonderart zu untersuchen.

H.

In dieser Behandlung der Kommunikationsforschung kommt es auf den Nachweis an, welche Rolle die Kommunikationsvorgänge in den technischen Medien spielen und welche Aufgabe mithin dieser Forschung im Rahmen der speziellen Wissenschaften von Presse, Rundfunk, Fernsehen und Film zufällt. Die bisherigen Erörterungen mögen der systematischen Übersicht über das Problemfeld der Kommunikationsforschung im ganzen dienen. Sie zeigen jedenfalls die große Mannigfaltigkeit der Einzelgebiete, aus deren Erfassung sich die besonderen Probleme der eigentlichen Medienkommunikation ergeben und lösen lassen müssen. Die weitere Erörterung bemüht sich daher um die Anwendung der bisher gewonnenen Erkenntnis und systematischen Ordnung der Phänomene im Aspekt sowohl der Soziologie als auch der Sozialpsychologie, um die Vorgänge in den Medien zu erfassen.

Die Kommunikationen der Presse beruhen auf der Vermittlung publizistischer Materialien zwischen Redaktion und Publikum durch den Druck von Wort und Bild. Als primären Kommunikator wird man immer den Autor selbst anzusprechen haben. Auftrag, Annahme, Bearbeitung und Einordnung des Textes liegen bei der Redaktion, die als sekundärer Kommunikator anzusehen ist. Die wirtschaftlichen und technischen Faktoren in der Herstellung und im Vertrieb der Presseerzeugnisse werden für die Kommunikation in Ansatz zu bringen sein, wenn der kommunitative Charakter von Anzeigen gewertet werden soll. Alle Anzeigen sind aber nur öffentlich verbreitete Mitteilungen an einzelne Interessenten, deren individuelle Reaktion mit der Offerte erfolgt. Die periodische Presse wendet sich mit ihrem Text dagegen an die gesamte Leserschaft, die aus einem nicht bestimmt umgrenzten Teil der Bevölkerung besteht, unter welcher das Organ verbreitet ist und Leser findet. Ihre Aufgabe ist die indirekte und diffuse Kommunikation mit allen Tendenzen ihrer publizistischen Gestaltung. Ihre Verbreitung macht sie zu einem Organ der Massenkommunikation.

Vorwiegend besteht der Auftrag der Zeitung, insbesondere der Tageszeitung, in der Verbreitung von aktuellen Nachrichten und unterhaltendem oder bildendem Material. Sie werden in der ganzen Vielgestaltigkeit der Auswahl und Zusammensetzung des Stoffes so bearbeitet, wie es dem Zweck und der Richtung des Organs entspricht. Der Zweck liegt in der Vertretung bestimmter Fach- oder Gruppeninteressen. Die Richtung kann bereits vom Verlag oder seinen Auftraggebern festgelegt sein, aber auch von der Redaktion durchgängig oder teilweise bestimmt werden. In der Regel erhält die Presse ihre wirtschaftliche, politische und kulturelle Orientierung durch den Stab der Redakteure und Mitarbeiter, welche sowohl der gesamten Anlage des Textes als auch den einzelnen Sparten ihr Gepräge geben. In dieser Ausrichtung des Organs liegt die Bedingung für seine Verbreitung und für die Gewinnung des Leserkreises. Eine mehr oder weniger neutrale und unverbindliche Gestaltung des Inhaltes sucht den Abnehmerkreis zu erweitern. Die eindeutige Festlegung der Tendenz auf Sozialschicht, Partei oder Konfession gibt einer Zeitung die Möglichkeit der Gewinnung eines bestimmten Kreises von Lesern, die eine eindeutige Stellungnahme in den Nachrichten und Kommentaren verlangen. Durch diese Tendenz wird alle publizistische Kommunikation intentional gemacht, wodurch die Redaktion von vornherein festgelegt wird.

Mit dieser intentionalen Festlegung erhält die Zeitung auch den Auftrag regulierender Kommunikation. Diese liegt in der besonderen Ausgestaltung von Glossen, Kommentaren, Kritiken und Polemiken im politischen und wirtschaftlichen Teil sowie in der eindeutigen Vertretung der publizistischen Interessen der für das Organ maßgebenden Gruppe. So erfolgt die Auswahl und Raumbemessung der Nachrichten, welche sich auf den engeren Kreis der Interessengruppe beziehen. So wird umgekehrt die Gegenseite vernachlässigt oder von der Bekanntgabe ihrer Mitteilungen ausgeschlossen.

Einen gewissen Raum nehmen auch diejenigen Stoffe der Zeitung ein, welche neben der Mitteilung von Tatsachen des sozialen und kulturellen Lebens den Charakter einer das Wissen und Können der Leser fördernden Orientierung annehmen. Die belehrende Form wird dabei durch entsprechende Aufmachung vermieden. Das Blatt bietet damit seinen Lesern Anleitung zur Lebensgestaltung und zum beruflichen Schaffen. In diesem regulierenden Zweck liegt ein hoher Auftrag der gesamten Presse an der Pflege eines kulturellen Lebensstandards der Masse. Er kann durch skrupellose Verführung und durch Mißachtung naturrechtlicher Prinzipien zu geschäftlichen Zwecken mißbraucht und auf bedenkliche Wege moralischer Verwahrlosung und weltanschaulicher Radikalisierung ganzer Schichten der Leser, namentlich der Jugend, abgeleitet werden. Die Verantwortung aller publizistischen Organe für die Atmosphäre der Daseinsordnung und Kultur der Gesellschaft ist derjenigen der Schule in ihrer Auswirkung gleichzusetzen.

Zu den regulierenden Funktionen der Presse gehört auch die Propaganda im Sinne ihrer dogmatischen Prägung. In allen Sparten kann diese Tendenz als eine sprachlich geformte Potenz der

Kommunikation untergebracht werden. Sie wirkt sich hier auch ohne offene Beeinflussung als eine echte intentionale Kommunikation aus, welche über die sensuellen Funktionen der Leser zur kognitiven Registrierung und Anerkennung der Intention führt. Eine direkte Beeinflussung erzeugt eine regulierende Induktion der Intention des Textes auf die Leserschaft. Sie erscheint dem objektiven Beobachter und kritischen Leser je nach ihrer Tendenz als Propaganda oder als Agitation.

Ein großer Teil der Zeitung ist der wirtschaftlichen Werbung gewidmet. Diese wendet sich an die weite Öffentlichkeit und sucht durch textliche und graphische Kunstmittel Aufmerksamkeit und Interesse der Leser zu fesseln. Konkurrenz und Freiheit der Marktwirtschaft zwingen zur Werbung, mit welcher das Unternehmen selbst zur Geltung kommen soll und seine Interessen und Produkte in ihrer Zweckmäßigkeit und Güte angepriesen werden. Die Kommunikation liegt hier in der einseitigen und indirekten Ansprache an die Öffentlichkeit mit dem Ziel, die Einzelperson zu gewinnen und zu einer aktiven Reaktion durch Rückfrage, Besuch und Kauf zu veranlassen.

In ihrem kulturellen Teil bietet die Tagespresse ihren Lesern mit dem sog. Feuilleton fortlaufend eine Fülle von unterhaltsamer Lektüre mit Lyrik, Kurzgeschichten und Romanen, außerdem mit spannenden Schilderungen von Katastrophen und Verbrechen, vom Leben der Potentaten und Künstler, von Reisen und Abenteuern. Man wird solchen Schilderungen eher eine stimulierende als eine informierende Rolle zuschreiben, zumal sie sich der Illustration bedienen können, die ihre Sensationswirkung verstärkt. Alle diese kulturellen Texte literarischer Kunst oder journalistischer Aufmachung können ohne Bezug zum Geschehen der Zeit sein, aber nach Stil und Gehalt eine bestimmte Zeitrichtung des Geschmackes repräsentieren, die von der Redaktion gepflegt wird. Der Unterhaltungswert der Wortkunst ist beim Buche mehr durch die Autorität und den Einfluß des Autors bestimmt, bei der Presse mehr durch den sensationellen und spannenden Charakter des Inhaltes.

Außerdem gehören dieser Sparte alle Stoffe der Kultur aus Künsten und Wissenschaften an, mit denen eine Kommunikation erst durch ihren regulierenden oder stimulierenden Charakter verbunden ist. Eine solche Wirkung muß dem kulturellen Teil der Presse eigen sein, wenn er seinem Auftrag entsprechen soll.

Der Fortschritt der Visualisierung des modernen Menschen hat die Presse zur vielseitigen kunstvollen Anwendung der Illustration veranlaßt, mit welcher dem Bilde eine stark betonte kommunikative Rolle in der Publizistik übertragen wird. Es ergibt sich daher in diesem Zusammenhang die schwerwiegende Frage nach dem

Kommunikationswert des statischen Bildes. Das Problem ist in der Kunstwissenschaft und Kritik vielfach erkannt und erörtert worden. Es scheint indessen an einer systematischen Untersuchung dieses publizistischen Problemkomplexes zu fehlen, wie sie hier nicht durchgeführt werden kann. Es soll nur angedeutet werden, welche publizistische Wirkung mit dem statischen Bilde und weiterhin auch mit dem beweglichen Bilde von Film und Fernsehen verbunden ist und welcher Art die dabei entstehende Kommunikation nach Form und Gehalt sein kann. Die Ergiebigkeit bildhafter Vermittlung von Informationen, Regulierungen und Kulturgebilden für die publizistische Wirkung der Presse ist jedenfalls durch die Ausbreitung der illustrierten Organe in der heutigen Welt erwiesen.

Bildhafte Kommunikation liegt bereits bei den Anfängen der Schrift vor. Sobald man vom Zeichen und Symbol zur Darstellung unmittelbar deutbarer Bilder überging, ergab sich eine Verständigung auf dem Wege der Zeichnung, der Malerei oder auch der plastischen Kunst. Je mehr aber die bildenden Künste ihres informatorischen Charakters entkleidet und der Zierde oder dem ästhetischen Genuß gewidmet wurden, desto mehr trat die sinnvermittelnde Rolle derselben zurück und ging im Abendlande auf die Buchstabenschrift über.

Es ist erst der bildlich ausgeformten Schreibkunst des Mittelalters und der Druckkunst der Neuzeit vorbehalten gewesen, mit ihren illustrierten Werken dem Bilde wieder eine Aufgabe der Kommunikation zu geben, welche dem Sehen und Deuten eine vielfältige Möglichkeit der Orientierung geboten hat. Seitdem Comenius den didaktischen Wert der Anschauung nachgewiesen und das illustrierte Schulbuch geschaffen hat, war aller Unterricht um die Verwendung der Autopsie bemüht und hat zur Ausbildung neuer graphischer Künste geführt, welche sowohl der Schule als auch der unterhaltenden und belehrenden Lektüre Dienste leisten.

Wenn mit statischen Bildern eine echte Information, Regulierung oder Unterhaltung verbunden werden soll, muß die Presse zu jeder Illustration berechtigt sein und sie in ihre redaktionelle Gestaltung einbeziehen. Mit der graphischen Technik können alle photographischen Aufnahmen in jeder Farbgebung vervielfältigt und im aktuellen Teil der Tagespresse verwendet werden. Mit der illustrierten Presse ist ferner ein neues Organ der Bildberichterstattung entstanden, das den Anspruch macht, die Tagespresse in gewissem Umfange zu ersetzen oder wenigstens zu ergänzen. Daneben bedient sich die gesamte kulturelle Publizistik in wirksamer Form der kunstvollen Illustration. Das große Publikum nimmt diese Druckerzeugnisse als ein beliebtes Mittel der Bildung und der Unterhaltung auf.

In diesen Organen kann das statische Bild neben die Schrift gestellt werden. Es ist durchaus fraglich, ob ihm der Vorrang gegenüber dem Text im Rahmen aktueller Berichterstattung und bildender Erörterung eingeräumt werden kann, wie es die Entstehung neuer Presseorgane zu fordern scheint. Solange der Text vorherrscht, dient das Bild nur zur Veranschaulichung der sprachlichen Schilderung. Es präsentiert die darin behandelten Personen, Gegenstände und Situationen in dem fixierten Eindruck der Bildwahrnehmung. Sein Kommunikationswert beruht also auf der Möglichkeit der unmittelbaren Erfassung eines Gegenstandkomplexes, der für sich selbst spricht und als eine Art Darstellungsmittel oder Lehrmittel für den sprachlichen Bericht aufgefaßt werden muß. Neben die Schilderung von Vorgängen, die Charakterisierung personaler Physiognomie und Verhaltensweise sowie die Beschreibung von Gegenständen stellt das Bild die unmittelbare Wahrnehmung der Wirklichkeit in der Fülle ihrer Gestalten und in der statischen Konstellation des momentanen Eindrucks. Das Bild hat mithin die Funktion des sinnlich erfaßbaren Berichtes übernommen, benötigt aber eine sprachlich fixierte Erläuterung seines Inhaltes, wenn es als publizistisches Mittel neben den Worttext gesetzt werden soll.

Dies geschieht in der illustrierten Presse in zunehmendem Maße. Die Leser sehen Bilder in mehr oder weniger flüchtiger Weise und verzichten dabei auf die zeitraubende Lektüre der Texte. Sie stellen sich auf visuelle Orientierung um, je mehr sie durch Sinnhaftigkeit der photographischen Kunst und durch Qualität der drucktechnischen Wiedergabe verwöhnt werden. So entsteht eine entscheidende Veränderung menschlicher Erfahrung durch die Einschränkung sprachlich vermittelter Information und Belehrung zu Gunsten der Bilderfahrung, welche der fortschreitenden Visualisierung der modernen Kunst entspricht. Die visuelle Information schaltet dabei den kognitiven Prozeß sprachlicher Interpretation aus und ersetzt ihn durch unmittelbare Anschauung der Welt im Bilde. Es muß klar erkannt werden, daß diese Bilderfahrung die Welt nicht in ihrer konstitutiven Wirklichkeit erfaßt, sondern in der Perspektive der Aufnahme und Anschauung, die sie technisch und optisch vermittelt. Niemals kann das Bild dem Menschen die echte und unmittelbare Erfahrung der abgebildeten Wirklichkeit ersetzen.

Bei aller Bilderfahrung an statischen Bildern beruht also der Vorgang der Kommunikation auf der einseitigen Tätigkeit des Kommunikanten in der Rezeption sinnhafter visueller Gestaltkomplexe, während der sekundäre und aktive Kommunikator durch das künstlerisch oder technisch geschaffene Bild ersetzt wird. Das Bild kann aber die Funktion der Ansprache oder Kundgabe des Kommunikators selbst nicht übernehmen. Es erfordert als bloßer Vermittler die kommunikative Funktion eines primären Kommunikators, als welchen man unter diesen Umständen den Bildgestalter ansehen muß, der seinen visuellen Eindruck statt durch beredte Schilderung vielmehr durch Handwerk, Kunst oder photographische Aufnahme im Bilde optisch fixiert und der publizistischen Vermittlung zur Verfügung stellt. Diese Übermittlung ergibt eine indirekte Kommunikation, deren Eigenart in der einseitigen Einwirkung auf den Gesichtssinn des Rezipienten gelegen ist, während die Kommunikation in der Regel die artikulierte Anrede benutzt und an das Ohr gerichtet ist, das Auge aber zur Wahrnehmung des Kommunikators benutzt. Jede personell erlebbare Beziehung zwischen dem Bildgestalter und dem Rezipienten ist im Prozeß der Bildkommunikation ausgeschlossen. In ihr bestehen keinerlei soziale Voraussetzungen und soziative Folgeerscheinungen zwischen den beiden Faktoren der Kommunikation, da die eine Seite ein toter Gegenstand ist. Das Wunder der personalen Begegnung zwischen Bildwelt und Zuschauer ist erst mit der Erfindung der beweglichen Bildmedien eingetreten.[12]

J.

Beim Rundfunk bestehen die Kommunikationsvorgänge lediglich aus einseitigen Darbietungen von publizistischen und unterhaltenden Sendungen in Sprache und Musik an die weit verstreute Masse der beliebig eingeschalteten Hörer. Träger der Kommunikation ist hier der gesamte Apparat von Intendanz, Redaktion und Verwaltung der Rundfunkanstalten, Vermittler derselben der jeweilige Sprecher oder Künstler, sei er Angestellter oder freier Mitarbeiter der Anstalt. Die Verantwortung für die Gestaltung reproduktiver Sendungen trägt immer der Stab des Intendanten und des Programmdirektors. Die Rolle der Sprecher ist auf die sprachtechnische Leistung der Ansage, Absage und Durchsage, der Verlesung von Nachrichten und Reportagen, der Rezitation literarischer Werke beschränkt. Eine kulturell differenzierte Leistung liegt in der freien Gestaltung von eigenen Berichten, Kommentaren und Kritiken, von orientierenden und belehrenden Vorträgen, von unterhaltenden Plaudereien oder Gesangsvorträgen. Sie erfordert die produktive Arbeit der beteiligten Kräfte, ohne daß die Initiative und maßgebende Gestaltung durch die Instanzen der Institution beeinträchtigt ist.

Alle diese Programmformen benutzen die Einzelperson als Kommunikator. Doch zwingt die leitende Einflußnahme der Intendanz und der Stäbe, hier von einer kollektiven Kommunikation zu spre-

[12] Zur Soziologie der Presse: *O. Groth*, Die Zeitung, 4. Bde, 1928/31. — *K. Baschwitz*, Du und die Masse, 1950. — *W. Lippmann*, Public Opinon, 1922. — *P. Hofstätter*, Die Psychologie der öffentlichen Meinung, 1959. — *F. Lenz*, Wesen und Werden der öffentlichen Meinung, 1956.

chen, deren Eigenart in der Integration ökonomischer, politischer und kultureller Interessen bei der Programmgestaltung zu suchen ist.

Der Einsatz von Arbeitsgruppen kollektiver Sendungen im Interview, in der aktuellen oder wissenschaftlichen Diskussion, in Gesprächen und Hörfolgen aus der Regie des Senders ergibt die gleiche Art der kollektiven Kommunikation. Auch hier ist die Abhängigkeit von der Programmdirektion und deren Instanzen vorhanden, bei der allerdings ein gewisser Spielraum für Improvisation und selbständige Gedankenführung zugestanden werden muß.

In der Auswahl und Gestaltung der Substanz der Darbietungen vermag der Rundfunk alle Möglichkeiten der Publizistik wahrzunehmen. Sein Vorteil gegenüber der Presse ist dabei nur die Lebendigkeit des gesprochenen Wortes und die kurzfristige Vermittlung aktueller Nachrichten. Er wird vom Publikum ausgenutzt, ohne daß bei der großen Mehrzahl der Teilnehmer die Benutzung der Tagespresse aufgegeben wird.

Zu den Themen der Publizistik im Rundfunk gehört das weite Reich der Politik mit ihren verschiedenen Sparten, gehört das kulturelle Schaffen im Geistesleben, in der sozialen Wirklichkeit, in Wirtschaft und Technik, gehört ferner die Vergangenheit und Gegenwart, gehört das Porträt der Völker und führenden Gestalten, gehört endlich die ganze Fülle der alltäglichen Fragen der Lebensgestaltung in allen Bereichen des menschlichen Daseins. Die darin angebahnten Kommunikationen mit dem großen Publikum bieten der Daseinsordnung Normen und Modelle, der Lebensgestaltung der Einzelmenschen vorgeformte Substanz für die Weiterbildung, die moralische und weltanschauliche Prägung sowie die religiöse und ästhetische Erhebung.

Der hohe Wert der Hörfolge (feature) für die Kommunikation zeigt sich in der Möglichkeit, mehrere Quellen der Kundgabe zu einem Gesamtbericht nach publizistischen Regeln zu kombinieren und zu vielseitiger Wirksamkeit zu bringen. Diese Sparte des Rundfunkprogramms bedarf daher einer Gestaltung, in der die Gesetzlichkeit der Kommunikationskette mit ihrem Wechsel von Personen, Gesprächsformen, Milieuklima und thematischer Richtung zur Geltung kommt. In ihrem Charakter geht sie über die bloße Information in der Regel hinaus und strebt nach Einflußnahme auf die Hörer im Sinne der epischen Tendenz der Sendung.

Da alle Sendungen an ein verstreutes Publikum gerichtet sind, das für den Kommunikator nicht direkt erfaßbar ist, unterliegen sie der Gesetzlichkeit der indirekten und diffusen Kommunikationen. Sie sind überdies im eigentlichen Sinne intentional, wo sie einen begrenzten Kreis von Hörern mit gezielten Sendungen zu erfassen suchen.

Ihrer Funktion nach können sie alle Tendenzen der Kommunikation übernehmen. Am besten eignet sich die Rundfunksendung zweifellos für alle Arten der Information und bewährt sich unabhängig von der Presse als wohlfeiler und handlicher Vermittler aktueller Nachrichten für die weiteste Öffentlichkeit. In jeder Information der Medien ist die Vermittlung der Tatsachen und Ereignisse in der Form der Nachrichten von der Vermittlung der subjektiven Stellungnahme des Kommunikators streng getrennt. Glossen, Kommentare und Kritiken drängen sich dem Hörer als Interpretationen der Nachrichtengebung auf und versehen deren Inhalt mit einer dogmatischen und axiologischen Färbung, welche den Empfänger nicht nur zur Kenntnisnahme veranlaßt, sondern auch zur eigenen Stellungnahme in Meinung, Gesinnung und Reaktionsbereitschaft zwingt. So wird die neutrale Nachricht ihrer Farblosigkeit entkleidet und mit potentiellen Intentionen versehen, die sie in regulierende Kommunikation verwandelt.

Die eigentlich regulierenden Sendungen des Rundfunks bestehen aus belehrenden und kirchlichen Sendungen sowie aus den Darbietungen der Werbung, Propaganda und Agitation. Sie sollen die Öffentlichkeit in der Richtung einer sogenannten öffentlichen Meinung beeinflussen, bestimmte Hörerkreise mit Material zur Weiterbildung und Selbsterziehung versorgen und im übrigen Werbung aller Art durchführen. Die vom Bilde des Sprechers losgelöste Stimme allein muß die Kraft besitzen, ihre Hörer anzuziehen, beim Zuhören zu fesseln und sie auf die vorgelegte Intention festzulegen. Eine solche Stimme tönt dem Empfänger, dem der technische Reiz nicht bewußt ist, gleichsam als Anruf aus einer fernen Welt unbekannter Mächte entgegen und erlangt den Nimbus eines unfehlbaren Orakels und einer allgemein geltenden Autorität in einer gläubigen Hörerschaft, während andere Hörergruppen ihr mißtrauen und die Gefolgschaft versagen.

Endlich bleibt dem Rundfunk die große Chance der Pflege unterhaltender Sendungen auch nach Einführung des Fernsehens. Diese werden in sogenannten Bunten Abenden, Hörspielen und musikalischen Darbietungen gestaltet. Die erste Sparte sucht die Masse der Hörer durch eine gegliederte Folge von Darstellungen verschiedener Künste auf ein paar Stunden verfügbarer Zeit und Muße so zu fesseln, daß sie sich unter der geschickten Leitung eines Conférenciers ganz dem Genuß und Erleben von Musik und Plauderei, Spielerei und Zauberei, Humor und Witz, Satire und Ironie, Neugierde und Spannung hingeben kann, wie es im alten Variététheater und Kabarett der Fall war.

Die hiermit gebotene Kommunikation entspricht derjenigen der Bühne nur in der Auswirkung des stimulierenden Zweckes, nicht in der Thematik und Gestaltung. Sie ist allein auf akustische Vermittlung angewiesen. Die Attraktion der Person auf der Bühne fällt weg. Die Schaulust des Publikums gerade in der auf Sinnesreize eingestellten dramatischen Unterhaltung wird nicht befriedigt. Daher hat es die akustische Vermittlung des Geschehens schwer, sich der Tiefenperson so anzunähern, daß ihre emotionalen Reaktionen in der ganzen Fülle der Gefühlsqualitäten und Stimmungen zum Erlebnis werden. Das Eindringen der stimulierenden Künste in diese Gefühlswelt und Wertwelt des Menschen vollzieht sich am leichtesten in der Darbietung ernster und leichter Musik aller Art, die in jedem Rundfunkprogramm den ersten Platz einnimmt.

Zur erhebenden Unterhaltung ernster wie heiterer Art durch echte Kunst führt den „blinden" Hörer das Hörspiel in seiner neuartigen funkmäßigen dramaturgischen Entwicklung, die freilich durch das Vordringen des Fernsehspiels bedroht ist. Es besteht aus einem reinen Wortkunstwerk dramatischer Gestaltung, das sich in Einzelszenen des Gesanges oder der Musik bedienen kann, ohne zur Oper zu werden. Seine Gestaltung muß auf die begrenzten Möglichkeiten dramatischer Darstellung Bedacht nehmen, die ihre Handlungsfolge ohne Erscheinung und Bewegung handelnder Personen und ohne Szenerie von Bühne oder Film zur lebendigen Vorstellung der visuell abgelenkten Hörer bringen soll. Funkoper und Übertragungen von Oper oder Operette bleiben dem Programm neben dem Hörspiel erhalten.

Die mit dieser Kunstgattung gebotene Kommunikation entspricht derjenigen des Theaters und kann als eine eigenartige Form der Spielkommunikation angesehen werden, die hier nicht im einzelnen erörtert wird. Wenn dem unbeteiligten Beobachter im Alltag das Schauspiel tätlicher Austragung eines Familienstreites oder Nachbarschaftskonfliktes dargeboten wird, nimmt er an der Lage der einzelnen Personen teil und verfolgt deren Verhalten durch alle Phasen des Geschehens. In gleicher Weise sieht auch der Theaterbesucher die Szenenfolge des Schauspiels und nimmt am Handeln und Leiden der Spieler mit wechselnder Spannung, mit Sympathie und Entrüstung, mit Sorge und Befreiung, mit Freude und Trauer teil, als ob es echtes Geschehen im Leben der Menschen wäre. Die Reflexion auf Erdichtung und Rolle des Spiels hebt die stimulierende Wirkung auf und läßt eine kritisch geformte Lehre zurück.

Die natürliche Einfühlung in das Leben und Handeln der Personen setzt den Zuschauer, im Hörspiel den Zuhörer mit deren Geschick in eine seelische Beziehung, unter welcher eine Kommunikation zwischen beiden Seiten zustande kommt. Eine solche Kommunikation hat den Charakter der Präsentation von Lebensvorgängen ohne direkte Ansprache an den Zuhörer, der die Rolle des

Rezipienten aller dramatisch vorgespielten Intentionen des Dichters übernimmt. In dieser Rolle ist er ganz und gar auf seine eigene aufmerksame Verfolgung des Geschehens, auf seine Einfühlung und Deutung der Spielerstimmen angewiesen. Er wird in der Kommunikation selbst zum Mitspieler, wenn ihn die Handlung in ihrem Erlebniswert und Sinngehalt ansprechen soll, wie es von jeder dramatischen Kunst gefordert wird. Die läuternde und mahnende Wirkung dieser Kunst bringt auch im Hörspiel eine Besinnung und Beeinflussung in der Seele des Hörers zustande, welche der Spielkommunikation eine gewisse regulierende Tendenz mitteilt. Im erhebenden, befreienden und entlastenden Erlebnis der Teilnahme aber liegt die eigentlich stimulierende und wesentliche Auswirkung dieser dramatischen Kommunikation. Die wesentliche Kommunikationswirkung des Hörspieles ist also sowohl den regulierenden als auch den stimulierenden Funktionen im Hörer zuzurechnen.[13]

K.

Mit der Erfindung und Vervollkommnung der Bewegungsmedien Film und Fernsehen ist dem Menschen eine neue Erfahrungswelt vor Augen gestellt worden, an welcher er nicht mehr die Phantasie zu dynamischer Ausdeutung statischer Bilder zu verwenden braucht. Die Welt in ihrer Veränderlichkeit, die Lebewesen in ihrem bewegten Gebaren, die Menschen in ihrer individuellen Manifestation, alles erscheint als Wirklichkeit und Gegenwärtigkeit vor dem Zuschauer der Bildmedien. Seine Erfahrung ist die technisch hergestellte künstliche Wahrnehmung einer vorgestellten Welt der Illusion, deren Wirklichkeitsgehalt mit vielfachen Künsten und Absichten bearbeitet ist. Sie bietet dem Beschauer unmittelbar wie in der realen Außenwelt den Zusammenhang des Geschehens und die Fülle der Merkmale an Dingen und Personen, bei denen zugleich die Äußerung in Gesten und Worten erfolgt und den Eindruck der Lebenswirklichkeit vermittelt. So liefern die Bildmedien Fernsehen und Film dem modernen Menschen eine zweite Welt eigenartiger Erfahrung, welche durch photographische Aufnahme in ihrer wirklichen Gestalt perspektivisch erfaßt und andererseits durch künstlerische und technische Gestaltung willkürlich hergestellt wird.

[13] Zur Rundfunkforschung werden nur Schriften benannt, welche das Kommunikationsproblem berühren: *G. Eckert*, Der Rundfunk als Führungsmittel, 1941. — *F. Lenz*, Einführung in die Soziologie des Rundfunks, 1952. — *Ch. Siepmann*, Radios second Chance, 1946. — *Ders.*, Radio, Television and Society, 1949. — *A. Huth*, (Hrsg.): Radio heute und morgen, 1944. — *H. Pohle*, Der Rundfunk als Instrument der Politik, 1955.

Was diese Bilder enthalten, ist also entweder die photographische Wiedergabe der wirklichen Welt der Natur, der Technik und der Kultur in ihren realen Vorgängen und Gegenständen, wie sie im Dokumentarfilm und in der Fernsehaufnahme vorliegt, oder aber die künstlich geschaffene Welt der Konstruktionen neuartiger Wirklichkeit und beliebig erdichteter Vorgänge des Menschenlebens im dramatischen Spiel oder in epischer Schilderung.

Die dabei entstehende Wahrnehmung, Erfahrung und Beeinflussung ist in gewisser Weise eine visuelle Information beliebiger natürlicher oder künstlich hergestellter Wirklichkeit. Die Psychologie wird den Prozeß der Bildinformation mit ihren experimentellen Methoden zu untersuchen und mit den natürlichen Wahrnehmungsprozessen aus der realen Welt zu vergleichen haben. Es entsteht ein eigenes Problemfeld der Bildinformation. Seine erschöpfende Aufschließung erfordert überdies eine erkenntniskritische Prüfung des Realitätsgehaltes und der Geltung der bewegten Bilder. Von deren Ergebnis hängt die Beurteilung des Informationswertes der Bilder für die mit ihnen verbundene Kommunikation ab.

Im allgemeinen wird die Gültigkeit der Bildgehalte im Dokumentarfilm und in der Fernsehübertragung der Livesendung anerkannt. Ihr dokumentarischer Wert bietet einer echten Information sehr vielseitige Möglichkeiten, wie sie dem Einzelmenschen in der Beschränkung seiner räumlichen und sachlichen Orientierung nicht gegeben ist. Damit ist die Bedeutung von Film und Fernsehen für die informierende Kommunikation ohne weiteres ersichtlich.

Hingegen entsteht eine ganze Reihe schwerwiegender Aporien bei der gleichen Problemstellung gegenüber dem dramatischen Geschehen. Dem Schauspiel der Bühne und dem Spielfilm ist es eigen, eine Handlungsfolge im Kreise der beteiligten Personen und in geschlossenen Situationsszenerien ablaufen zu lassen, ohne daß die Anwesenheit von Zuschauern berücksichtigt wird. Dennoch machen alle dramatischen Dichter und darstellenden Künstler geltend, daß sie für das Publikum schreiben und spielen, die Zuschauer fesseln und durch ihre Kunst erheben wollen. Sie wenden sich dabei gelegentlich direkt an den Zuschauer, bleiben aber auch in der Binnenkommunikation des Spiels ihrer Hinwendung zum Publikum bewußt und aufgeschlossen.

So kann eine Kommunikation zwischen Spielhandlung und Zuschauern hergestellt werden, wenn die Kunstform des Schauspiels die Tendenz einer Präsentation ihres Sinngehaltes an die Mitmenschen enthält und demgemäß eine Art von Botschaft übernimmt, die vorzugsweise stimulierend, damit zugleich regulierend und in gewisser Weise auch informierend wirken kann. Der eigentliche Zweck dramatischer Darstellung bekundet sich in allen Künsten, welche sich an sinnlich und geistig aufgeschlossene Zuschauer wenden, um sie zu unterhalten und überdies ästhetisch und moralisch mit kulturellen Werten anzusprechen.

Die bewegten Bildkünste erhalten hiernach die große Mission, zur kulturellen Lebensgestatlung der Menschen denjenigen Beitrag zu liefern, den das Leben der Masse für gewöhnlich vorenthält: das Erlebnis des Mitleidens und der Mitfreude mit dem menschlichen Schicksal und den vielfältigen Wandlungen der Umwelt und Einflüssen der Mitwelt, in deren Abhängigkeit Situationen und Lebensaufgaben bewältigt werden müssen. Bietet das Leben dem Einzelnen nur durch den seltenen Zufall Gelegenheit zum Erlebnis solcher Schicksale und Ereignisse von exemplarischem Wert, bleibt eine fruchtbare Lebenserfahrung der Mehrzahl der Menschen vorenthalten. Dafür liefert das Spiel der Medien eine unerschöpfliche Gestaltenfülle und Gestaltenfolge konzentrierter Schilderungen von Individualitäten und Charakteren, Lebenssituationen und Daseinsänderungen, Fügungen und Strebungen in der menschlichen Existenz, wie sie vom einzelnen Menschen niemals erfahren werden können. An ihnen bildet sich die Lebenserfahrung und Einsicht, welche der Mensch im Netzwerk der Beziehungen und Verpflichtungen der organisierten und technisierten Daseinsordnung nötig hat, um für sich selbst gesund und mit der Umwelt zufrieden sein zu können. Damit sind wichtige Voraussetzungen für eine jede Lebensgestaltung gegeben, welche die Person zur Vervollkommnung und zur Teilnahme an der Kultur fähig macht.

In dieser subjektiven Wirkung der Bildmedien auf den einzelnen Zuschauer realisiert sich der Zweck des ganzen technischen und künstlerischen Apparates und seiner Organisation nur bedingt und begrenzt. Eine notwendige Orientierung der Wirkungsforschung muß daneben feststellen, daß der eigentliche Zweck der Medienorgane und deren Kommunikationsfunktionen mehr in der Kollektivwirkung zu suchen ist als in der Individualwirkung beim einzelnen Zuschauer. Die Medien sind ganz und gar auf Massenkommunikation angelegt. Sie beherrschen damit die Gesellschaft in den Millionen ihrer Schichten durch die von ihnen nach Tendenz und Rezept hergestellten Programme und deren Inhalt. Diese Sozialfunktion der Bildmedien bedarf einer eigenen Erforschung und kulturpolitischen Berücksichtigung.[14]

L.

Das Fernsehen steht dem Rundfunk in technischer Hinsicht und in der Organisationsform nahe und kann als dessen technische Fortentwicklung betrachtet werden. Beide Medien wenden sich durch Funk an die weite Öffentlichkeit ihrer Abnehmer, die ihre Sendun-

[14] Hierzu: Kap. II, 3: Massenkommunikation und Massenkultur.

gen an jedem Ort und in beliebigem Teilnehmerkreise empfangen können. Insofern bieten sie eine diffuse und indirekte Massenkommunikation an, die eine eigene soziale Strukturgesetzlichkeit aufweist. Die Ähnlichkeit des Fernsehens mit dem Rundfunk liegt zwar zunächst in der Apparatur ihrer Betriebe. Sie wirkt sich aber besonders in der Realisierung der Teilnahme an aktuellen gleichzeitigen Geschehnissen aus, wodurch Zuhörer und Zuschauer in die wirkliche Gegenwart derselben versetzt werden. Die Gleichzeitigkeit von Ereignissen und Wahrnehmung, bei der Vorgang und Beobachter weit voneinander getrennt sind, stellt eine Art potenzieller Allgegenwärtigkeit der Menschen an allen Orten der Erde und neuerdings sogar bei den Abenteuern im Weltenraum her und bietet dem modernen Menschen eine Erweiterung seiner Erfahrung an, welche in der Lebensgestaltung des Einzelnen und im Dasein der Gesellschaft zu tiefgreifenden Wandlungen führen muß.

Andererseits ergibt sich eine wesentliche Verschiedenheit dieser Medien dadurch, daß zur einseitig akustischen Funktion des Rundfunks die optische Funktion des Fernsehens hinzukommt. Die auditive und zugleich visuelle Wahrnehmung der Sendungen rückt das Fernsehen in die Nähe des Tonfilms und ermöglicht beiden Medien die Gewinnung einer lebendigen Bilderfahrung, welche dem Menschen eine neue Welt eröffnet, die zwar phänomenale Geltung hat, aber als reale Welt erlebt wird. Dabei entstehen Bildkommunikationen mit der neuartigen Funktionsgesetzlichkeit, die hier an den Vorgängen in Film und Fernsehen geprüft wird.

In der Gleichartigkeit der Vorgänge einer Massenkommunikation bei den Medien der bewegten Bilder zeigt sich die gleiche Eindrucksmächtigkeit derselben. Sie verführt zu analoger Betrachtungsweise der Bedingungen und Gestaltungsmöglichkeiten in beiden Medien, die in jeder Hinsicht verschieden sind und demgemäß für sich untersucht werden müssen.

Zunächst ist das Fernsehen, dem die weitläufigen Erfahrungen der Filmproduktion und Filmwirkung vorliegen, auf die Herstellung einer Kommunikation bedacht, durch welche im Zuschauer der Eindruck einer direkten Ansprache und Auseinandersetzung mit dem im Bilde erscheinenden Kommunikator erzeugt wird. Eine solche Kommunikation ist in ihrer Wirkung ohne Zweifel eindrucksmächtiger und einflußstärker als jede Form indirekter Kommunikation durch andere Vermittler. In allen Arten informierender und regulierender Sendungen, die sich der Ansprache, Berichterstattung oder Reise der Einzelperson ebenso wie des mehrseitigen Gespräches bedienen, liegt eine unmittelbare Begegnung zwischen den Partnern der Kommunikation vor, die wie Kommunikator und Kommunikant im wirklichen Leben und in lebendiger personaler Beziehung handeln. Hier erfüllt das Fernsehen den publizistischen Auftrag der Nachrichtengebung, Kommentierung, Bildungsarbeit und Beeinflussung durch das persönliche Erscheinen des Kommunikators, außerdem unter Anwendung der Demonstration vielfältiger Mittel anschaulicher Erläuterungen und Ergänzung mündlicher Schilderungen, auf welche sich der Rundfunk beschränken muß.

Mit solchen Mitteln persönlicher Berichterstattung und anschaulicher Vergegenwärtigung der Ereignisse hat sich das Fernsehen eine publizistische Kommunikationsform geschaffen, deren Wirksamkeit durch andere Organe der Publizistik nicht übertroffen werden kann. Auch der aktuelle Filmbericht befindet sich demgegenüber im Nachteil, weil seine Herstellung die Gleichzeitigkeit oder wenigstens die äußerste Kurzfristigkeit der Vorführung und außerdem seine örtliche Gebundenheit die bequeme Zugänglichkeit der Bilder ausschließt, wie sie durchweg beim Fernsehen vorhanden ist. So wird diesem Medium die Rolle der führenden Informationsquelle in der modernen industriellen Gesellschaft zuerkannt werden müssen.

In der Gestaltung und Sendung des Fernsehspiels wird dem Zuschauer in seiner Häuslichkeit ein Stück Theater vorgeführt, dessen Erfahrungsqualität und Kommunikationsform derjenigen des Spielfilms gleicht, aber von der Teilnahme am Schauspiel des Theaters durchaus verschieden ist. Wie gezeigt wurde, bieten die bewegten Medien Fernsehen und Film visuelle Information von besonderer Intensität des Eindrucks sowie mit regulierenden und stimulierenden Kommunikationen durch die Handlung. Dies gilt für das Fernsehen in anderer Weise als für den Spielfilm.

Das Fernsehen hat eine enge Szenerie und vermag darin nur eine geringe Anzahl von Personen in führenden Rollen zugleich auftreten zu lassen. Es präsentiert diese Menschen in einem wesentlich verkleinerten Bilde, das sie unserer natürlichen Perspektive fernrückt und in der Distanz mimisch und gestisch vieldeutig macht. Daher ist die Aufmerksamkeit des Zuschauers nicht so sehr auf die mimische Kunst der Schauspieler gerichtet als vielmehr auf die Verfolgung des Geschehens und die richtige Deutung der Binnenkommunikationen des Spieles. Diese Deutung muß sich der Korrelation der visuellen und auditiven Wahrnehmungen bedienen, um den Sinn des Stückes richtig zu erfassen. Der einzelne Schauspieler erlangt hier nicht so leicht die Glorie des Stars. Vielmehr wird die dramatische Gemeinschaftsleistung in ihrer Kommunikation gewürdigt.

Auch die Vorgänge der Identifikation scheinen im Fernsehen seltener und schwächer zu sein als im Filmerleben. Diese Beobachtung deutet auf eine geringe Auswirkung direkter personaler Kommunikation zwischen Schauspieler und Zuschauer hin. Der Zuschauer als Rezipient verhält sich gegenüber der Spielhandlung des einzelnen Darstellers eher distrakt und unbeteiligt, während er in der Hingabe an das Spiel des Filmhelden ganz aufgehen kann. Der Weg der Beteiligung geht beim Fernsehen offensichtlich vom sinnlichen Wahrnehmen über kognitive Zwischenakte zum Verstehen mit emotionalem Effekt, während beim Film die emotionalen Prozesse unmittelbar an die Sinneseindrücke angeschlossen sind und der Rezeptionsprozeß erst über die Reflexion auf Gefühle und Wertungen hinweg zur geistigen Verarbeitung geführt werden kann.

Die Spielkommunikation beim Fernsehen liegt also in der Begegnung der Zuschauer mit der eigentlichen Intention der Handlung im Sinne des Autors oder der Regie, damit zugleich in der technischen Vermittlung der Fernsehbilder, deren Bildhaftigkeit im Spielerleben mehr oder minder wechselnd bewußt bleibt. Sie ist den Formen der indirekten Kommunikation zuzurechnen.[15]

M.

Für den Film ist das Kommunikationsproblem der Fernsehproblematik analog zu lösen, so verschiedenartig die Gestaltungsprinzipien und Bedingungen der Kommunikation und andererseits die Wirkungen im Rezeptionsprozeß sein mögen. Alle dokumentarischen Filme echter Art demonstrieren die gegebene Welt im natürlich bewegten Bilde und liefern dem Zuschauer Information, Belehrung und Unterhaltung. Sie stellen eine indirekte und diffuse Kommunikation mit den Zuschauern her, deren Situation gegenüber den Teilnehmern am Fernsehen durchaus verschieden ist. Sie liefern dem Publikum keine bloßen Wortberichte, sondern das lebendige Bild selbst, das der Zuschauer immer in dem mehr oder minder deutlichen Bewußtsein aufnimmt, photographische Objekte von vergangenen Ereignissen und fernliegenden Objekten vor sich zu haben. Die Kommunikation ist mithin auf die Orientierung der Zuschauer in der einseitigen Rolle der Rezipienten künstlich erzeugter Bildphänomene beschränkt. Die Zuschauer der Wochenschau glauben die Filmkamera des Titels selbst in der Hand zu haben.

Die hervorragende Rolle des Spielfilms in der Produktion wie im kulturellen Leben erklärt sich aus seiner besonders eindringlichen stimulierenden Wirkung, die für einen großen Teil der Bevölkerung der zivilisierten Welt eine Art von geistiger Ernährung im

[15] Zur Fernsehforschung: *W. Hagemann*, Fernhören und Fernsehen, 1953. — *G. Eckert*, Die Kunst des Fernsehens, 1953. — *I. Mühlbauer*, Fernsehen, 1959. — *H. Himmelweit* u. a., Television and the child, 1958. — *G. Maletzke*, Fernsehen im Leben der Jugend, 1959. — *F. Zieris*, Die Bedeutung des Fernsehens für Kinder und Jugendliche. Diss. München 1960. — *H. Wetterling*, Das Fernsehen im pädagogischen Aspekt, 1960.

Zeitvertreib geworden ist. Mehr als beim Fernsehen besteht beim Film die lebendige Illusion der Teilnahme am wirklichen Geschehen der Handlung und der deutliche Eindruck einer Doppelsituation, in welcher der Zuschauer mit wechselnder Aufmerksamkeit sowohl der Wirklichkeit des Kinos und Publikums als auch der Filmszenen zugewandt ist. Er findet sich durch die Intensität der visuellen und auditiven Empfindungsströme und durch die kognitive Echtheit der Erfahrung völlig der inneren und emotional verstärkten Anteilnahme am filmischen Geschehen ausgeliefert und in die fremde Welt der Imagination versetzt, welche als eine wirkliche Welt erscheint und in ihrer Sinnhaftigkeit ernst genommen zu werden pflegt, soweit sie die Zuschauer nicht durch Verzerrung oder absichtliche Irreführung desillusioniert. Die Bilderfahrung der filmischen Epik und Dramatik bedeutet also eine Beteiligung an der kommunikativen Funktion aller Arten von Spiel, die nach der Einsicht aus der Erörterung der Fernsehkommunikation eine indirekte Vermittlung ihres Sinngehaltes an den sinnlich nahegerückten Zuschauer darstellt. Sie ist in ihrer ernst oder heiter gestimmten Teilnahme an den menschlichen Schicksalen sowie in der ästhetischen und moralischen Einfühlung in die Situationsszenerie und Beziehungsspannung als eine besondere Art von Bildkommunikation zu betrachten, deren Gewalt über das menschliche Gemüt in der Eindrucksmächtigkeit der menschlichen Gestalten mit ihrer überdimensionalen Größe und Lautstärke zu suchen ist.

Was dem Spielfilm an besonderen Kommunikationsmöglichkeiten gegeben ist, die ihm seine Eigenart gegenüber dem Fernsehen auch in dessen Fortentwicklung sichern, liegt in der Herstellung direkter Beziehungen zwischen Darsteller und Zuschauer, die im Fernsehen nicht zustande kommen. Die Identifikation mit dem siegenden oder leidenden Helden, mit der begehrenswerten Idealgestalt der Frau oder auch mit einer gut gespielten Randfigur ist beim Filmzuschauer eindringlich und gewöhnlich. Sie ergibt sich aus einer effektiven Suggestibilität des Filmbildes, in welchem die menschlichen Gestalten wie Hypostasen numinoser oder tremendöser Humanität erscheinen, wenn man ihnen nicht eine profane Divinität im Sinne aller Nachfolger Comtes zuschreiben will.

Von solchen Gestalten fühlen sich die Zuschauer je nach ihrer Sensibilität unmittelbar angesprochen und zum Mitgehen mit ihren Intentionen und Taten aufgefordert. Dabei ist die Rolle des Schauspielers das Subjekt der Kommunikation, der eigentliche Kommunikator, nicht aber die rollespielende Person. Das psychologische Rätsel der Verkennung der Rolle und der Enthüllung des Darstellers durch den Rezipienten steht bei Bühne und Film in gleicher Weise vor dem Erklärungsversuch der direkten Spielkommunikation. Es umhüllt die personale Faszination und den Starkult.

Beim Film ist es freilich weit auffälliger als bei der Bühnenkunst.

Man wird dem Spielfilm damit sowohl eine nach den Gattungen variierende Regulation als auch eine diesem Kunstgebilde wesentliche stimulierende Wirkung zuschreiben müssen. Je stärker der unmittelbare Erlebniskontakt zwischen dem Schauspieler und dem gefesselten Zuschauer ist, desto stärker fühlt sich dieser zur Nachahmung oder Verhütung des Verhaltens des Kommunikators und zur Hinnahme seiner Intentionen veranlaßt. Der stimulierende Reiz äußert sich vielfältig in der ästhetischen Erhebung an echter dramatischer Kunst wie auch in der sensuellen Gefangenheit oder emotionalen Entlastung mit allen Graden der Empfindungsintensität und allen Variationen der Gefühlsqualitäten beim Rezipienten.

Im Bereiche der echten Unterhaltung durch Filmepik und Filmdramatik sind die sensationellen und absonderlichen Demonstrationen des Lebens immer weit wirksamer für den Durchschnittsmenschen als die normalen Erscheinungen mit ihren komplexen Bedingungen und eintönigen Entwicklungen, an denen der Mensch im Alltag genug hat. Der Kinobesucher verlangt daher nach den seltenen und extremen Fällen im erfolgreichen oder gescheiterten Lebenslauf, nach den Sonderlingen und Außenseitern der Charaktere, die aus der Norm und dem Typus der Charaktere herausfallen. Der Film bietet seinerseits die absolute Konzentration der Handlung auf eine kurze Folge von Einzelsituationen, in denen der Prozeß der Spannung und Lösung der Handlung sichtbar fortschreitet und seinen Phasenwechsel vollzieht. Wie im Bühnendrama wird auch im Film die Diskontinuität des dramatischen Geschehens deutlich, das sich nur in getrennten Szenen und Sequenzen offenbart. Die Zuschauer fühlen zwar von Szene zu Szene die ganze Innenspannung der einzelnen Situationen und sehen ihren sprunghaften Wechsel, der im Verstehen des Zusammenhangs oft schwer zu überbrücken ist. Sie werden aber gezwungen, aus der Bildfolge der Einzelszenen, die durch Montage zeitlich oder in Rückblenden beliebig aneinandergefügt werden können, zugleich die chronologische Folge der Geschichte und die Kausalfrage des Geschehens abzulesen, deren immanente Gesetzlichkeit bildlich nicht dargestellt werden kann. Infolgedessen haftet die Kommunikation an den einzelnen Sequenzen und deren Sinngehalt, der sich dem Zuschauer indirekt kundgibt.[16]

[16] Zur Filmforschung unter Berücksichtigung der Kommunikationsfragen sind zu nennen: *B. Balázs*, Der Film. Werden und Wesen einer neuen Kunst. 1949. — *R. Manvell*, Film. Pelican Books, London o. J. — *W. Hagemann*, Der Film. Wesen und Gestalt. 1952. — *R. Clair*, Vom Stummfilm zum Tonfilm. 1952. — *J. Cocteau*, Gespräche über den Film. 1953. — *G. Flores d'Arcais*, Il Cinema. 1953. — *J. M. L. Peters*, Inleiding to de Filmaesthetik. 1954. — *H. Agel*, Le Cinéma. 1954. —

N.
Wer den Versuch unternimmt, ein Feld wissenschaftlicher Forschung neu zu erschließen, sollte über glückhafte Einfälle oder über den Eifer des Suchens in Erfahrung und Denken verfügen. Die eigentliche Arbeit der Wissenschaft beginnt erst mit der Bearbeitung des ganzen Problemfeldes in gewissenhafter Methodik. Im Bereiche der Programmwissenschaften zur Untersuchung der Massenmedien fehlt es nicht an vielseitigen Ansätzen ihrer Erforschung sowohl bei der Psychologie als auch bei der Soziologie. Neuerdings zeigt sich die Medizin in zunehmendem Maße interessiert. Rechts- und Wirtschaftswissenschaften befassen sich aus praktischen Gründen ohnehin mit den aufkommenden Fragen juristischer Entscheidung und wirtschaftlicher Organisation. Im Querschnitt der Orientierung über alle diese Ansätze zeigt sich keine Möglichkeit einer Integration der einzelnen Arbeitsgebiete und Forschungsrichtungen zu einer umfassenden Medienwissenschaft, obwohl die Medien das Materialobjekt aller einzelnen Wissenschaften bilden, die unter verschiedenen Gesichtspunkten die Probleme des ganzen Kulturphänomens zu lösen suchen. Man könnte auch versucht sein, die psychologische Grundrichtung der Untersuchung der Gestalter und Empfänger der Medien zur heuristischen und sachlichen Verknüpfung des ganzen Problemfeldes zu machen, wie man andererseits daran denken könnte, die soziale Struktur beider Faktoren und deren Beziehungen von der Soziologie aus zu untersuchen.

Aber diese Bemühungen haben sich als einseitig und unzulänglich erwiesen, weil der ganze Komplex dieser Kulturfunktion im wissenschaftlichen Aspekt außerordentlich vielseitige Problemverschlingungen enthält, welche vor aller Einzelarbeit ihre Auflösung erfordern, um das Feld der Forschung im ganzen abzustecken und auf die verschiedenen Wissenschaften zu verteilen. Bei dieser Vorarbeit gelangt man zur Entdeckung der Tatsache, daß in allen diesen Medien, die als Vollstrecker produktiver und reproduktiver Geisteskultur zu gelten haben, zugleich eine Sozialfunktion wirksam ist, in welcher sie ihre eigentliche Aufgabe zu erfüllen haben, nämlich die soziale Grundfunktion der Vermittlung zwischen den produktiven Kräften der Geisteskultur und den regulierenden Kräften der Sozialkultur. Zu dieser Grundfunktion gehört weiter

J. Epstein, Esprit de Cinéma. 1955. — *E. Iros*, Wesen und Dramaturgie des Films. 2. Aufl. hrg. M. Schlappner, 1957. — *F. Kempe*, Film, Technik, Gestaltung, Wirkung. 1958. — *J. Durand*, Le Cinéma et son Public. 1958. — Le Cinéma, fait social. Institut de Sociologie Solvay. 1960. — *S. Kracauer*, Theory of Film. Oxford 1960. — *G. Cohen-Séat*, Essai sur les Principes d'une Philosophie du Cinéma, 2e éd. 1958. — *Ders.*, Problèmes du Cinéma et de l'Information visuelle. 1961.

die Bearbeitung und Präsentation der objektiven Kulturgebilde für den Konsum der Gesellschaft.

Diese Vermittlung stellt ein Verhältnis zwischen den Schöpfern der Kultursubstanz und ihren einzelnen Gebilden einerseits und den Empfängern und Nutznießern ihrer Werte und Wirkungen andererseits dar. In dieser Funktion der Vermittlung vollzieht sich die Kommunikation, deren Wesen hier bestimmt und deren Erscheinungs- und Wirkungsweisen in ihrer ganzen Mannigfaltigkeit aufgezeigt worden ist.

Das Ergebnis dieser Vorarbeit ist der Nachweis, daß in den grundlegenden Einzeldisziplinen der Kulturwissenschaft, welche sich mit den Medien beschäftigen, eine spezielle Kommunikationsforschung auszubilden ist, deren getrennte Untersuchungen in verschiedener Heuristik das gleiche Problem arbeitsteilig anzufassen und zur Auflösung zu bringen haben. So entsteht eine auf die verschiedenen Medien verteilte psychologische und soziologische Kommunikationsforschung als Aufgabe der Weiterentwicklung der Medientheorie innerhalb der angewandten Kulturwissenschaften. Sie muß von der jüngeren Generation der Spezialisten als ein wichtiger Auftrag der Wissenschaft übernommen werden, die Kultur der Medien nicht für den Selbstzweck einer Steigerung der Kultur zu fördern, sondern sie in den Dienst der Gesellschaft zu stellen, die damit ihren kulturellen Standard verbessern und ihre Daseinsordnung stabilisieren kann. Mit der Übernahme eines solchen Auftrages sind die Einzelwissenschaften von den Medien in der Tat auf dem Wege zur Kommunikationsforschung.

2. Kultur und Kommunikation. Betrachtungen zur kultursoziologischen Beurteilung der Massenmedien

A.

Die Massenmedien haben das kulturelle Leben der Menschen und die Struktur der Gesellschaft weitgehend verändert, seitdem zu den alten Organen der Druckerpresse die neuen technischen Mittel elektrischer Fernmeldung hinzugekommen sind. Mit der permanenten Ausstrahlung von Nachrichten und kulturellen Sendungen aller Art über die weite Welt haben alle Menschen Kontakt mit dem Zeitgeschehen und Zugang zu gerichteter Beeinflussung und kulturell geprägter Unterhaltung erhalten. Sie sind durch eine gemeinsame profane Kulturkanzel und Kultstätte miteinander verbunden.

Es ist an der Zeit, unter dieser neuen Konstellation der Lebensbedingungen aller Völker die möglichen Auswirkungen der Kommunikationsfunktionen der Massenmedien im Kulturleben und Kulturschaffen der Gesellschaft zu untersuchen. Da der zeitliche Abstand des Historikers von der Entstehung und Entwicklung der neuen technischen Medien noch kaum erreicht ist, wird sich zunächst der Soziologe mit diesem Fragenkomplex zu beschäftigen haben. Er bemüht sich dabei um die Auswertung kulturphilosophischer Thesen zur Erkenntnis der neuartigen Phänomene moderner Kultur und um die empirisch betriebene soziologische Erforschung der mit ihnen auftretenden Wandlungen der Gesellschaft. Er findet ferner den Zugang zur Aporetik und Problematik der Vorgänge der Massenkommunikation und damit zur Anwendung der Ergebnisse der neuen angewandten Wissenschaft der Massenmedien, um deren Anteil am Kulturwandel des gegenwärtigen Zeitalters zu erfassen und zu begründen.

Um den ganzen Komplex der Auswirkung der Kommunikationsfunktionen auf die Gesellschaft und ihre Kultur zu überschauen und um die darin liegende Problemverschlingung aufzulösen, bedarf es allerdings des historischen Rückblicks auf die Bedingungen politischer Herrschaftsbildung und die Entstehung neuer Konstellationen der sozialen Daseinsordnung.

So kommt eine Erkenntnis von kulturellen Zusammenhängen im historischen Geschehen, möglicherweise von Gesetzmäßigkeiten zustande, welche durch die Integration der Kommunikationsfunktionen im Kulturwandel der Gesellschaft entstehen und fortdauernd weiterwirken. Sie werden damit zu politischen Faktoren der Geschichte und zu elementaren Grundfunktionen ihrer Kultur.

Unter diesen Aspekten soll der Funktionszusammenhang von Kultur und Kommunikation näher untersucht werden.

B.

Die geschichtliche Untersuchung hält sich an die Tatsachen der Forschung und an deren Verarbeitung durch Geschichtsphilosophie und Kultursoziologie. Die Fülle ihrer Systeme und Thesen läßt sich hier nicht aufzeigen. Die eigene Konzeption kann nur skizzenhaft dargelegt werden.

In der Antike umfaßte das Römische Weltreich die Völker des Mittelmeerraumes mit ihrer hellenistisch-römischen Einheitskultur klassischen Gepräges. Diese Kultur erlangte ihre Einheit durch die Werke der Dichter und die Schulen der Philosophen und Rhetoren. Ihr Hörerkreis war klein, er vertrat jedoch die geistige Elite und politische Führung ihrer Polis, die Ratgeber ihrer Regenten.

Nach der Auflösung des Reiches entstand das neue Staatensystem romanisch-germanischer Völker. Ihre Volkskultur wurde mit der Lebenskultur der römischen Kirche verschmolzen, ihre Sozialkultur durch die Traditionen des Reiches und der Kirche, ihr

Geistesleben durch die septem artes liberales und die patristische Literatur bestimmt, welche in den Schulen der Klöster und der Bischöfe gelehrt wurden. So entstand eine neue Einheitskultur, vermittelt in den Kommunikationsfunktionen lateinischer Sprache und hellenistisch-römischer Enzyklopädien, die seit neuerer Zeit als Kultur des Abendlandes bezeichnet und dem Morgenland mit seinen weitreichenden islamischen und griechischen Einflüssen auf die Kultur der Rand- und Nachbarvölker entgegengestellt worden ist.

Die Kulturgeschichte des Mittelalters verfolgt diese abendländische Kultur in ihren nationalen Differenzierungen staatlichen und gesellschaftlichen Lebens, das Ordnungssystem der Stände, den Unterricht an den Kloster- und Domschulen, zu den im späten Mittelalter die Stadtschulen hinzukamen, die mit der Rezeption des Aristoteles und der Ausbeute der platonischen Ideenlehre entstandene Scholastik, das liturgische und pastorale Wirken der Kirche. Die kulturelle Einheit dieser Epoche europäischer Geschichte geht allein auf die regulierenden Kommunikationsfunktionen in der festgefügten Organisation der römischen Kirche und in der Vermittlung ihrer dogmatischen und moralischen Position zurück. Niemals hat Europa eine ähnliche Einheitskultur geschaffen oder erlebt.

Der Anbruch der Neuzeit, die von der Aufklärung als eine völlig neue Epoche der Weltgeschichte betrachtet worden ist, hat diese geistige Einheit keineswegs aufgehoben, sondern nur weiter differenziert.

Die Erfindung und Anwendung der Druckkunst diente der weltweiten Ausbreitung gelehrter Schriften aller Fakultäten, religiöser und politischer Pamphlete, für das Volk der Nutzung von Bibel, Katechismus und Gesangbuch in der Volkssprache. Das Abendland behielt durch Gottesdienst und allgemeines Schulwesen auch nach der Trennung der Konfessionen und Kirchen seine abendländisch-christliche Geistesrichtung und Daseinsordnung.

Man wird in der Verbreitung von Druckschriften aller Art in der Tat den Beginn eines Wandels zu erkennen haben, der die alte Kultur zur Aufklärung und damit zum sozialen und technischen Fortschritt hingeführt hat. Die Historik hat zwar dem Humanismus und der Reformation den Vorrang unter den Bedingungen dieser Wandlungen zuerkannt. Sie muß aber im heutigen Geschichtsbilde der gelehrten Rezeption antiker Literatur wie der volkstümlichen Erneuerung religiösen Lebens aus dem Geiste des Urchristentums gerade die Erhaltung der Kontinuität in der Kultur des Abendlandes zuschreiben, welche bis zur Gegenwart wirksam ist.

Die seit dem 17. Jahrhundert über die europäischen Länder in verschiedener Dosierung verbreitete literarisch-revolutionäre Geistesbewegung der Aufklärung kann als die erste Manifestation eigentlichen Fortschrittes auf dem Wege zur modernen Weltkultur angesehen werden. Die mathematischen und die experimentellen Naturwissenschaften veränderten das Weltbild von Antike und Mittelalter. Die Kritik aller Theologie und Geschichte modifizierte die soziale Geltung der bisherigen Autoritäten. Die in den Volkssprachen geschriebenen Philosophien setzten den metaphysischen Systemen des 16. und 17. Jahrhunderts das natürliche System geisteswissenschaftlicher Spezialforschung entgegen, aus dem das Menschenbild der modernen Welt hervorgegangen ist.

Mit der Anerkennung der Autonomie menschlicher Vernunft und der Freiheit individueller Lebensgestaltung waren die Voraussetzungen für den universellen Gebrauch der Kommunikation in allen Ständen und Schichten des Volkes gegeben. Es entstand eine periodische Presse zur politischen Information und Propaganda breiter bürgerlicher Schichten, es wurden ihnen in Memoiren und Romanen lesbare Stoffe zur Unterhaltung und zur Lebensorientierung angeboten. Mit zunehmender Skepsis betrachtete das gebildete Bürgertum den Absolutismus staatlicher und kirchlicher Hoheit und die Gültigkeit ihrer Herrschaftsansprüche. Die öffentliche Meinung nahm die staatspolitischen und sozialen Ideen der französischen Enzyklopädie und der Schriften von Montesquieu, Voltaire und Rousseau begierig auf und schuf die Atmosphäre, aus der nach dem Vorgange der amerikanischen Kolonien die Pariser Revolution hervorbrach. Parlamentarische und öffentliche Agitation beherrschten die Massen, bis ihr Elan von der Diktatur militärischer Macht gezügelt und zur Befreiung der Völker nach außen gelenkt wurde. Ganz Europa mußte sich der bewaffneten Kulturpropaganda der Franzosen unterwerfen oder um seine Unabhängigkeit kämpfen.

Mit den sozialen Folgen der Französischen Revolution kam im 19. Jahrhundert die lebenswichtige Fragestellung auf, wie die niederen Volksschichten in ihrer damaligen Bildung und Lebenseinstellung die Aufgabe bewältigen sollten, die mitverantwortliche Gefolgschaft ihrer eigenen Führungskräfte zu übernehmen. Die Antwort ergab sich aus den Ansprüchen des Bürgertums, durch ihre Schulung und ihren liberalen Geist zur politischen Führung berufen zu sein und diesen Geist einem demokratisch geordneten Staatswesen aufzuprägen.

Seitdem haben die großen Optimisten des Fortschrittes den Glauben an die Vernünftigkeit des Menschen zum politischen Prinzip gemacht und die Kultur als sein Lebenselement betrachtet, das auch die politische Verantwortung einer intellektuellen Oberschicht rechtfertigt.

Der von Rousseau stammende Kulturpessimismus hingegen sieht in diesem Anspruch der Elite eine Gefährdung des Staates und der individuellen Freiheiten. Die revolutionären Thesen des Genfer Bürgers gegen die Aufklärung und gegen alle Wissenschaften und Künste enthalten in ihrer Begründung im 2. Discours schon die Erkenntnis, daß der Mensch durch seine Kommunikationen mit den Mitmenschen und durch deren Anstellung zur Arbeit auf den Weg des Klassenkampfes und der Verelendung der Massen geführt worden sei. Nur der Staat, der auf der volonté générale beruht, vermag hiernach die Ungleichheit der Menschen und Klassen aufzuheben und eine kommunistische Gesellschaftsordnung zu entwickeln.

Aus diesen beiden Positionen staatspolitischen Denkens ergaben sich die Programme der liberalen und der sozialistischen Politiker und Parteien. Mit der Restauration der im Wiener Kongreß neu geschaffenen Staaten wurde die öffentliche Kommunikation und Diskussion weitgehend eingeengt. In Mitteleuropa unterdrückte das Polizeisystem Metternichs und seiner Verbündeten die Freiheit der Tagespresse und der Literatur bis zu den Revolutionen von 1848.

Durch die Anwendung der von James Watt konstruierten Dampfmaschine auf Verkehrsmittel und industrielle Fertigung kam es zugleich mit den Entwicklungen naturwissenschaftlicher Forschung zu jener ersten Revolution der Technik, die mit ihren schweren sozialen Folgen die sozialistischen Massenbewegungen auslöste. Seit Beendigung der Revolutionskriege liefen die Schnelldruckpressen und warfen den Massen die Aufrufe ihrer Agitatoren zu, aber auch die Programme der Sozialreformer, als die Arbeiter die Textilmaschinen zerstörten.

Die Entwicklung des elektrischen Telegraphen seit den dreißiger Jahren bereitete die Ausbreitung des Zeitungswesens vor, das seit dem Revolutionsjahr 1848 überall zum Organ der öffentlichen Meinung aller Volksschichten wurde.

Zu gleicher Zeit begann der Aufschwung der maschinell betriebenen Industrieproduktion, der in natürlicher Dependenz von der sozialistischen Bewegung der Arbeiterschaft begleitet wurde. Hier offenbart sich zuerst die Verflechtung von Technik, Industrie, Informationswesen und politischer Massenbewegung in ihrer geschichtlichen Funktion.

Der glanzvollen Pariser Weltausstellung vom Jahre 1855 folgte die erste Weltwirtschaftskrise, die von Amerika aus die Kapitalwirtschaft Europas lähmte. In dieser Lage traten Owen, Proudhon, Marx, Lassalle, Mill, Spencer und andere mit ihren Schriften und Vorschlägen zur Sozialreform hervor, griffen die Zeitungen mit ihrer Ausstattung durch Rotationsschnellpressen in die Auseinandersetzung zwischen Arbeiterbewegung und Unternehmern ein, begünstigten den Aufbau der Gewerkschaften und wurden zu Regulatoren in der neuen parlamentarischen Politik.

Der technische Fortschritt der letzten Jahrzehnte des 19. Jahrhunderts brachte die Erfindung des Automobils, des Kinematographen durch Lumière, der Funkentelegraphie durch Marconi. Dem folgenden Jahrhundert blieb deren Nutzung in einer Welle der Kommunikationen unter den Massen der Weltbevölkerung im Verkehrswesen sowie in der optischen und akustischen Ferninformation überlassen.

Das vielgepriesene 19. Jahrhundert endete mit dem Verlust der optimistischen Fortschrittsgläubigkeit der Aufklärung. Sie verbot ihre Selbstgewißheit durch eine radikale Kulturkritik, deren Verkünder der gelehrte Philologe Nietzsche und der prophetische Sozialreformer Tolstoi wurden. Auf ihre Worte horchten die Massen der Jugendbewegung, der Arbeiterbewegung und der Schul- und Lebensreformer aller europäischen Länder.

So trat Europa nach einem hundertjährigen Kulturfrieden, der nur wenige begrenzte Kriege ohne politische Katastrophen erlebte, in das neue Jahrhundert einer Zeitenwende ein, die damals noch nicht abzusehen war. Der Erste Weltkrieg zerstörte zwar die Konstitution von drei Kaiserreichen, aber nicht das europäische Staatensystem. In seinen Folgen wurden die politischen Kräfte der drei großen Parteirichtungen der Demokratie zwar am Leben erhalten, aber von dem Erwachen einer neuen Weltmacht der Politik bedroht. Diese Macht führte das großartige Experiment durch, mittels der Technik des Rundfunks und der ideologischen Organisation der Volksmassen eine Einheitspartei zu schaffen und sie zum Träger einer Diktatur in ihrem Lande zu machen.

Die Oktoberrevolution des Kriegsjahres 1917 brachte die kommunistische Partei der Bolschewiken an die Macht, dem Marsch auf Rom gelang der Staatsstreich der Faschisten im Jahre 1922, die Militärdiktaturen in Spanien und Portugal führten nach schweren Kämpfen zur Konsolidierung einer autoritären und korporativen Staatsordnung, in Deutschland gewann im Jahre 1933 die nationalsozialistische Partei den Kampf um die alleinige Macht in Staat und Kultur. Mit diesen totalitären Systemen ist das gesamte Kulturleben der von einer Parteiideologie gelenkten Staatsgewalt ausgeliefert worden. Ihre Herrschaft ist heute auf die kommunistischen Länder Europas und Asiens beschränkt, dadurch aber zu einer Weltmacht geworden, die alle anderen Staats- und Gesellschaftsordnungen durch ihre Missionsstrategie bedroht.

C.

In der Folge dieser Bewegungen verbanden sich nationale ideologische Tendenzen und gaben den politischen Führern und ihren Regierungen der Funktionäre die Macht zu neuen Rüstungen und zu Eingriffen in fremden Ländern, wo sie ihre Interessen durch kriege rische Interventionen wahrzunehmen suchten. Die Fortsetzung dieser abenteuerlichen Politik führte Europa in den Zweiten Weltkrieg hinein und in eine völlige Umgestaltung seiner politischen Struktur.

Die Perspektiven der Geschichte werden mit dieser Wende zur Gegenwart in kultursoziologische Perspektiven verwandelt. Der historisch kanalisierte Rückblick mit seiner tertiären literarischen Erfahrung wird durch die lebendige horizontale Orientierung der Zeitgenossen in ihrer realen Daseinsordnung und Lebenserfahrung ersetzt. Es entsteht ein Bild der Wirklichkeit des Zeitgeschehens, das von allen lebenden Individuen subjektiv erlebt, in den Kommunikationsmitteln gespiegelt und in der objektiv empirischen Forschung der Soziologen deskriptiv festgelegt wird.

Zunächst erfuhr die der Katastrophe des Krieges entgangene Menschheit eine permanente Beeinflussung durch den allgemein verbreiteten Rundfunk und das neue Fernsehen. Beide Funkmedien ergänzen sich in der totalen Vermittlung von Zeitgeschehen und Kulturleben. Die neu eingesetzten Eigen- und Fremdregierungen waren in der Not der Zeit auf ständige Information der Bevölkerung und deren politische Gleichschaltung angewiesen. Die Presse erlangte einen größeren Einfluß auf Bildung und Umbildung der öffentlichen Meinung. Der Film suchte die Zeit und die Menschen in epischer und dramatischer Demonstration den Massen lebendig vor Augen zu stellen und dabei alle technischen und künstlerischen Möglichkeiten realistischer Schilderung und tendenziöser Aufladung oder Kritik auszunutzen.

Die Anstalten der Funkmedien mit ihren weitreichenden Konzessionen entwickelten sich zu mächtigen Zentralen politischer Lenkung und Interessenvertretung, denen die Massen wehrlos ausgeliefert sind. Einen relativ schwachen, aber fortwirkenden Einfluß üben daneben die Gruppen und Institutionen der Gesellschaft aus, welche über einen eigenen Apparat der Information und Regulation vor der Öffentlichkeit verfügen, wie die politischen Parteien, die Kirchen, die Wirtschaftsverbände und die Gewerkschaften.

Mit der Dynamik einer globalen Epidemie wird die Menschheit einer Außensteuerung ihres individuellen Lebens und kollektiven Daseins unterworfen. Die Lebensgestaltung der Person erfährt unter Nivellierung ihrer Individualität eine Standardisierung, in deren geistigen Funktionen die Mechanismen von Intellekt und Sinnesapparat alle Originalität der Vernunft, der Phantasie und des Gemütes ausgeschaltet oder wenigstens reduziert haben. Die Sozialstruktur wird den Direktiven der Organisationen und Institutionen ausgeliefert. Das Geistesleben gerät unter die Kontrolle publizistischer Kritik und Aggression, das politische Leben unter den bürokratisierten Zwang der Parteien und Interessenverbände. Die Noosphäre der Gesellschaft verliert an Traditionssubstanz und wird statt deren Pflege mit immer neu erfundenen Stereotypen aufgeladen, die in ihrem Gehalt keiner axiologisch gesicherten Norm entsprechen, sondern nur auf die Induktion tendenziöser Richtungs- und Handlungsmotivationen berechnet sind.

Die Kultur der Gegenwart ist in der Tat, wenn man den Diagnosen ihrer soziologischen Kritiker folgt, gekennzeichnet durch die weltweite Globalisierung der abendländischen Kultur, die infolge der Ausweitung von Wirtschaft und Verkehr und durch die Übernahme der Wissenschaft und Technik in allen Kontinenten und Fremdkulturen durch Akkulturation in Gang gebracht worden ist. Dabei spielt neben dem Gebrauch von Schreibtechnik und Druck die Fernmeldetechnik in ihren Anwendungen durch die Massenmedien eine wesentliche Rolle.

Diese Technik hat alle Völker in eine permanente Verbindung des Nachrichtenaustausches und des Kulturgeschehens gebracht, deren wachsender Konsum eine homogene Popularkultur enger verknüpften Volkslebens ganzer Kulturkreise zu entwickeln begonnen hat. Lebensformen und Denkweisen abendländischen Gepräges breiten sich in den fremden Kulturkreisen aus und tragen zu einer zivilisatorischen Gleichschaltung der Menschheit bei.

Durch zunehmende Industrialisierung und damit verbundene Verengung der Domizilierung der Bevölkerung nehmen die entwickelten wie unterentwickelten Kulturgesellschaften die Struktur der Massengesellschaft an, deren Kulturleben unter der Wirkung der Massenmedien auf das Niveau der Massenkultur herabsinkt.

Es ist jeweils abzusehen, wie in solchen Gesellschaften auch eine Gleichschaltung politischer Meinungsbildung und Willensbildung erfolgen muß, die zu totalitären Staatsformen und kommunistischen Gesellschaftsfunktionen führt. Hier werden die Massenmedien die Schrittmacher revolutionärer Bewegungen zur Herstellung homogener Massenkultur und autoritärer Staatsführung.

D.

Im Gesamtbild der Gegenwart, welche die lebenden Generationen der Menschheit umfaßt, zeichnet sich zuerst eine zunehmende Spaltung von objektiver und subjektiver Kultur ab, welche beide unvereinbar macht. Während die Vergangenheit ihre Bildung aus dem Bestande an objektiven Kulturgütern bezog, haben die Generationen unseres Zeitalters mit dem Abbau des Historismus des 19. Jahrhunderts die Traditionen entwertet, ihre kanonische Geltung relativiert, ihre Kulturgüter aus dem Leben entfernt. Sie haben den Anspruch erhoben, den Kanon des Klassischen aufzuheben, die Bildungswerte der Kultur der Vergangenheit selbst neu zu bestimmen, das Dasein und seine kulturelle Ausstattung aus eigenen Kräften und nach eigenen Ideen neu zu gestalten. So werden sie gezwungen, nach einer zeitgemäßen aktuellen Bildung zu streben und alle subjektive Kultur zu einem modisch variablen Gebilde zu machen.

In dieser Entwicklung sind die Bestände der überlieferten Kultur und des gegenwärtigen Kulturschaffens wie alte und neue, klassische und aktuelle Kulturgebilde voneinander getrennt worden, die einen antiquiert, die anderen modern bewertet. Beide haben eigene Bewunderer, beide bilden getrennte Noosphären personaler Bildung und subjektiven Kulturlebens.

Als eine Folge dieses Trennungsprozesses muß die fixierte Spaltung im kulturellen Leben betrachtet werden, welche den zur Bildung aufsteigenden Massen eine eigene Massenkultur zur Verfügung stellt, während die Bildungsschicht der oberen Klassen der Gesellschaft mit der alten Hochkultur und ihren überkommenen Gütern weiterlebt.

Schulwesen und Massenmedien sind gezwungen, ihren Wirkungskreis diesem Tatbestand anzupassen. Das Bildungsmonopol der Oberschicht wird aufgehoben, behält aber die intellektuelle Ausstattung durch einen Restbestand kanonisierter Kulturgüter bei. Die neue Bildung breiter Schichten der werktätigen Bevölkerung lebt in einer Massenkultur, die zu Unrecht auch als „Popularkultur" bezeichnet wird. Ihr Bestand wird nicht durch die Elementarbildung der Schulen bestimmt und begrenzt, sondern erst durch die Bearbeitung und Sichtung der Bestände der Gesamtkultur seitens der Massenmedien gestaltet und vermittelt.

Man wird daher zwischen der schulisch vermittelten „didaktischen Bildung" und der in der Lebenserfahrung und Medienerfahrung gewonnenen „pragmatischen Bildung" zu unterscheiden haben. In der pragmatischen Bildung mit ihrem Gelegenheitscharakter der Vermittlungen und Erfahrungen ist alsdann der Gewinn aus allen Kommunikationsfunktionen der Massenmedien zu suchen.

Schließlich gehört zum Bilde der Gegenwart die fühlbare Steigerung der Tendenz einer alle Differenzierungen geistigen Lebens aufhebenden Relativierung der Positionen in Weltansicht und Lebensanschauung. Man ist bisher stolz gewesen auf die Durchsetzung der Toleranz durch die Aufklärung, auf die Duldung eines Systempluralismus in Weltanschauung und Politik, auf die Pflege einer vielseitigen Ausbildung von Kunststilen, philosophischen Richtungen und wissenschaftlichen Theorien. Die Gegenwart strebt sichtlich nach Gleichmachung des kulturellen Lebens und Schaffens, nach Unterdrückung originaler Individualität, nach erzwungener Einheit politischer Ideologie. Die Demokratie der freien Gesellschaft wird ausgehöhlt durch Diffamierung von Persönlichkeiten des öffentlichen Lebens und eigener Prägung sowie durch die unterschwellige Werbung für die Einheit einer Weltzivilisation und Weltherrschaft.

Ein weiteres Phänomen der Kultur der Gegenwart ist die Nivellierung der Wertordnung des Daseins. Wer das letzte Jahrhundert in seiner Endphase kennt, wird die Klage alter Zeitgenossen verstehen, daß in der heutigen Zeit die Souveränität der Person in ihrer Lebensgestaltung weitgehend aufgehoben ist, welche der Individualismus der Neuzeit ihr zugemessen hat. Der einfache Mann lebte zwar in den Bindungen der Pflichterfüllung für Familie und Beruf wie immer und überall, war aber in seinem Denken und Handeln sich selbst überlassen, in seiner politischen Meinung frei, in seiner weltanschaulichen und religiösen Haltung auf sich gestellt. Die Gebildeten lebten aus dem Geiste des Humanismus, der ihnen mit ihrer Schulung in Gymnasium und Universität das Ideal der geistig individualisierten Persönlichkeit vor Augen stellte und sie unabhängig machte vom Zwang der Lebensformen einer Massengesellschaft.

Unser heutiges Dasein hat die Ansprüche des Individualismus aufgegeben und den Humanismus für die Bildung weitgehend ausgeschaltet. Das neue Zeitalter möchte stolz darauf sein, die beiden Grundformen der Lebenskultur der Neuzeit überall überwunden zu haben. Es demonstriert die Unvereinbarkeit dieser Kultur mit den notwendigen Abhängigkeiten, denen die heutige Menschheit zur Erhaltung ihrer Existenz durch die Technisierung der Daseinsbedingungen und die Sozialisierung der Gesellschaft ausgeliefert ist. Es fügt sich den Organen einer partiellen oder totalen Regulierung des Lebens, welche das Eigenleben der Person durch eine Flut von Gesetzen und Verordnungen des Staates, durch eine komplizierte Organisation gesellschaftlicher Bindungen, durch eine permanente Folge von Kommunikationen durch akustische und optische Bereizung der Sinne mittels der Massenmedien einengen und typisieren.

In der Wirklichkeit des Daseins des modernen Menschen hat der technische Apparat seiner Umwelt den Vorrang vor der Natur, der Sozialapparat den Vorrang vor der Selbstbestimmung und Eigenverantwortlichkeit der Individuen, jedenfalls materielle Kultur in Wirtschaft und Berufsleben den Vorrang vor dem geistigen Leben und Schaffen. Die Person verliert sich im Getriebe der Massengesellschaft. Die organische Struktur der Sozialordnung ist in ein Zwecksystem umgewandelt, dessen Heterogonie die Realisierung echter Werte erschwert oder unmöglich macht und die geeigneten Mittel hierzu ausschaltet.

Das Staatsleben verfällt in solcher Agitation der totalen Bürokratisierung. Der Staat verliert seinen Charakter als Rechts- und

Kulturstaat und wird zum Superstaat einer technisch und wirtschaftlich durchgeplanten Einheitszivilisation.

Für die Gesellschaft bedeutet dieser Prozeß eine Überleitung ihrer freien Sozialfunktionen in autoritäre Staatsfunktionen, eine Umbildung der souveränen Gruppen und autonomen Funktionen in regulierte Prozesse eines mechanistisch konstruierten Sozialapparates. Darin ist die Geisteskultur nicht ein selbständiges Element des Lebens der Individuen und Sozialgebilde, sondern ein Überbau, ein fermentierender Nebenprozeß im Gesamtdasein der Gesellschaft, deren Hauptprozeß die wirtschaftliche Produktion und die darauf eingestellte politische Organisation ist.

Das Ergebnis einer solchen Analyse der gegenwärtigen Kultur scheint der im Einzelnen verifizierbare Nachweis einer weitgehenden Gleichschaltung des kulturellen Denkens und Strebens sowie des wirtschaftlichen und politischen Planens und Handelns zu sein.

Für eine so homogenisierte Masse in einem standardisierten Dasein ist das politische Schicksal in sozialpsychologischer Betrachtung theoretisch vorgezeichnet. Es liegt in Staatsformen und Sozialstrukturen beschlossen, welche eine legitimierte Beteiligung aller Bürger am politischen Leben und an der Gestaltung der Sozialordnung zulassen. Allein die Demokratie in ihrer klassischen Gestalt bietet sich einer solchen Ordnung als Verfassung an. Sie wird deshalb auch zum allgemein gebräuchlichen Modell der Verfassungskämpfe und Konstitutionen. Indessen zeigt die Geschichte Variationen auf, welche das liberale Ideal der Herrschaft des Volkes in zwei entgegengesetzten Richtungen zu verwirklichen suchen. Eine Volksherrschaft wird einerseits durch die legalisierte Herstellung der Gleichheit der Rechte und Freiheit der Lebensformen aller Bürger durchgeführt, wie sie in Verfassungen von Republiken und konstitutionellen Monarchien garantiert werden kann. Sie ist andererseits auch in der Form der sogenannten Volksdemokratie etabliert, in der alle Macht im Staate von einer monistisch-diktatorisch oder pluralistisch-bürokratisch gelenkten Monopolpartei oder von einer privilegierten Klasse des Volkes ausgeübt wird, während die Masse des Volkes unter dem kommunistischen Prinzip der staatsfreien Gesellschaft von Individuen gleichen Lebensstandards und gleichen Pflichten gegenüber der Gesellschaft existieren muß.

In beiden Verfassungsformen wird die Gestaltung des kulturellen Lebens bei aller Anerkennung ihrer fundamentalen Bedeutung für Staat und Gesellschaft in durchaus verschiedener Weise durchgeführt. Die im europäischen Westen und seinen Annexen bestehenden Demokratien überlassen das kulturelle Leben und Schaffen dem freien Wirken der Einzelpersonen oder der freien Assoziation von Gruppen. Sie beteiligen sich aber subsidiär an der Förderung dieses Wirkens durch eine auf Parlament und Volkswillen abgestimmte Kulturpolitik. Es bleibt spontanes Volksleben und Volksschaffen.

Hingegen erfolgt in den Volksdemokratien von Osteuropa eine Sozialisierung und Kollektivierung der Kultur, wie sie der marxistischen Abwertung ihrer ethologischen und geistigen Sphäre entspricht. Wo diese Sphären nur als Überbau des materiellen Daseins einer wirtschaftlich organisierten Massengesellschaft betrachtet werden, können Ideologie, Wissenschaft, Kunst und Lebensform durch den staatlichen Apparat den jeweiligen Erfordernissen der materiellen Kultur angepaßt und für den höheren Zweck des Daseins einer klassenlosen Gesellschaft gelenkt werden. Man erzielt ein kulturelles Maximum der Masse der Individuen und eine Sättigung geistiger Bedürfnisse hier nicht durch die Spontaneität des Bildungstriebes und Kulturschaffens der Einzelnen, sondern durch die geplante Organisation aller möglichen Funktionen der Kulturgesellschaft.

In der Dimension der Gegenwart, welche die Jahrzehnte des Lebens in der gemeinsamen Daseinsordnung der lebenden Generationen umfaßt, hat die soziologische Analyse der gegenwärtigen europäischen Kultur bei ihren bedeutendsten Forschern übereinstimmend die folgenden charakteristischen Phänomene vorgefunden.

Die durch Verfassung festgefügten Staaten verlieren in zunehmendem Maße an Geschlossenheit der Volkssubstanz und damit an nationalem einheitlichen Selbstbewußtsein. Verschiedene Volksgruppen denken europäisch, wenn nicht universalstaatlich, andere träumen mit emotionalem Schwung von der nahen Zukunft eines ferngelenkten Weltreiches, andere wieder arbeiten in gelenkter Taktik an der Herstellung kommunistisch organisierter Volksdemokratien.

Die Einschränkung der Autorität der Regierung und der Souveränität des Staates durch Übertragung einzelstaatlicher Kompetenzen an übernationale Institutionen bewirkt in der Kulturpolitik eine Angleichung der Bildungssysteme, eine zunehmende Kooperation der wissenschaftlichen Forschung, damit einer mehrsprachigen Schulbildung. Die allgemeine Anerkennung des Prinzips des Pluralismus dehnt die Toleranz auf die Koordination der großen Gruppen von Religion, Weltanschauung und politischer Ideologie aus. Sie bedeutet für jede Gruppe eine relativistische Konzession an die Gültigkeit metaphysischer Position und Wertsysteme, eine allgemeine Duldung sozialer Lebensordnungen und kultureller Institutionen beliebiger Richtung und Vertretung. Weit fortgeschritten ist die Einsicht, daß mit dem neuen Jahrhundert das Ende der Geschichtsperiode der sogenannten Neuzeit gekommen sei, jenes Zeitalters, welches mit dem Humanismus und der Aufklärung, mit der politischen und industriellen Revolution Europa und der Welt den Fortschritt der Wissenschaften und der Technik sowie die Durchführung naturrechtlich begründeter Ordnung des Staats- und Völkerlebens gebracht hat. Diese Daseinsordnung hat die Autonomie der Person hergestellt, die kulturelle Lebensform erweitert, die immanente Entwicklung der Individualität ermöglicht.

Aber ihre ökologische Existenz ist weitgehend eingeengt durch die Abhängigkeit aller Menschen von den Funktionen einer Wirtschaft und Gesellschaftsordnung, die das private Leben immer stärker sozialisiert und die politische Bewegungsfreiheit unter das Diktat der Mehrheiten, die Dynamik der Massen und die strategischen Zwecke der Planer und der Manager stellt. Die künftige Entwicklung nimmt der ausgebildeten Individualität der Person die Möglichkeit ihrer völligen Entfaltung in Gesellschaft und Berufsleben, umgibt sie mit einem Netzwerk von Gesetzen, Verordnungen, Statuten und Regeln, entzieht ihr die Verfügung über die eigene Sinngebung der Lebensgestaltung. Der moderne Mensch ist der Gefangene der von ihm selbst geschaffenen universalen Superorganisation von Staat, Gesellschaft und Kultur.

So kann die Umwandlung einer ehemals organisch gegliederten Gesellschaft in eine durch bestimmte Machtgruppen bürokratisch oder autoritär gelenkte Masse mit mechanisierter Sozialordnung als Signatur unseres Zeitalters angesehen werden.

E.

Eine realistisch orientierte Kulturphilosophie, die alle Tatsachen der empirischen Soziologie zu verwerten versteht, wird die gegenwärtige Lage der Kultur unter dem Denkmodell ihrer Begriffsbestimmung so zu beschreiben und in ihrer Funktionsautomatik so zu erklären haben, daß ihr Bild mit dem allgemeinen Kulturbewußtsein der Kulturträger übereinstimmt.

Wenn der Mensch in seiner Naturgegebenheit allein anthropologisch bestimmt wird, ist sein Wesen im Bilde naturwissenschaftlicher Erkenntnis bei weitem nicht vollständig und zulänglich dargestellt. Man muß vielmehr die Grenzen naturwissenschaftlicher Begriffsbildung überschreiten und der Wesensentfaltung menschlicher Natur auf dem Wege der Geschichte und der Kulturbeschreibung folgen, um erst in diesem kulturwissenschaftlichen Raume von Erfahrung und Denken die Trägheit der Selbsterkenntnis zu überwinden und die eitle Selbstbespiegelung der Dichter und Philosophen zu korrigieren. So entsteht das Menschenbild einer realistischen Kulturwissenschaft mit allen ihren Spezialgebieten und Forschungsmethoden.

Die primitive Erhaltung der eigenen Existenz und die Sorge um die Erhaltung der Gattung verbleibt in allen ihren Funktionen, die auch bei höheren Lebewesen vorkommen, im Bereiche des Naturdaseins. Erst mit dem Schritt zur Regelung dieser Selbsterhaltung mit überlegter Erfahrung erhält das menschliche Dasein eine humane Gestaltung, bei welcher sich eine soziale Ordnung und eine gesittete Lebensform herausbildet. Es entsteht für kleine Menschengruppen eine Daseinsordnung, in welcher eine artikulierte Sprache die allgemeine Kommunikation ihrer Glieder und damit das gemeinsame Handeln der Gruppe möglich macht. Verstehbare Kommunikation zwischen den Menschen ist die Voraussetzung und permanente Bedingung einer kulturell gestalteten Daseinsordnung und Lebensführung.

So bildet sich in dieser Ordnung ein gemeinsames Schaffen der Glieder aus, das der Herstellung von Unterkunft, der Beschaffung der Nahrung und der Befriedigung sonstiger Lebensbedürfnisse dienlich ist. Materielle Kultur bildet in dieser Weise den ersten in sich geschlossenen Bereich und entwickelt sich mit der Ausbreitung der Bevölkerung und ihres Wohngebietes zu einer geregelten Wirtschaft und Technik.

In dieser materiellen Kultur bildet die Technik einen Sonderbereich eigener Gesetzmäßigkeit, dessen Vorherrschaft im Dasein der heutigen Menschheit ihre ganze Existenz ausmacht. In der Handhabung technischer Erfahrung und Fertigkeiten, in der Hochzüchtung technischer Erfindungen an Geräten, Apparaturen und Maschinenaggregaten wird ein vom Menschen geschaffenes, aber in sich selbst eigenständiges Reich angewandter Naturkräfte in den Rahmen der Naturwirklichkeit hineingestellt, in welchem der Mensch sein bescheidenes organisches Dasein in seinen Organen erweitert und zu einer von ihm selbst gesetzten Wertvollkommenheit der Kultur ausgestaltet. Es wäre sein Verderben, sich dabei der kosmischen Naturgesetzlichkeit entziehen zu wollen, sich über ihren transzendenten Ursprung hinwegzusetzen und sich zum Souverän der Natur zu erheben, deren Teilgebilde er selbst ist, deren organischen Gesetzen er unterworfen bleibt, deren immanente Schöpfungsakte er sich selbst nicht zumuten kann.

Alle Funktionen der materiellen Kultur und insbesondere der Technik sind an festgefügte Formen sozialen Daseins gebunden. Die ursprünglichen Bindungen der Primärgruppen, die Sippen und Familien, werden in der Werkgemeinschaft der Arbeit und in der Verwaltungsgemeinschaft der Organisation künstlich erweitert zu temporären und fixierten Gruppen einer Gesellschaft, deren soziales Leben durch Kommunikationsfunktionen geregelt wird.

So erhält die Gesellschaft ein legalisiertes und institutionalisiertes Gefüge von Dauer und Funktionstüchtigkeit. Seinen Rahmen stellt eine Regelung der Beziehungen der Menschen zueinander her, die durch Herrschaftsfunktionen einzelner hierfür begabter Individuen oder durch privilegierte Autorität aus Abkunft oder Weihe erfolgt und eine stabile soziale Daseinsordnung schafft, welche durch Sitte, Recht und Machtspruch gesichert wird. Die Sozialkultur dieser Art wird zum nächsten Bereich des Kulturlebens und ist mit dem materiellen Bereich organisch verknüpft.

In der praktischen Auswertung der kollektiven Erfahrung und in der Anwendung von Kommunikationsfunktionen hat der Mensch bereits den ersten Schritt auf dem Wege zu einer Geisteskultur getan, mit dem seine natürliche Existenz zur Humanität gesteigert wird. Die Geisteskultur aber lebt aus dem Verstandesgebrauch bei der Auswertung von Sinnesfunktionen und aus dem Vernunftgebrauch, der mit der Geltung apriorischer Prinzipien und mit der Spontaneität des Urteilens zum diskursiven Denken gelangt. Dabei wird die Phantasie und die Motorik der Tiefenseele unbewußt eingeschaltet, bewußt verfeinert und zum Funktionskomplex geistigen Lebens gestaltet.

Mit dieser seelischen Steigerung der Primitivperson und des kulturellen Ansatzes der Daseinsordnung bringt der Mensch die Erlebnisbereiche der Religion und Philosophie, die Schaffensbereiche der Künste und die Erkenntnisbereiche der Wissenschaften zur Ausbildung, die sein Dasein zieren und seine Lebensform erhöhen. Nicht zuletzt entstehen aus der geregelten Nutzung einzelner Funktionen primitiver Kultur ausgeformte Funktionen der Körperpflege, verfeinerte Formen der Umweltgestaltung und geregelte Maßnahmen der Erziehung. Diese Funktionen werden mit der Höhe der verbesserten Daseinsordnung zu einem gesonderten Bereich kultureller Lebensgestaltung der Einzelnen und der Gruppen führender Schichten der Bevölkerung. Man wird diesen Bereich als die personale Sphäre der Lebenskultur einer Gesellschaft bezeichnen und von den übrigen Kulturbereichen absondern dürfen.

Hier entfaltet sich die Lebenskunst der Person zur Bildung eigenwilliger Individualität, ihre Erlebniskraft zur Ausbildung einer Lebensanschauung, ihre Erfahrung zu einem System von Urteilen und Grundsätzen der Weltanschauung. Es entwickelt sich im kultivierten Menschen Glücksstreben, Schaffensfreude, Daseinslust, aber auch Lebensangst und Zukunftssorge in allen Variationen von Gefühlen, Stimmungen und Triebkomplexen.

Wenn man die geschichtlich bedingte Verschmelzung der Sozialkultur mit ihrer materiellen Basis als eine eigene Form des Kulturlebens mit einer in sich geschlossenen Struktur betrachtet, so kann man für diese den Begriff der Zivilisation verwenden. Sie bildet eine eigenartige Sphäre der Kulturwirklichkeit, die sich vom Geistesleben mehr oder weniger zweckbewußt abhebt, ohne Geisteskultur und Lebenskultur einzuengen oder gar aufzuheben. Aber diese beiden Bereiche sind in der Sphäre der Zivilisation eigenartigen Modifikationen unterworfen, welche der Zivilisation ein Sonderdasein eigener Prägung verleihen können. Dieses Sonderdasein liegt vor in den typischen Kulturphänomenen alternder Geschichtsperioden und Hochkulturen.

Unter allen Voraussetzungen, die hier aufgezeigt worden sind, läßt sich der Kulturbegriff einer realistischen Philosophie und empirischen Kultursoziologie wie folgt bestimmen. Die Kultur umfaßt alle vom Menschen nach seinen physischen und psychischen Anlagen entwickelten und zur Deckung der Lebensbedürfnisse, zur Gestaltung eines dem Wertgefühl entsprechenden personalen und sozialen Lebens sowie zur Schaffung einer der Natur und der Kunst gemäßen Umwelt dienenden Tätigkeiten, welche die selbst gesetzten Zwecke der Vervollkommnung der Einzelperson und der Verwirklichung der Humanität erfüllen.

Dieser Begriff ist ein Funktionsbegriff, der allein die menschlichen Tätigkeiten in ihrer Einzelfunktion umfaßt und im engeren Sinne als subjektive Kultur bestimmt werden kann. Die damit verbundene Schaffung von Kulturwerken materieller Art und von Kulturgebilden geistigen Wesens erzeugt eine objektive Kulturwelt, die unabhängig von ihren Schöpfern fortbesteht und der Menschheit als Kulturgut wechselnder Wertung und Geltung dienen kann. Diese objektive Kultur erscheint in der Geschichte der Menschheit als das sichtbare, greifbare und deutbare Zeichen der Gestaltungskraft von Kulturgesellschaften und Menschen vergangener Zeiten. Auch die Taten und kulturellen Leistungen dieser Menschen sowie das Schicksal dieser Gesellschaften gehören zum historischen Bestande der Kultur, welchen die Kulturgeschichte zu schildern und zu bewerten hat. Wiederum ist es die Aufgabe der belehrenden Kommunikationsfunktionen, diesen Bestand durch Unterricht und Dokumentation in den Schulen und in den Massenmedien zur Darstellung zu bringen und der Bildung zur Verfügung zu stellen. Ohne diese Erhaltung und Wiederbelebung der Kulturgüter würden die subjektiven Kulturfunktionen zum Erliegen kommen und die objektiven Kulturgüter ohne Auswertung bleiben.

F.

Die Massenmedien nehmen im Kulturganzen eine eigenartige Stellung ein. Sie sind in ihrer Organisation und in ihren Kommunikationsfunktionen am Kulturschaffen überall beteiligt, wo eine Vermittlung technischer Art zwischen dem objektiven und subjektiven Kulturleben einerseits und der Masse der Menschen im privaten und öffentlichen Leben andererseits zweckmäßig erscheint.

So ist die Presse ein privates Organ der Wirtschaft. Sie produziert und vertreibt die von ihr publizistisch und werbemäßig hergestellten Blätter und gibt ihnen den öffentlichen Auftrag, zu informieren, zu kommentieren, zu belehren und zu unterhalten, nicht zuletzt auch zu werben.

Ähnliche Funktionen haben die Funkmedien in ihrer publizistischen und künstlerischen Sparte, die als Kultursparte bezeichnet zu werden pflegt. Ihre Organisation liegt sowohl in der privaten Wirtschaftssphäre als auch in der Verwaltungszone des Staates. Ihr Auftrag geht über das Informationswesen hinaus zu den regulierenden Kommunikationsfunktionen der Bildung, der Propaganda und der Werbung, schließlich in die weite Welt des Geisteslebens mit ihren Künsten, den Wissenschaften, der Religion. Gerade in diesem Bereich der Stimulation aber liegt ein besonderer Schwerpunkt ihres Wirkens, mit welchem dem allgemeinen Bedürfnis nach kulturell ausgefüllter Muße entsprochen wird.

Hier erhält das Fernsehen mit seiner optischen Wirkung Gelegenheit, den Menschen das Geschehen in der sich wandelnden Welt der Dinge und Menschen leibhaftig vor Augen zu stellen. Bildvermittlung der Welt und des Menschenlebens entspricht aber den Wunschträumen aller Schichten der Gesellschaft.

Daher wird auch der Film mit seiner tiefwirkenden Vermittlung künstlich konstruierter oder poetisch gestalteter Verhaltensfolgen aller auszudenkenden Modelle von Personen und Gruppen in allen Situationen des Lebens zum beliebten Konsumartikel der Masse. Er gehört deshalb zu den lebenswichtigen Vermittlern stimulierender Kommunikation und damit in den Funktionsbereich der Lebenskultur und der Geisteskultur.

Für alle Medien ist der Rahmen sozialer Wirklichkeit die Bedingung der Erfüllung ihrer eigentlichen Aufgaben. Ihre eigene Anlage enthält einen vielgegliederten Komplex von publizistischer, künstlerischer und administrativer Organisation, die ihr eine bedeutende Stellung in der Kulturwirtschaft ebenso wie in der Gesellschaft verleiht. Die Macht dieser Organisation in ihren Anstalten und Unternehmen aber fällt ihnen erst zu durch die Masse ihrer Konsumenten. Den Teams der Kommunikatoren steht die ganze Unmasse der Kommunikanten gegenüber, deren anonyme Individuen zwar als Masse in Passivität konsumieren, aber in organisierten Gremien vertreten sind, um an der Gestaltung der Programme und auch an der Zusammensetzung ihrer Organe mitwirken zu können. So entsteht ein Verhältnis zwischen Anstalt und Publikum, dessen soziale Ausdehnung und dessen kulturelle Wirkungsbreite keinem anderen Organ der Kulturwirtschaft eigen ist. Neben den Regierungen mit ihrem Verwaltungsapparat und den Großunternehmen der Wirtschaft gehört das Reich der Medienwirtschaft zu den an kultureller wie an politischer Wirkungsmöglichkeit mächtigsten Organen der modernen Gesellschaft.

Dem Apparat der Medien in seiner betriebstechnischen und fachlichen Gliederung steht die Anwendung der seiner technischen Ausstattung entsprechenden Kommunikationsfunktionen zur Verfügung. In ihrer Ergänzung beherrschen sie alle Verbindungen mit der Masse der Geräte, die zum alltäglichen und lebenswichtigen Gebrauchsgegenstand der großen Mehrheit der Menschen in den Kulturländern sowie in den Entwicklungsländern geworden sind. Mit diesem Apparat verfügen die Massenmedien über alle Möglichkeiten der Kommunikation mit der breiten Masse der Teilnehmer. Die Tagespublizistik ist in große Agentur- und Redaktionsstäbe verlegt. Die Gestaltung der Funkmedienprogramme ist der Bürokratie der Anstalten übertragen, die auf ihre Arbeitgeber hört. Die darstellenden und bildenden Künste sind auf ihre staatlichen und privaten Mäzene angewiesen. Vollends leben die Wissenschaften in Forschung und Lehrbetrieb von den sie tragenden Institutionen. Selbst die personale Lebensgestaltung wird in ihren subjektiven Funktionen von Zirkeln, Vereinen, Freizeitgeschäften und Bildungsinstitutionen geregelt. Am meisten offenbart sich die Abhängigkeit personaler Lebenskultur im Gebrauch der Massenmedien selbst. Sie werden jedem Menschen am Morgen als Zeitung, am Tage überall als Rundfunk, am Abend als Fernsehen dargeboten und lassen ihm allenfalls die Freiheit der Wahl der Organe oder der Programme, kaum aber die Pflege des individuellen Geschmacks und der persönlichen Bildung.

Die weitgehende Verflechtung der innerstaatlichen Funktionen mit den Organen der internationalen Politik im Zeitalter der Internationalisierung der Wirtschaft, Kultur und Information zwingt alle Länder auch in diesem Sektor der kulturellen Außenpolitik zur Pflege übernationaler und internationaler Kontakte mit den Bevölkerungen und ihren Vertretungen durch Ausnutzung der Massenmedien. Außerdem spiegeln sich in ihren täglichen Berichten die Vorgänge der zahlreichen internationalen Tagungen, Kongresse und Verhandlungen wider, in denen die kulturellen Interessen und politischen Aspekte der Nationen zum Ausdruck gebracht werden. Es entsteht auf diese Weise langsam und differenziert ein homogenes politisches Denken und kulturelles Wollen. Es bilden sich Formen der Solidarität im Parteileben, in den Berufsverbänden, selbst bei den Organen des Staatsapparates der Länder. Doch sind diese Schritte zum gemeinsamen Fühlen und Planen in der öffentlichen Meinung noch keineswegs Fortschritte diplomatischer Aktionen auf dem Wege zu einer politischen Integration Europas, zu einer wirklichen Einheit seines staatlichen Körpers und seiner Kultur.

Wenn die Massenmedien alle ihre technischen Möglichkeiten ausnutzen und alle Kommunikationsfunktionen anwenden, so vertreten sie als Vermittler von Informationen, Regulationen und Stimulationen alle Bereiche der Kultur. Mit den Nachrichtendiensten der Funkmedien und dem Nachrichtenteil der Presse folgen sie den Ereignissen in aller Welt. Mit ihren Berichten übermitteln sie die gesamte Wirklichkeit des Geschehens, die Veränderungen in der Gesellschaft, das Schaffen in Technik und Wirtschaft, das geistige Leben in Wissenschaft, Künsten und Religion.

Mit den Beratungen und Orientierungen aller Art greifen sie in den privaten Bereich der Lebenskultur und in das Eigenleben der Geisteskultur ein. Sie übernehmen mit den Funkmedien die Lehrformen des Bildungswesens. Durch Werbung fördern sie den Wirtschaftsmarkt. Mit der Propaganda dienen sie der Politik.

Es gibt also keinen Bereich der Kultur, der sich der Erfassung durch die Publizisten und Programmgestalter der Medien entziehen, keine öffentliche Angelegenheit, die ihre Beteiligung entbehren, kein Geistesleben, das ohne ihre Wirkung in die Breite zur Wirksamkeit in der Gesellschaft gelangen könnte.

So zeigt sich auch hier die Auswirkung des Kulturphänomens der zunehmenden Mediatisation des gesamten Kulturlebens wie der natürlichen Umwelt des Menschen. Er lebt nicht mehr allein in der Aufnahme seiner natürlichen Erfahrung durch die Sinne, also in der Welt der primären Erfahrung. Er lebt vielmehr weitgehend in einer künstlichen Welt sekundärer und tertiärer Erfahrung der Vermittlungen durch die Medien.

Erst die neue Disziplin der kulturellen Kommunikationswissenschaft hat die Eigenart und Vielseitigkeit der Prozesse dieser Vermittlung erfaßt und sich der Untersuchung ihrer Bedingungen, Funktionen und Gehalte gewidmet. Der natürliche Vorgang der sprachlichen Mitteilung wird in den Gesprächsformen zum Austausch der Intentionen und zur gegenseitigen Kommunikation gemacht. Die Massenmedien machen diese Gegenseitigkeit unmöglich. Nur der Fernsprecher läßt das Gespräch zu. Die reine Vermittlung der Sachverhalte schließt deren Formung durch den Kommunikator nicht aus, also auch nicht deren Entstellung und Verzerrung. Aber sie bleibt in ihrer dienenden Rolle ein Organ der Herstellung und Erhaltung menschlicher Beziehungen, durch deren Funktion die Gesellschaft ihr Leben behält. Ihre Kultur ist ohne den Austausch von Gedanken und Willensäußerungen zwischen Individuen und Gruppen nicht denkbar.

Die neutrale Übermittlung von Sachverhalten geschieht durch die Kommunikation der Information. Sie wendet sich an Mitmenschen in der Erwartung, daß sie den Inhalt aufnehmen und verstehen. Sie verlangt keine Reaktion in der Form von Antworten, Ablehnungen und Handlungen. Sie ist daher auf strenge Neutralität ihrer Funktion den Sachverhalten und den Kommunikanten gegenüber angewiesen. Kenntnisnahme der Intention ist der einzige Zweck der reinen Information. Ihr Gebrauch in der Gesellschaft ist äußerst mannigfaltig. Mitteilungen jeder Art entsprechen dem Bedürfnis aller Menschen, die über ihre personale Isolierung hinausstreben und ihre eigene Erfahrung erweitern müssen, um als Glied der Gemeinschaft und Organ der Gesellschaft leben und wirken zu können. Bei der engen Begrenzung eigener Erfahrung bleibt der Mensch auf diese Erweiterung seines Erfahrungskreises angewiesen. Von den ersten Worten der Mutter und den ersten Schilderungen der Eltern und Erzieher, von dem ganzen Lehrgang der Schule und Berufserfahrung bis zu den alltäglich aufgenommenen Nachrichten, die das Leben bis zum Ende begleiten, bleiben Informationen das kulturelle Lebenselement eines jeden Menschen. Deren Entziehung wirkt als Strafe für Vergehen und Verbrechen, deren freiwillige Sperrung als asketische oder hygienische Methode. Andererseits ist die durch den Überfluß an Mitteilungen in der Permanenz der Medienwirkung geschaffene Belastung des Menschen eine Quelle seelischer Schäden und kultureller Verzerrungen.

Mit der Ausfüllung der Freizeit ist die Kommunikation der Massenmedien bereits zu regulierenden Funktionen übergegangen. Zu ihnen gehören alle beratenden und belehrenden Darbietungen, die dem Bildungsbedürfnis einer rationalen Lebensgestaltung dienen. Für die große Masse der Teilnehmer aber sind die politischen Berichte, Kommentare, Diskussionen und Propagandareden und -schriften bestimmt, die auf die öffentliche Meinung einwirken sollen. Im Bereich des staatlichen Apparates werden die Medien zur Bekanntmachung und Erläuterung der Gesetze, Verordnungen und Verwaltungsmaßnahmen eingesetzt. Im Bereich der Staatsbürger können die Interessen ihrer politischen Parteien, ihrer Berufsverbände und ihrer kulturellen Vertretungen gegenüber den Staatsorganen und vor der Öffentlichkeit nur unter komplizierten Zulassungsbedingungen wahrgenommen werden. Wo der Staat das Monopol der Nachrichtenverbreitung und Kulturvermittlung besitzt, ist die private Initiative weitgehend ausgeschaltet. Wo die freie Organisation der Wirtschaft, der Kulturinstitute und der Sozialpolitik die Verfügung über die Massenmedien erhält, ist ohne deren vermittelnde Zulassung ebenfalls der Weg in die Öffentlichkeit versperrt.

Die Vielzahl der regulierenden Kommunikationen weist in allen Sparten der Massenmedien spezifisch geformte und entsprechend wirksame Tendenzen auf, die als psychische Induktionen das Erleben des Kommunikanten beeinflussen sollen. Es hängt von dem personalen Typus und dem jeweiligen seelischen Habitus desselben ab, ob und wie sich die Tendenz in ihm auswirkt. Der Lebenslauf jedes einzelnen, die Daseinsordnung der Gesellschaft und das kulturelle Leben würden ohne diese Anregungen von außen verarmen oder gar zum Erliegen kommen. Indessen bleibt für die Lebensgestaltung der Person in ihrer sozialen Sphäre diese Beeinflussung von außen begrenzt, um dem Innenleben und der Spontaneität der Person den Vorrang zu lassen. Der vorwiegend von außen gelenkte Mensch unterliegt der Suggestion der Fremdinteressen und der Massenbeeinflussung. Er ist dann Kulturkonsument, nicht Kulturträger. Der Mensch mit eigener Lebensgestaltung aus personaler Spontaneität gehört zu den am Leben der Kultursphären unmittelbar beteiligten Trägern des sozialen und geistigen Geschehens und kann auf dessen Richtung selbst einwirken.

Endlich sind die Massenmedien in verschiedener Weise an der Vermittlung aller Künste beteiligt, die sich akustisch und optisch mit ihren technischen Mitteln darstellen lassen. Die Funkmedien übertragen das musikalische und dramatische Schaffen. Die Presse druckt alle Literatur und beteiligt sich in erheblichem Maße an der Unterhaltung der Masse der Leser. Alle diese Kommunikationen werden als stimulierende Formen derselben behandelt, weil sie der Entspannung, Erholung, Unterhaltung dienen. Unterhaltung ist diejenige seelische Funktion, welche durch Sinneseindrücke zum Erleben von Lustgefühlen oder geistig anregenden Vorstellungen führt. Die Vermittlung solcher Sinnesreize erfolgt durch stimulierende Kommunikation. Die dabei vermittelten Sinngehalte gehören zum Bereiche aller Kultursphären der Hochkultur und der Massenkultur. Auch von den stimulierenden Kommunikationen kann gesagt werden, daß sie in der Gegenwart zu geschäftlichen Unternehmungen geworden sind, in denen kollektive Interessen vorherrschen. Ihre Organe sind darauf angelegt, Kulturpflege als eine Funktion der Kulturwirtschaft zu betreiben und von den eigentlichen schöpferischen Leistungen wahrer Künstler nur zu ihrem eigenen Nutzen Gebrauch zu machen. Die Literaten bedürfen daher der großzügigen Verleger und ihres Werbeapparates, die Musiker sind auf Konzertagenturen angewiesen, die Theater leben von der Unterstützung kommunaler, staatlicher und privater Mäzene. Das Kino muß von einer Filmindustrie beliefert werden, die in ihrer Produktion auf Absatz angewiesen ist. Die Funkmedien sind mächtige Unternehmen der Kulturwirtschaft geworden, Produzenten einer Popularkultur. Ihre gängigen Artikel Show, Sex und Sport werden nicht nach ihrem Kulturgehalt, sondern nach den Absatzmöglichkeiten hergestellt und vorgeführt. Die seriöse Produktion, staatlich gefördert, von kulturellen Institutionen verbreitet, vermag den Rang der Hochkultur nicht zu erreichen, muß sich vielmehr der Massenkultur anpassen, um beachtet und verwendet zu werden.

Bei dieser Orientierung über die Kommunikationsfunktionen der Medien zeigt sich deutlich, daß ihnen zwar die Verwaltung und Vermittlung, die Erhaltung und Weitergabe aller objektiven Kulturgebilde zukommt, aber die Schaffung neuer Gebilde und Werte wesensfremd ist. Man kann ihnen nicht den Anspruch zuerkennen, kulturschöpferisch aufzutreten und in das kulturelle Leben mit eigenen Werken einzugreifen.

In dieser Selbstbegrenzung ihrer wesenseigenen Funktion fügen sich die Massenmedien dem Organismus der Kulturwirtschaft ein, die sowohl den Sachgesetzen der Wirtschaft und den Funktionsgesetzen der Gesellschaft als auch den Bedingungen der Eigentätigkeit ihrer Kommunikationsprozesse entsprechen muß. Dabei bleiben sie dem Staat mit seiner Rechtsordnung untergeordnet. In dieser Sphäre genießen sie die publizistische Freiheit der Meinungsäußerung und der Kunstbetätigung, wie sie in den westlichen Demokratien durch Verfassung garantiert und in der Regel auch durch besondere Gesetze und Verträge der zuständigen Regierungen geregelt ist. Wo sie staatliche Institutionen sind, hängt ihre Bewegungsfreiheit von den jeweiligen Informations- und Propagandainteressen der Regierungsorgane ab.

Es erhebt sich hier die für unsere Thematik wichtige Frage, ob der kulturelle Einfluß der Medien in der Lage ist, sich der staatlichen Herrschaft vorzuschalten oder ob die Regierungen unter allen Umständen den Einfluß der Medien kontrollieren, begrenzen, ja dirigieren sollen. Wenn den Medien die Verwaltung des Geisteslebens zugebilligt wird, stellt sich das Problem des Primates von Macht oder Geist, das in der weltgeschichtlichen Auseinandersetzung zwischen Politik und Kultur immer neue Lösungen gefunden hat. Doch sind die Formen des reinen Machtstaates und des eigentlichen Kulturstaates niemals realisiert worden.

In der kultursoziologischen Problematik entsteht aus der Antithese Macht–Kultur die Grundfrage aller Kulturphilosophie, ob im Leben der Völker der Geisteskultur oder eher der Sozialkultur der Vorrang zukommt. Es ist die moderne Problemstellung, die an die Stelle der alten Unterscheidung von politischer Geschichte und Kulturgeschichte und des Streites um ihren Vorrang getreten ist.

In der Entwicklung des europäischen Geisteslebens nach dem Ausgang des Mittelalters haben sich Humanisten und Profanhistoriker an die antike Geschichtsschreibung gehalten und Geschichte als einen Machtkampf der Fürsten und Völker um Herrschaftsbereiche betrachtet. Erst in der Aufklärung erkannte die neue Universalgeschichtsschreibung die Rolle der Sitten und Ideen und fand in den sachlichen und methodischen Ansätzen zur Geistesgeschichte, die als Kulturgeschichte behandelt wurde, die Gründe für den Vorrang geistiger Potenzen. Gegenüber theologischer Begründung der Überordnung der Kirche im mittelalterlichen Staatsleben mußte die Aufklärung die säkularisierte Geistesmacht der Philosophie und der Einzelwissenschaften, aber auch die Mitsprache der Dichtung und Literatur in den Rang der Geschichtsmächte emporheben.

Danach erscheint es aussichtslos, von der Kultur her die großen Mächte des politischen Lebens direkt zu beeinflussen und ihnen das Gesetz des Handelns vorzuschreiben. Wo Fürsten mit ihren Kabinetten absolut regieren und die Stimme des Volkes ausgeschaltet ist, vermag weder eine führende Persönlichkeit des Geisteslebens noch eine ehrwürdige Gestalt humanitärer Geltung in den Gang der politischen Entscheidungen einzugreifen, solange sie nicht selbst als Politiker auftreten. Die Lage Luthers und die ganz andersartige Lage des Kirchenpolitikers Calvin sind Belege für diese Behauptung. Jede Macht im Staate ist von der Autorität ihrer Träger abhängig. Sie empfängt diese Autorität von den hinter ihr stehenden Gruppen oder Massen und hält sich für die Dauer ihrer Gefolgschaft oder der sie ersetzenden Institutionen. Das kulturelle Leben vermag einer Persönlichkeit aus dem Wirkungskreise der Kulturbereiche eine solche Stellung und deren Ansehen zu verleihen. Ihre Wirksamkeit aber hängt von der Aktionsfähigkeit und Aktionsbereitschaft dieser Träger mitsamt ihrem Anhang ab.

Mit diesem Streit ist das 19. Jahrhundert zu einem realistischen Geschichtsgebilde zurückgekehrt, in welchem die politische Macht für den Gang der Weltgeschichte allein verantwortlich ist. Nur Katastrophen, die ohne Zutun des Menschen auftreten, bilden eine Ausnahme. In der Folge der Regierungen, der Kriege und der Revolutionen wird nach dieser Theorie der Geschichtsphilosophie das Kulturleben als eine sie begleitende Manifestation menschlichen Schaffens angesehen, bei der Wirtschaft, Sozialordnung und Geistesleben nebeneinander stehen.

Die Geschichtsphilosophie des 20. Jahrhunderts hat mit den Werken von Spengler, Toynbee, Croce, Ortega y Gasset, Alfred Weber und Rüstow der realistischen These zur allgemeinen Anerkennung verholfen, nach welcher die Bereiche der materiellen Kultur, der Sozialkultur und der Geisteskultur ihre Eigenständigkeit haben und in ihrer Entwicklung unter gegenseitiger Beeinflussung neben der politischen Geschichte ihre eigenen Wege gehen.

G.

Wenn mit dieser realistischen Orientierung der Geschichtsphilosophie nunmehr der Faktor „Kommunikation" in den Bedingungskomplex des historischen Geschehens eingesetzt wird, können unter Berücksichtigung aller empirischen Daten der Geschichtsforschung und der Soziologie aus der Untersuchung der Kommunikationsprozesse Gesetzmäßigkeiten abgeleitet werden, aus denen sich der Wandel der Staatsformen und Herrschaftsfolgen erklären läßt.

In den Urformen menschlicher Gesellschaft entsteht die patriarchalische Gewalt über Sippe und Großfamilie aus der natürlichen Überlegenheit des Mannes über seine Frauen und Kinder an Kraft und Lebenserfahrung. Seine Autorität beruht auf der Abhängigkeit der Frauen und Kinder in der Verteidigung der ganzen Familie und in der Sicherung ihrer Existenz. Solange alle Glieder derselben in permanenter Kommunikation miteinander leben, bleibt die Autorität des Familienoberhauptes erhalten. Sie verliert ihre Wirkung mit dem Ausscheiden der jungen Generation aus dem Gemeinschaftsleben und seinen Kommunikationsfunktionen, damit aus den Kontakten mit dem Patriarchen und Herrscher.

Auch in den größeren Verbänden, die in einer regimentalen Daseinsordnung leben, ist die Kommunikation ihrer Glieder untereinander die Bedingung für die Aufrichtung der Herrschaft eines Mannes oder Direktoriums. Ihre Erhaltung ist abhängig von der Kommunikation der Herrschaft mit ihrer Gefolgschaft, die sie aufgerichtet hat. Die Geschichte zeigt dieses Verhältnis in allen Herrschaftsformen, wie sie innerhalb der aristokratischen, militärischen oder geistlichen Gefolgschaft, in der Erbfolge der Monarchie und in der Wahl demokratischer Regenten hergestellt werden. Der Herrscher ist überall auf seine ständigen Kontakte mit den Anhängern angewiesen, nicht aber auf Kommunikationen mit unterworfenen Volksschichten und entrechteten Massen.

Es läßt sich hiernach mit der Erkenntnis der Regelmäßigkeit dieser geschichtlichen Vorgänge die These vertreten, der man die Dignität eines in der Geschichte wirksamen soziologischen Gesetzes zuerkennen darf:

In allen Herrschaftsformen staatlicher Gebilde beruht die Autorität des Herrschers oder regierender Organe auf ihrer Kommunikation mit ihren Anhängern.

In der Massengesellschaft der Gegenwart sind die Kommunikationsfunktionen der Bevölkerung verstärkt durch die Massenmedien. Als Organe der Staatsführung stellen sie den permanenten Kontakt mit der herrschenden Macht her und geben ihr die Möglichkeit, die Kommunikationsfunktionen der Medien in strategisch und taktisch ausgerichteter Regulation zur Rechtfertigung ihrer Staatsführung und zur Billigung ihrer Planungen einzusetzen. Die Massenmedien werden zum Apparat der Aufrichtung, Aufrechterhaltung und Ausnutzung der Macht autoritärer Regierungen und totalitärer Staatssysteme.

Mit diesen Staatsformen ältester und neuester geschichtlicher Entwicklung ergibt sich die weitere soziologische Erkenntnis einer Gesetzmäßigkeit, die für die Gegenwart von großer politischer Bedeutung ist:

In den totalitären Staatsformen moderner technischer Ausrüstung des Informationswesens wird die Abhängigkeit der Bevölkerung von ihrer Regierung durch staatlich gelenkte Massenmedien hergestellt und aufrecht erhalten.

Andererseits können die modernen Formen der Demokratie, die in der Errichtung und Erhaltung der Regierung auf die den Volkswillen vermittelnden Organe des Parlamentes und der Regierungsbürokratie angewiesen sind, die Massenmedien jeder Organisationsform nur zur Gewinnung einer Anhängerschaft und Wählerschaft benutzen. Hierdurch werden die Medien aber zu entscheidenden Faktoren der Lenkung der öffentlichen Meinung, sei es im Sinne der jeweiligen Regierung, sei es zu ihrer Lenkung, sei es zu ihrer Beseitigung. Sie werden zu Zwischeninstanzen zwischen Regierung und Bevölkerung, sie werden mitbestimmende Organe des Staatslebens. Für diese über die Welt ausgebreitete Staatsform gilt daher das soziologische Gesetz:

Die Demokratie erhält durch die von den politischen Gruppen in privatwirtschaftlich geleiteter Organisation publizistisch dirigierte Kommunikationsfunktion der Massenmedien infolge ihrer Massenwirkung eine unberechenbare Konkurrenz der Herrschaft, welche Gesetzgebung, Verwaltung und Rechtsprechung im Staate von den wandelnden Einflüssen der Massenmedien auf die öffentliche Meinung abhängig macht.

Nach diesen Gesichtspunkten wird den Massenmedien allerdings die Rolle eines an politischen Entscheidungen beteiligten Faktors der Legitimation zur Manipulierung der Massen und zur Beteiligung an politischen Bewegungen nicht abzusprechen sein. Nicht die Kultur selbst, sondern die organisierte Macht ihrer Vermittler erlangt diejenige öffentliche Autorität, welche mit der Macht in der Politik gewonnen und ausgeübt werden kann. Es bedarf aber der Gewinnung der führenden Organe des Mediums und darüber hinaus der Organe aller gleichgeschalteten Medien eines Landes, um eine solche Macht zur Geltung zu bringen. Weder der einzelne Funktionär im Großbetriebe eines Mediums noch der einzelne leitende Träger aller Entscheidungen und aller Verantwortung für den Betrieb hat die Regelung solcher Einflußnahmen allein in der Hand. Die entscheidende Zielsetzung und Taktik ihrer Durchführung erfolgt auf der höchsten Ebene der Instanzen. Deren Vertreter aber sind mit den leitenden Regierungsorganen stets aus der Homogenität der beiderseitigen Interessen verbunden und aufeinander angewiesen. Sie suchen bei Kollision der Interessen in der Regel einen Ausgleich und verstehen sich in der Gleichschaltung der letzten politischen Ziele aller kulturellen Bestrebungen, die ohne Bezug auf politische Notwendigkeit ihr Eigendasein haben und der Willkür origineller Geister ausgeliefert sein können.

Die letzte Erkenntnis der Kultursoziologie in dieser Grundfrage Macht und Geist ist in der These zu finden:

Das Kulturleben in allen Bereichen menschlichen Schaffens

empfängt seine Gesetzlichkeit der Entwicklung nicht durch den Gang politischen Geschehens, sondern aus den Konstellationen, welche sich im Ineinanderwirken von Gesellschaft und Geistesleben jeweils ergeben. Da die Massenmedien an der Entstehung und Wandlung dieser Konstellationen durch ihre Organisation und Taktik der Kommunikationsfunktionen wesentlich beteiligt sind, gehören sie heute und in der Zukunft zu den entscheidenden Faktoren aller Kulturpolitik und Kulturgestaltung.

In allgemeiner Betrachtung lassen sich die Einflüsse einzelner Massenmedien auf die verschiedenen Kulturbereiche zwar in den Grundzügen aufzeigen, aber in der wissenschaftlichen Perspektive nur mit Hilfe umfangreicher Spezialforschung genauer bestimmen.

Die beständige Ansprache der Einzelperson in ihrer Umwelt und in ihren Lebensphasen erreicht jedenfalls in den Sphären der Lebensgestaltung eine durch Abschalten oder Drosseln der Aufmerksamkeit kaum verminderte Totalwirkung von Regulationen, die der Person induziert werden. Untersuchungen der Beeinflussung der Menschen durch alle Arten von Kommunikationsfunktionen haben ergeben, daß auch informierende und stimulierende Vermittlungen nicht ohne Nachwirkung in der seelischen Tiefe und in dem aktionsfähigen Vorstellungsraum verbleiben. Die Selbstpflege der Person folgt Rezepten der Beratung und Werbung, das soziale Verhalten übernimmt stereotypische Modelle manifester Persönlichkeit, das Berufsleben gewöhnt sich an das Auftreten der Repräsentanten, um es unbewußt nachzuahmen.

Über den Einfluß der Massenmedien auf das öffentliche Leben kann die neue Wissenschaft der Massenkommunikation nach ihren laufenden Forschungen weitgehende Aufklärung geben und schwerwiegende Vorurteile ausräumen. Die publizistischen Organe haben von jeher den Anspruch erhoben, nicht allein Vermittler, sondern auch Mitgestalter der öffentlichen Meinung zu sein. Sie haben in neuerer Zeit bewiesen, wie weitgehend ihre Wirkung sein kann, wenn sie Regierungsorgane, soziale Gruppen und kulturelle Institutionen unter polemische Kritik und gezielte Diffamierung setzen. Leitartikel und Kommentare fegen Mitglieder von Regierungen aus ihren Ämtern, Bilder und Filmdokumente bringen Persönlichkeiten des öffentlichen Lebens um ihr Ansehen. Andererseits werden bestimmte Personen als Bewerber um die Gunst der Masse taktisch aufgebaut oder für bestimmte Positionen empfohlen. Der entscheidende Einfluß öffentlichen Auftretens von Wahlkandidaten im Fernsehen ist aus bekannten Fällen erwiesen. Die Pressereferate der Regierungen und der Wirtschaft registrieren solche Einflüsse und bearbeiten die entsprechenden Gegenmaßnahmen oder taktischen Änderungen eigener Propaganda.

Es bleibt hier die Frage, wieweit die öffentliche Meinung durch direkte Ansprache der Massenmedien manipulierbar ist, wenn die Ereignisse selbst ihre Stellungnahme herbeiführen.

Anders verhält es sich mit den Regulationsfunktionen. Die Sparten der Presse und die Programme der technischen Medien haben einen Bildungsapparat aufgebaut, dessen Zielsetzung und Methodik den bisherigen Funktionen sowohl des schulischen Unterrichts als auch der Erwachsenenbildung entspricht. An Teilnehmerzahl wird die alte Institution von den Medien ohne Zweifel übertroffen. Die Freiheit des Teilnehmers zur Mitwirkung, das Fehlen persönlicher Anleitung und Korrektur durch den Regulator nimmt den Teilnehmern die Befangenheit gegenüber Autorität und Überlegenheit, wie sie im Schulbetrieb jeder Art auftreten kann. Rundfunk und Fernsehen sind wohlwollend auftretende und unverbindliche Lehrmeister.

Ein weiteres Feld von Problemen wird durch die wirtschaftliche Werbung in den verschiedenen Medien freigelegt, wenn die Ansprüche der Träger selbst in wirtschaftlichen Wettbewerb geraten. Hier kann nur festgestellt werden, daß jedem Medium die seiner Eigenart entsprechende Werbefunktion überlassen werden sollte. Denn nicht allein ökonomischer Effekt der Werbung, wie ihn der Auftraggeber erwartet, demgemäß unter den Medien auswählt und seine Aufwendungen kalkuliert, sondern auch die kulturelle Mission der Werbung muß für die Klärung dieser Fragen maßgebend sein.

Es wird nirgendwo bestritten, daß politische Propaganda, ja sogar Agitation zu den legitimen Funktionen aller Massenmedien gehören. Ihre Gestaltung unterliegt der den Medien zugestandenen Freiheit der Meinungsverbreitung mit den üblichen Einschränkungen, welche der Sicherung der Verfassung und öffentlichen Ordnung dienen.

In diesem Zusammenhang sind gerade die Möglichkeiten der Einflußnahme von privaten Interessenten und kulturellen Institutionen auf diese Propaganda politischer Tendenz von besonderer Bedeutung. Insbesondere muß die Frage geklärt werden, ob die Kulturpolitik einer Regierung Propaganda zulassen kann, welche Persönlichkeiten und Institutionen des öffentlichen Lebens durch die Machtmittel der Medien betreiben können, um ihre eigenen Kulturideale und Kulturforderungen in der breiten Masse der Bevölkerung zur Geltung zu bringen. Eine entscheidende Stellungnahme zu diesem Fragenkomplex ist von der theoretischen Orientierung abhängig, die aus Erkenntnissen und Einsichten sozialpsychologischer Forschung erwächst und zur Anwendung auf die praktische Kulturpolitik und Medienwerbung gebracht werden kann.

Wenn die Massenmedien in ihrer privaten Sphäre der Organisation und in ihrer konstitutionell gewährten Freiheit in ihrer gediegenen Mehrheit der Erhaltung der gegebenen Daseinsordnung dienen, dabei wirtschaftliche und soziale Depressionen überwinden helfen, kann ihrer Förderung keine staatliche Kontrolle oder Zensur auferlegt werden. Die Vermittlung destruktiver Tendenzen aber sollte die Gesellschaft zunächst selbst zu hemmen oder zu unterbinden suchen, indem sie diese im eigensten Interesse ablehnt oder sich dagegen mit gegebenen Mitteln zur Wehr setzt. Da die Verfassung des Staates der gesetzlichen Festlegung ebenso wie der politischen Kritik und zeitgemäßen Anpassung auf die Dauer unterliegt, ist sie in ihrem Bestande und in ihrer öffentlichen Geltung von der politischen Orientierung der leitenden Organe der Medien in hohem Grade abhängig. Wo aber die Medien Organe des Staates selbst sind und der direkten Leitung seiner Behörden unterstehen, ist ihre Funktion auf die Wahrnehmung des Informationsdienstes der Regierungsstellen und der direkten Staatspropaganda beschränkt. Sie ist dort ein Instrument der Gleichschaltung aller gesellschaftlichen Gruppen mit dem Staatsapparat.

Viel schwieriger scheint das Phänomen kultureller Wirkung der Massenmedien zu erklären zu sein. Denn in den Bereichen der Kultur sind die Medien selbst, wie gezeigt, legitimiert, aktiv mitzuspielen, mitzugestalten. Der alte Streit der Theoretiker, noch mehr der Praktiker, um den Anspruch der Medien auf Mitgestaltung der Kultur wird durch die Erfahrung im Aufbau eigener kulturell schaffender Organe zugunsten des Primates der Medien von selbst gelöst.

Der Aufbau des Nachrichtendienstes mit eigenen Agenturen und Reportern, die Organisation eigener Bildungsabteilungen, die Errichtung oder Übernahme eigener Produktionsstudios, der Unterhalt eigener Orchester, Ensembles und Tanzgruppen, die Angliederung von Werbegesellschaften, der Zusammenschluß der Anstalten von Rundfunk und Fernsehen im Lande und über die Grenzen hinaus zu internationalen Organen von Gemeinschaftssendungen, die Vertretung aller Medien bei internationalen Institutionen und andere Kontakte zur Diplomatie, alle diese Erweiterungen des engeren Bereiches ihrer Zwecke machen die Unternehmen allein und in ihren Verbänden so mächtig und unersetzbar, daß ihnen die Anerkennung ihrer Stellung als autonome Kulturfaktoren in der Weltweite des Kulturlebens der Nationen nicht versagt werden kann. Daraus sind wichtige Folgerungen für den Zweck dieser Untersuchung abzuleiten, wie sich zeigen läßt.

H.

Jede Orientierung im weiten Felde der Kultur der Gegenwart führt auf Zukunftsaspekte ihres Lebens und Wirkens. Die kurze Frist, die der Existenz der menschlichen Person gesetzt ist, hat schon in ihrer Lebensplanung mit einer Veränderung ihrer Umwelt und ihrer Lebensbedingungen zu rechnen, in ihrer Sinngebung vollends mit der Einsicht in die Wandelbarkeit ihrer Werte und Ideale. Auch der Staat kann ohne langfristige Planung seinen Aufgaben in Gesetzgebung, Verwaltung und Rechtspflege nicht mehr genügen. Vor allem sind Wirtschaft und Technik bei der Kostspieligkeit ihrer Unternehmungen auf eine sorgfältige Berechnung ihrer Investitionen und Produktionen angewiesen. Eine mit statistischer und ökonomischer Prognose arbeitende Planung ist überall zum Lebenselement der materiellen und sozialen Kultur geworden.

Die wissenschaftliche Begründung und methodische Regelung dieser elementaren Aufgaben kultureller Planung hat die neue Spezialdisziplin der prognostischen Soziologie in Angriff genommen. Sie ist fern von utopischen Konstruktionen, philosophischen Spekulationen und politischer Programmatik. Sie hält sich allein an die Tatsachen im Bestande der heutigen Kultur und an die Gesetzmäßigkeiten der Entwicklung ihrer Bereiche, um die Möglichkeiten menschlicher Eingriffe in ihnen abzuwägen und zu erproben.

Unter Berücksichtigung der aufgeführten Tatbestände der in Europa gegebenen Daseinsordnung und ihres Zeitgeistes wird man daher zuerst an die laufende Weiterentwicklung der Technik mit ihren Folgen für die Automation industrieller Produktion, für den Verkehr in allen Dimensionen des Raumes, nicht zuletzt für die Mechanisierung der Umwelt des Menschen zu denken haben. Ebenso werden sich Fortschritte in der technischen Ausstattung der Massenmedien zeigen, deren Geräte für alle Funktionen der Kommunikation schon bald ungeahnte Neuerungen aufweisen sollen. Dazu gehört auch die Erweiterung des Satellitensystems für den internationalen Nachrichtendienst und die Fernsehübertragungen.

Die Folge solcher Verbesserungen wird nicht nur die Umgestaltung der personalen Lebensgestaltung mit ihrer kulturell erfüllten Freizeit sein, sondern auch eine weitgehende Umformung der Gesellschaft mit ihrem hoch verdichteten Kommunikationsnetz. Der Gebrauch der permanenten Informationen und Regulationen aber führt zu einer Dynamisierung der Massen, die alle Vorteile intensiver Sozialstruktur, aber auch alle Gefahren unberechenbaren Wechsels der öffentlichen Meinung und emotionaler Explosionen von angereizten Massenbewegungen in sich birgt. Die Gesellschaft verliert mit dieser Entwicklung der Manipulierbarkeit der Massen durch organisierte Agitation und durch die sie fördernden Medien jede Konstanz ihrer staatlichen und sozialen Ordnung, jede Sicherheit des Bestandes und des Wirkens ihrer Institutionen, jede solide Basis einer geistigen Entfaltung und damit einer humanen Kulturentwicklung.

Wenn unter diesen Voraussetzungen die Entwicklungslinien des europäischen Staatensystems und seiner Verfassungen vorgezeichnet werden sollen, wird man bei der Einkalkulierung unvorhersehbarer Konstellationen und Aktionen der Politik den Trend der Entwicklung von Staatsformen nicht übersehen können, welche die pluralistischen Demokratien freier Bürger in parteibürokratisch oder diktatorisch regierte Volksdemokratien umzugestalten scheint. Der laute Ruf der Massen nach Gleichheit des Besitzes und Einheit der politischen Doktrin und Repräsentation wirkt sich in der Zermürbung konservativer und liberaler Gesinnungsparteien aus und ebnet die Struktur der parlamentarischen Vertretung des Volkes ein, bis sie zu einer Einheitspartei wird, der alle Macht im Staate zufällt und das Kulturleben ausgeliefert wird.

Mit dieser Entwicklung von Bedingungskomplexen innerer Revolutionen verbindet sich von selbst eine Folge von Interventionen zur Ausbreitung der Bewegung, die eine Weltrevolution zum Programm gemacht hat. Da alle Tendenzen innerer und äußerer Politik in die Richtung der Ausbreitung totalitärer Großmächte weisen, wird das europäische Staatensystem in der Spannung zwischen westlicher und östlicher Politik zu Entscheidungen gelangen, welche nicht mehr durch Diplomatie und deren kriegerische Mittel, sondern durch den Elan der Massenbewegungen der Völker herbeigeführt werden. Soweit sie nicht auf dem Wege verfassungsmäßiger demokratischer Organisation und Aktion in Gang gesetzt werden können und zur Macht gelangen, werden Untergrundbewegungen mit allen Mitteln der Technik und Taktik Minderheiten gewinnen und zum Aufstand einsetzen. Gegen solche Störung ihrer demokratischen Ordnung werden die bedrohten Staaten von den Machtmitteln Gebrauch machen, die überall in der Welt vorhanden sind, um die Sicherheit von Volk und Staat zu gewährleisten.

Nach den Katastrophen der letzten Kriege und in der Furcht vor der atomaren Rüstung der großen Mächte ist die Gesinnung der Völker auf Frieden und Versöhnung gerichtet. Die Dynamik der Ideologien und weltwirtschaftlichen Interessen hingegen scheint den pazifistischen Zeitgeist in einen Kollektivaktivismus mit dem Programm seiner Erhaltung umzuwandeln, zu dem auch die Anwendung der Gewalt gehört. Dieser Aktivismus gehört zur Signatur des neuen Zeitalters und wird das Schicksal der Menschheit in nächster Zukunft bestimmen.

Seine kulturelle Basis ist die mit technischen Mitteln organisierte Sozialstruktur einer Massengesellschaft, welche nicht aus dem individualisierten Geist des Volkes lebt, sondern nach der Doktrin einer regierenden Monopolpartei dirigiert, im Falle von Widerstand revolutionär durchgesetzt wird.

Das alte Europa abendländischer Kultur hat seine geschichtliche

Mission in der Neuzeit erfüllt. Der Mensch des neuen Zeitalters sucht eine kollektive Daseinsbefriedigung. Es wird dabei stets intellektuelle Gruppen und Schichten geben, deren Bildung ihnen das Sonderdasein von Technokraten und Funktionären verschafft, zu denen alle führenden Köpfe der Wissenschaften und Künste, der Publizistik und Politik gehören. Ihre Kultur wird den modernen Geist einer Weltzivilisation offenbaren. Die Medienkultur wird die Massen in Schach halten.

So lassen sich prognostische Thesen vertreten, deren Gültigkeit nur unter der Voraussetzung konditionaler Komplexität und mit dem skeptischen Vorbehalt der Subjektivität der Annahmen und der Realität der Folgerungen anzusetzen ist. Sie ergeben dennoch wichtige Einsichten in den Entwicklungsgang der Kultur und nützliche Ausgangspositionen für die Beurteilung und Gestaltung der Organe der Massenkommunikation.

3. Massenkommunikation und Massenkultur

A.

Wer die Kommunikationsfunktionen der Massenmedien auf ihre kulturelle Wirkung hin prüfen will, muß eine soziologische Untersuchung der Massenkommunikation voraussetzen. Diese Funktion vollzieht sich im Betriebe der Massenmedien durch Gestaltung und Verbreitung von sinnvollen Kundgaben in Wort, Druck, Musik, Bild, Film und Fernsehbildfolgen. Ihre spezielle Erforschung hält sich an die in der Kommunikationswissenschaft begründete allgemeine Theorie der Kommunikation und versucht den Nachweis einer in den Medien auftretenden spezifischen Kommunikationsgesetzmäßigkeit.

Die soziale Auswirkung der Verbreitung der Massenmedien ist von vornherein Gegenstand gründlicher soziologischer Forschung gewesen. Ihre kulturelle Wirkung hingegen bedarf nach den Ansätzen der Spezialforschung weitgehender Untersuchungen in den verschiedenen Kulturbereichen und vor allem grundlegender kulturphilosophischer und kultursoziologischer Studien zur Erklärung der neuartigen Regulationen der Person und der Gesellschaft in ihrer kulturellen Lebensgestaltung und Entwicklung.

Es ist mithin im Problembereich der Massenkommunikation die Kommunikationsfunktion im allgemeinen und die auf die Masse gerichtete Massenkommunikation im besonderen näher zu untersuchen und dabei die Eigenart der Medien zu berücksichtigen.

Erst mit diesen Ergebnissen der Soziologie empirischer Methodik lassen sich die verschiedenartigen Effekte der Massenkommunikation im Kulturleben nach ihrer subjektiven Funktion und objektiven Gestaltung aufzeigen. Es muß sich dabei zeigen, in welcher Weise die Sozialschichten, Berufsgruppen und Bildungsstufen der Gesellschaft durch die Massenmedien kulturell geprägt werden. Es muß insbesondere geklärt werden, welche eigenen personalen Lebensformen in den geistigen Oberschichten und welche sozialen Lebensformen in der Masse der Bevölkerung unter der Dauerwirkung der Massenmedien ausgebildet werden. Die hier besonders berücksichtigte Problemstellung sucht die neuartigen Formen der Popularkultur und der Massenkultur zu bestimmen und in ihrer humanen Wertigkeit zu rechtfertigen.

B.

Unter *Kommunikation* versteht die neue Kommunikationswissenschaft den Vorgang der Vermittlung von Sinngehalten eines Kommunikators an Kommunikanten, welche die Kundgabe als Einzelperson, Gruppe oder Masse annehmen. Aufgabe dieser Wissenschaft ist die Erforschung des Kommunikationsprozesses in seinen Organen, Bedingungskomplexen, Vermittlungsgehalten, Funktionen und Wirkungen. Die Kommunikation ist als die Grundfunktion des kulturellen Lebens der menschlichen Gesellschaft zu betrachten. Die gesamte Kultur lebt in ihren verschiedenen Bereichen vom Kontakt und Austausch der Menschen miteinander.

Als natürliches Mittel der Kommunikation benutzt die Menschheit seit Urzeit Gesten, Sprachlaute, Toninstrumente und Signale. Mit dem kulturellen Fortschritt kamen die technischen Mittel von Schrift, Druck, Photographie, Telegraphie, Telefon, Grammophon, Film, Rundfunk, Fernsehen und deren technische Verbesserungen hinzu. Sie werden von *Marshall McLuhan* in seinem 1964 erschienenen Buche „Understanding Media" als Mittel der Ausweitung menschlichen Handelns bezeichnet und für den gegenwärtigen Stand noch erheblich vermehrt. Als eigentliche Massenmedien wird man davon nur die Zeitung, das Massenbuch, die Toninstrumente, den Film, den Rundfunk und das Fernsehen anzusehen haben.

Ich werde mich bei der Behandlung dieses Problemkreises auf Rundfunk und Fernsehen beschränken. Zunächst suche ich gemeinsame Merkmale aller *Massenmedien* zu bestimmen.

Das 20. Jahrhundert hat der Bevölkerung aller Kontinente die neuen technischen Mittel der Massenkommunikation geliefert, deren Entwicklung und Anwendung zu tiefgehenden Wandlungen der Gesellschaft und ihres kulturellen Lebens geführt hat. Seitdem neben der Presse durch die Funk- und Bildmedien momentan wirksame Informationsquellen erschlossen worden sind, die durch die Satelliten ihre globale Verbreitung erreicht haben, ist für jeden Menschen im Raume der Kulturnationen der Erde und zu jeder Zeit die Möglichkeit gegeben, dem Geschehen in Natur und Menschenleben in statischen und filmischen Bildern mit der Begleitung von Wort und Ton simultan zu folgen. Alles, was sich auf der Erde und sogar im umgreifenden kosmischen Raum derselben ereignet, kann sofort registriert und bildlich erfaßt werden. Alles, was das Menschenleben an Kultur hervorbringt, bewahrt und auf sich selbst anwendet, wird ebenso im photographischen und filmischen Dokument wie in Lauten aufgenommen. Die Medien vermitteln die Gestalten und Vorgänge durch ihre Kommunikationsfunktionen in Phänomenen, welche dem Zuhörer und Zuschauer den Eindruck wirklichen natürlichen Erlebens bieten. So ist die ganze Welt der Natur und der Kultur zugleich mit den Artefakten der Phantasiekunst jedem Menschen jeder Zeit zugängig und gegenwärtig.

Damit ist eine totale *Veränderung des Weltbildes* eingetreten, welche die kopernikanische Wendung unserer kosmologischen Erkenntnis an kulturellen Auswirkungen weit übertrifft.

Wenn auch die *natürliche Erfahrung* mit der Außenwelt und die Reflexion auf die seelische Innenwelt für jeden Menschen fortbesteht, so wird ihm doch mit der künstlichen Erfahrung durch Bild und Wort eine wesentlich erweiterte und vielfach veränderte Welt vorgestellt, die in ihren Gestalten und Vorgängen lediglich phänomenalen Charakter hat. In der natürlichen Erfahrung erfaßt der Mensch die Wirklichkeit unmittelbar und in den Anschauungsformen von Raum und Zeit sowie in den kategorialen Formen der Naturerkenntnis. Von den durch die Medien künstlich und technisch vermittelten Phänomenen erlangen wir im Bild eine *sekundäre Erfahrung*, in der Sprache und Schrift nur eine mehrfach gefilterte *tertiäre Erfahrung*.

Man muß die durch diese Erfahrungsfunktionen gegebene Welt demnach als eine *„Zweite Welt"* künstlich gestalteter und technisch vermittelter Phänomene bezeichnen, bei deren Wahrnehmung die Illusion des Erlebens der Wirklichkeit entsteht. Das wirkliche Sein und Geschehen findet in dieser Zweiten Welt seine Nachbildung und Vermittlung. Es ist für jeden Menschen in Gegenwart und Zukunft erhebend, in seinen Erfahrungen diese universal ausgestaltete Welt als wirklich zu erleben. Es kann aber für die Gesellschaft auf die Dauer verhängnisvoll werden, den künstlich und technisch umgeformten Vorgängen und Gestalten der Massenmedien und den manipulierten Äußerungen der Mitmenschen ohne Selbstkorrektur ausgeliefert zu sein.

Diese Verdoppelung der Erfahrungswelt gehört zu den entscheidenden Faktoren des Kulturwandels, durch welchen die Gegenwart bestimmt und die Zukunft gestaltet wird. Sie liefert alle Menschen den Täuschungsmöglichkeiten und Manipulationen von Institutionen aus, welche je nach ihrer Organisation, Kompetenz und kulturellen Zielsetzung eine Macht über die Gesellschaft ausüben, neben der die Regierungsorgane eigene Kommunikationsfunktionen wahrnehmen müssen, soweit sie nicht über den Betrieb der Medien selbst verfügen.

Ich bezeichne die Schaffung künstlerischer Erfahrung durch die technischen Medien als *Mediatisation* des Weltbildes und den von ihr betroffenen Menschen als ein durch Kommunikation künstlich kanalisiertes Sinnenwesen. Die fortschreitende Bevorzugung der optischen Kanäle der Medien gegenüber der sprachlichen Kommunikation, die leichte Aufnahmefähigkeit des Menschen für optische Gegebenheiten der Wahrnehmung, die Vorliebe für die visuelle Perzeption als Ersatz der Sprache gehören zu den besonderen Folgen der Mediatisation. Ich nenne diese vorwiegend optische Vermittlung in der Welt der Phänomene in ihrer subjektiven Wirkung deren *Visualisation.*

C.

Die der Massenkommunikation dienenden Medien besitzen jedes für sich eigene technische Anlagen und Gestaltungsmöglichkeiten ihrer Kommunikationsfunktionen. Sie sind jedoch an die allgemeine Gesetzmäßigkeit und an die besondere Zweckhaftigkeit ihrer Kommunikationsprozesse gebunden, deren elementare Funktionen völlig gleichartig auftreten. Ich werde diese Funktionen nach meiner eigenen Klassifikation kennzeichnen.

Die einfache Vermittlung von Tatsachen und Ereignissen ist in allen ihren Anwendungsformen als *Information* zu bezeichnen. Hier wird die Intention des Kommunikators in aller Sachlichkeit kodiert, d. h. in eine kommunikationsfähige Form gebracht und in dieser Form an den Kommunikanten weitergeleitet. Die Information ist ein durchaus einseitiger Vorgang, der keine Antwort an den Kommunikator erwartet. Es kommt auf die Objektivität des Kommunikators an, wie der Inhalt der Information gestaltet wird. Es kommt natürlich auf die Subjektivität im Empfang des Kommunikanten an, wie die Information durch ihn aufgenommen und ausgewertet wird.

Die menschliche Natur gibt der bloßen Mitteilung mit der Einschaltung ihrer Stellungnahme zum Sachverhalt und zum Kommunikanten gern und leicht eine Note der Bewertung des Sachverhaltes oder der Auflage einer Einflußnahme auf den Kommunikanten. So werden auch bei den Massenmedien die neutralen Informationen in eine Form gekleidet, welche zu der besonderen Funktion *regulativer Kommunikation* führt. Kommentare des Nachrichtendienstes, Berichtigungen und persönliche Stellungnahmen, Erläuterungen und Ergänzungen im Informationsdienst bedeuten eine den Kommunikanten als Einzelperson und Masse beeinflussende Kommunikationsfunktion neuer Art. Sie ist als regulierende Funktion von der Information zu trennen. Zur Regulation rechne ich den Gesamtkomplex von Erziehung und Bildung, Propaganda und Werbung in allen Variationen.

Es ist für den Zusammenhang unseres Themas besonders wichtig, von diesen auf den Kommunikanten gezielten Kommunikationen der Sachgehalte alle Funktionen zu unterscheiden, welche sowohl die Übertragung von kulturellen Gebilden als auch von kulturell wirkenden Beeinflussungen vornehmen. Diese Funktionen übernehmen die Aufgabe der sogenannten *Unterhaltung*. Hier eröffnet sich ein weites Feld von Aufgaben der Massenmedien, welche mit dem Material der objektiven *Popularkultur* und *Massenkultur* die Menschen zu kulturell sinnvoller Beschäftigung und lustvoller Beteiligung veranlassen sollen. Diese besonderen Kommunikationsfunktionen werden als *Stimulationsfunktionen* bezeichnet. Endzweck derselben ist keineswegs die Beeinflussung der Teilnehmer zur Mitwirkung, sondern lediglich die Einstellung ihres Erlebens auf den Vorgang einer die Seele befriedigenden Folge von Perzeptionen und anschließenden Emotionen, die über das alltäglich gewohnte Vorstellungsleben hinausgehen.

So gehören zu Stimulationen die Darstellungen dramatischer und musikalischer Künste, die Darbietungen der Kleinkunst, die Filme und Fernsehstücke ohne belehrenden Charakter. Was im Tagesprogramm von Rundfunk und Fernsehen geboten wird, hat nach Dauer und Aufwand in der Mehrheit der Programme diesen Charakter stimulierender Sendungen, wie sie dem Bedürfnis der breiten Masse im allgemeinen entsprechen. Eine solche Gliederung der Kommunikationsfunktionen bietet den Medien den brauchbaren Rahmen für ihre Programmgestaltung.

D.

Ich gehe zuerst auf die kurze Darlegung der Rolle des technischen Mediums *Rundfunk* ein, um seine Wirkung als Kommunikationsmittel in der Pflege der Kultur zu untersuchen.

Seitdem durch Drucklegung Schriften in Massen vervielfältigt und verbreitet worden sind, hat die allgemeine Kommunikation die Ausbreitung der Bildung über alle Bevölkerungsschichten und damit deren Teilnahme am kulturellen Leben und Schaffen ermöglicht. Zur Aufnahme des gedruckten Textes benötigt der Leser nicht nur das Auge, sondern auch die Kunst der Interpretation mit dem Verstande, welche bei der Masse der Druckerzeugnisse zumeist mehr als elementare Schulung voraussetzt.

Als mit der Jahrhundertwende die Verbreitung des Rundfunks über die Kulturnationen einsetzte, fand jedermann neben Tageszeitung und Buch eine neue Quelle aktueller Information und permanenter Beschäftigung. Der Apparat, der zu jeder Zeit und an jedem Orte billig und bequem verfügbar, heute in Minimalgröße verwendbar ist, liefert dem Ohr den Gehalt aller Kommunikationsfunktionen in Sprache, Gesang, instrumentaler Musik und technischer Signale. Das Ohr gilt als der Sinn feinster Differenzierung der Sensibilität. Es macht dem Hörer bei normaler Sinnesfunktion die ganze akustische Welt zugängig, welche heute elektrisch übertragen und durch Schallplatte oder Tonband perfekt konserviert werden kann. Dabei spielt die Musik eine besondere Rolle.

Diese Welt umfaßt das permanente Geräusch des Naturgeschehens und der Tätigkeit der Mitmenschen in der nächsten Umwelt. Sie enthält die Laute und die artikulierte Sprache der Zeitgenossen, die in allen Sinngestalten projiziert und gedeutet werden müssen, um verständlich zu sein. Sie bietet ferner die Kunstprodukte der Musik in ihrer akustischen Gestaltung und melodischen Ausführung zur Vermittlung an, deren auditive Aufnahme jedem Menschen zugängig ist.

Dennoch muß diese Welt vor der Wirklichkeit und Vielgestaltigkeit der gesamten Sinneswelt als eine begrenzte Erfahrungswelt gelten, sofern sie in der Einseitigkeit des Gehörsinnes allein erfaßt wird. Wenn der Gehörsinn ausfällt und Tongeräte unbrauchbar sind, bieten Gesichts- und Tastsinn sowie Schrift- und Bildmedien dem Taubstummen Ersatz. Soweit sie der auf Gehör und Tastsinn beschränkte Blinde für seine Erfahrung verwendet, leistet sie ihm den Dienst einer eingängig kanalisierten Wahrnehmung, deren Sinngehalte durch die Allseitigkeit der sprachlichen Kommunikation zur Formung eines realen Weltbildes ausreichen. Für den Menschen, der über alle Sinnesfunktionen verfügt, wird die begrenzte akustische Welt durch die übrigen Sinne in so reicher Gestaltenfülle ergänzt, daß ihm die Enge der Tonwelt kaum empfindbar wird.

Wenn diese *Tonwelt* nun durch ein technisches Medium aufgenommen und mit allen Kommunikationsfunktionen an die Masse der Teilnehmer vermittelt wird, wie es im Rundfunk geschieht, so sind folgende *Limitationen* wohl zu beachten.

Zunächst läßt der technische Apparat eines Massenmediums nur die *einseitige* Kommunikation zu, für die es kein wirksames Echo des Kommunikanten gibt. Er erhält nur in Antworten einzelner Teilnehmer Auskunft über deren Reaktion und durch besondere Verfahren der Kontrolle annähernd zutreffende Auskunft über Zahl, Zeit und Ort der Teilnehmer und des Empfanges. Da aber die Sprache der Menschen nicht allein auf Mitteilung, sondern vorzüglich auf Austausch von Meinungen zwischen Personen und Gruppen, also auf gegenläufige Kommunikation angelegt ist, muß die Tatsache der *einkanaligen Kommunikation* der Massenmedien als eine beachtliche Hypothek der Kommunikationsfunktionen aller Massenmedien beachtet werden. Beim Rundfunk ist diese

Tatsache besonders bemerkbar, weil jeder sinnliche Kontakt mit der Person des Kommunikators für den Zuhörer ausgeschaltet ist. Der Kommunikator ist in jeder Kundgabe souverän, die Massen sind in deren Empfang zur Passivität verurteilt. Sie sind stumme Zuhörer einer meist anonymen Ansprache.

Eine weitere Eigenart des Hörfunks ist mit der Möglichkeit vielseitiger *technischer Manipulation* der Sendung gegeben. Jede Lautfolge kann nach Tonqualität und Intensität variiert und im Tempo gesteuert werden. Vollends kann die Sprache in ihrer technischen Vermittlung durch fremde Stimmen ersetzt, durch Einschaltungen übersetzt und interpretiert werden. Auch die Übertragung des Gesanges läßt weitgehende Änderungen zu.

Die Wirksamkeit des Rundfunks auf den Einzelmenschen und die Massen ist in weitestem Umfange erprobt und wissenschaftlich erforscht. Sicherlich bildet das Medium heute in der weiten Welt das wichtigste Instrument fortlaufender aktueller Information, die dem Bedürfnis der Kulturvölker ebenso wie der Bevölkerung unterentwickelter Länder entspricht. Dabei sind deren Interessen im wesentlichen auf die Nachrichten des Tagesgeschehens gerichtet, von dem der Mensch in Leben und Beruf abhängig ist. Landwirtschaft und Verkehr hängen weitgehend vom Wetter ab, wodurch Wetterprognosen des Rundfunks mit Interesse aufgenommen werden. In der Regel werden auch die Vorgänge im engeren Bereich der Wohngebiete und Wirtschaftsgebiete der Bevölkerung zu den bevorzugten Gegenständen der Rundfunksendungen gerechnet werden müssen.

Auf der Seite der Sender kommt der Rundfunk mit seinen regulierenden Kommunikationen ebenfalls zu kultureller Wirksamkeit. Ansprachen von Staatsmännern, Politikern und Agitatoren vor der Öffentlichkeit ihres Landes werden ebenso zu staatserhaltenden wie zu revolutionären Akten der Beeinflussung der Massen. In der Erfassung größter Menschenmassen wird der Rundfunk bis heute von keinem anderen Massenmedium übertroffen. Er ist das gebräuchliche Instrument totalitärer Volksführung ebenso wie demokratischer Aufklärung und Propaganda geworden.

Mit der stimulierenden Funktion erreicht der Rundfunk seine Zwecke vorwiegend in permanenter musikalischer Sendung, in deren Programm alle Arten von Musik und Gesang verwendbar und auswechselbar sind. Das Hörspiel kann nicht zu den geeigneten Formen der Massenkultur gerechnet werden.

E.

Ganz anders verhält es sich mit dem Funkmedium *Fernsehen.* Es gehört neben dem Film zu den Bildmedien. Seine technische Apparatur ist in Aufnahme, Sendung und Empfang in der Regel zwar mit der Organisation des Rundfunks verbunden, aber in der technischen Anlage wie in der Gestaltung des Kommunikationsprozesses von ihr wesentlich verschieden. Ebenso verschieden ist der Gebrauch derselben und die seelische Reaktion des Publikums. Das Nebeneinander der Empfangsgeräte für Rundfunk und Fernsehen darf nicht zu der Annahme führen, der Mensch müsse beide Apparate abwechselnd oder gleichzeitig schalten und sich hier wie im Alltag den akustischen und visuellen Sinnesreizen der Umwelt in gleicher Weise aussetzen. Jedes Medium ist für sich allein brauchbar und in seiner Sonderart wirksam.

Das Fernsehgerät vermittelt sowohl die akustische Welt der Geräusche und Töne in Sprache, Musik und Lautdynamik als auch die optische Welt der visuellen Phänomene in Licht und Farben, Formgestaltung und Bewegung. Es beschäftigt beide Fernsinne, Gehör und Gesicht, in natürlich koordinierten Vorgängen. Das Fernsehen verbindet also wie der Tonfilm, aber in andersartiger Technik die visuelle und die auditive Sinneswahrnehmung wirklichen Geschehens miteinander. Es hat gegenüber dem Film den Vorzug der Gleichzeitigkeit von Aufnahme und Empfang des Geschehens in der Livesendung. Es verfügt außerdem über die technischen Anlagen zur Konservierung der optischen und akustischen Aufnahmen und zu deren beliebigen Weiterleitung. Ferner hat es den Vorzug weltweiter Ausbreitung durch Funk in der Form der Massenkommunikation. Die Begrenzung der Ausstrahlung ist durch ein Netzwerk von Sendeanlagen über weite Bereiche und zuletzt durch die Einschaltung der Satellitenübertragung auch für den Erdraum aufgehoben worden. Für jeden Menschen in jedem Ort der Erde ist der Empfang jeder Fernsehsendung möglich, soweit das Netz der Sendestationen ausgebaut ist. Die neueste technische Entwicklung wird in absehbarer Zeit auch den direkten Empfang bei den Teilnehmern möglich machen.

Der Mensch ist ein Augenwesen. Der Gesichtssinn hat in seinem durchgängigen Erleben den Vorrang vor den übrigen Sinnen. Er vermittelt ihm die gegenständliche Welt der Natur, der Mitmenschen und der Artefakte in der Wahrnehmung einer objektivierten Welt mit der ganzen Fülle realer Dinge und Vorgänge neben Phänomenen, in welche die Phänomene der übrigen Sinneswahrnehmungen einbezogen werden. Mit der visuellen Wahrnehmung erfaßt der Mensch die Welt in ihren Formen und Farben, in ihren Dimensionen, Bewegungen und Veränderungen. In der Verknüpfung mit kognitiven Prozessen trägt der Gesichtssinn am meisten zur Erfahrung der Umwelt der Person bei. Ich bezeichne diese direkte und *natürliche Erfahrung* als *primäre* Erfahrung. Daraus erklärt sich die Präponderanz des Sehens gegenüber dem Fernsinn des Hörens und den Nahsinnen beim Kulturmenschen.

Wenn dem Gesichtssinn auf der Bildscheibe des Fernsehgerätes durch technisch erzeugte Lichteffekte optische Reize zugeführt werden, so kann der Effekt in der subjektiven psychischen Reaktion durchaus demjenigen der natürlichen Wahrnehmung gemäß sein. Indessen hat die psychologische Untersuchung der Bildwahrnehmung, speziell der Wahrnehmung von Film- und Fernsehbildern, die totale Verschiedenwertigkeit der natürlichen Erfahrung gegenüber dieser *Bilderfahrung* nachgewiesen, die ich als *sekundäre Erfahrung* bezeichne.

Ohne auf meine gnoseologische Theorie der Bilderfahrung näher einzugehen, suche ich kurz die Eigenart des Fernsehbildes und seinen Erkenntnisswert zu bestimmen. Da das Fernsehbild im Unterschiede vom Filmbild in seiner physikalischen Gegebenheit aus Reihen laufender Licht- und Farbpunkte besteht, die von der menschlichen Sinnesempfindung erst durch die Ganzheitsanschauung in ihrer Gestalthaftigkeit erfaßt und in ihrem Wirklichkeitsgehalt gedeutet werden, entsteht ein komplizierter Prozeß der seelischen Verarbeitung dieser Phänomene bis zur objektiven sekundären Erfahrung ihrer Gegenständlichkeit.

Die Umwelt und alle Phänomene unserer Sinneswahrnehmung sind uns in ganzheitlich geordneten Komplexen von Empfindungen gegeben, die wir in unseren gewohnten Wahrnehmungen mit dem Schema der Gestalt erfassen und dadurch in ihrer Bedeutsamkeit als Ding oder Lebewesen erkennen. So entsteht eine Wahrnehmung der Außenwelt, welche den Wert empirischer Erkenntnis hat, erst durch Zusammenwirken von Sinnesempfindungen und Gestalterfassung, erst im Erlebnis einer komplexen Ganzheit von Phänomenen, die für den Erkenntnisprozeß als Wirklichkeit gegeben sind.

Die Begrenzung des Bildfeldes im Fernsehgerät ergibt für das subjektive Erleben der dargestellten Wirklichkeit die Notwendigkeit der Einfühlung in Milieu und Geschehen in der Bildszenerie. Diese Einfühlung wird durch Gewöhnung so stark entwickelt, daß sich Vorgänge und Gestalten dem Beobachter in ihrer vollen Wirklichkeit und Erlebnisgröße vergegenwärtigen, wobei der Bildcharakter im Erleben zeitweilig ausgeschaltet wird.

Die photographische Flächenhaftigkeit des Bildes läßt keine Darstellung der Tiefendimension der Wirklichkeit zu. Durch die Anordnung der Gegenstände und durch die photographische Technik kann dieser Umstand allerdings beseitigt und der Eindruck der Räumlichkeit des Bildes künstlich herbeigeführt werden.

Die Schnelligkeit des Bildablaufes und Szenenwechsels läßt dem Zuschauer keine Zeit zur Beobachtung und Erfassung aller Einzelheiten des Bildinhaltes sowie zur Verfolgung des realen Geschehens in den Bedingungskomplexen der Vorgänge und Verwandlungen. Die Armut der Wahrnehmungen an Einzelmerkmalen der Gegenstände und Besonderheiten der Vorgänge im laufenden Bilde entspricht übrigens derjenigen der natürlichen Wahrnehmung. Sie kann aber durch Fixierung der Aufmerksamkeit auf Zonen oder Linien des Sehfeldes korrigiert werden.

Die Gleichzeitigkeit von Bild- und Tonwahrnehmung wird in der Alltagserfahrung als Erlebnisganzheit registriert. Dieses natürliche Erleben ist auch in der Bilderfahrung des Fernsehens ebenso wie im Film wirksam. Der Zuschauer erwartet in Mimik und Gestik der Person wie in jeder mechanischen Bewegung von Maschinen oder Fahrzeugen die koordinierte Empfindung von Ton und Geräusch. So konnte das Fernsehen leicht populär werden, nachdem die Teilnehmer an den Rundfunk und an den Tonfilm gewöhnt waren.

Der Unterschied zwischen Fernsehbild in Helligkeitsstufen und Farbfernsehbild ist bedeutsam. Die Sinnespsychologie hat erwiesen, daß die Farbe wesensmäßig zu den Qualitäten aller natürlichen visuellen Wahrnehmung gehört. Die Farbe dient der Gliederung des Raumes und der Darstellung der Formen der gegenständlichen Welt. Sie hebt die Konturen der Gebilde hervor. Damit erleichtert die Farbe dem sehenden Menschen die Orientierung im Raume ohne Zuhilfenahme des Tastsinnes. Darüber hinaus üben die Farben eine hochdifferenzierte Gefühlswirkung aus. Wir wissen schon aus der Alltagserfahrung, daß die Farbe blau eine beruhigende, die rote Farbe eine erregende Wirkung auf die Seele ausübt. Wir kennen die individuelle Differenz der geborenen Farbseher und Formseher, wir berücksichtigen im Verkehr mit den Mitmenschen die Eigenschaft der auf Farbe eingestellten visuellen Typen, welche Situationen im Alltagsleben vorwiegend aus Gefühlen und Stimmungen heraus deuten und bewältigen. Die Gestaltung des Farbfernsehers wird diese psychologischen Erkenntnisse auswerten müssen, um mit dem künstlerischen Effekt adäquate seelische Reaktionen zu erzielen. Daher wird in der weiteren Entwicklung der Fernsehtechnik und Fernsehgestaltung das farbige Fernsehen an Gebrauch zunehmen und in der Gunst des Publikums ansteigen.

Man darf in der Beurteilung der Fernseheffekte die Rolle der mit dem Sehen und Hören verbundenen Gefühle, Stimmungen und Vitalempfindungen nicht übersehen. Alle Prozesse der Sinneswahrnehmung sind in die Tiefenwirkung des emotionalen Lebens psychosomatisch eingefügt. Jeder, der an der Gestaltung des Fernsehens mitwirkt, sollte sich vor Augen halten, daß er mit seiner Kommunikation die Masse der Teilnehmer in künstliche Erregung versetzen kann, welche in ihrem Leben nicht natürlich und nicht alltäglich ist. Die Vorführung dramatischer Spannungen und schicksalhafter Ereignisse, die Dokumentation von Katastrophen, vollends die Aufnahme und Demonstration chirurgischer Eingriffe in Nahsicht und Farbe können dem Zuschauer je nach seiner seelischen Verfassung Schockwirkungen zufügen, den in der Wirkungsforschung des Fernsehens noch nicht genug beachteten Streß, dessen Folgen über entsprechende Erlebnisse in der natürlichen Erfahrung weit hinausgehen. Insofern muß sich die Fernsehgestaltung einer gewissen Verantwortung für gewagte Demonstrationen bewußt sein.

Mehr als alle anderen Massenmedien eignet sich das Fernsehen zur öffentlichen *Information*. Seine Aufnahmen können Ereignisse in der ganzen Veränderlichkeit ihres Ablaufs sowie menschliches Handeln in der differenzierten Beweglichkeit der Sprachorgane und der Gesten in voller Wirklichkeit des Geschehens unmittelbar an die Geräte von Millionen von Menschen in der sogenannten Livesendung vermitteln. Die zuschauenden Teilnehmer sind dabei Zeugen des gleichzeitigen entfernten Geschehens. Sie haben mit der modernen Technik die sagenhafte Eigenschaft der *Allgegenwärtigkeit* in der Welt, ja in den Weltenraum hinaus erlangt. Für die Alltagswünsche der Masse bieten ihr die Fernsehanstalten zu jeder Tageszeit aktuelle Nachrichten aus aller Welt im mündlichen Bericht und in dokumentarischen Ausschnitten des Bildgeschehens an.

An den politischen und wirtschaftlichen Nachrichten mit kurzfristiger und zuverlässiger Information sind Staatsbürger und Berufe interessiert, was durch den Rundfunk befriedigt wird. Die im Fernsehen angebotene Illustration durch Porträts und filmische Sequenzen macht auch die Fernsehnachricht daneben nützlich. Bei den Ereignissen des gesellschaftlichen Lebens und den Sportveranstaltungen regen sich Wünsche weiter Kreise nach dem Dabeisein und Miterleben, die durch die Fernsehsendungen in großem Umfange erfüllt werden.

So erscheint der Informationsdienst der Fernsehanstalten als ein Vorspiel der Massenunterhaltung und als ein Element der Massenkultur. Die Programmgestalter sollten berücksichtigen, daß für die Massen das Bedürfnis nach Neuigkeiten des Tages durch eine Ausfüllung der Freizeit und der Mahlzeiten mit Kurzberichten nicht genügend befriedigt werden kann, sondern einer permanenten Erlebnisbereicherung bedarf, wie es bei der musikalischen Begleitung des Alltagslebens durch den Rundfunk der Fall ist. Jedermann läßt sich zu jeder Zeit gern etwas erzählen und ist zum Anhören der Gesprächspartner bereit. Die zukünftige Nachrichtenfülle und Präsenz des Materials wird eine permanente Nachrichtensendung mit Einfügung längerer Sequenzen bildlicher Dokumentation im Fernsehdienst möglich, wahrscheinlich sogar bald erforderlich machen.

Die große Breite der Anwendung *regulierender Kommunikationsfunktionen* im Fernsehen beweist die Unentbehrlichkeit ihrer

Sendung in den vier Hauptsparten Propaganda, Werbung, Erziehung und Seelsorge. Zur Massenkultur kann man die beiden ersten Sparten rechnen. Das politische Leben jeder Nation erhält seine Aufgaben und Antriebe einerseits von oben, nämlich aus den Regierungsmaßnahmen von Gesetzgebung und Verwaltung, andererseits von unten aus den Forderungen und Entschließungen von Parteien und Interessengruppen. Von beiden Seiten wird das Fernsehen ebenso wie der Rundfunk in Anspruch genommen. Die beiden Funkmedien sind zur Ansprache an die Bürger und zur Aufklärung und Beeinflussung der Massen in Reden, und Diskussionen, Veranstaltungen politischer Propaganda und Agitation geeignet. Aber gerade das Fernsehen kann die Gestalt des Redners, den Ablauf der Diskussion, die Szenerie der Versammlung den Zuschauern so vor Augen führen, daß sich jeder ein kritisch interpretierbares Bild von den beteiligten Personen und Aktionen zu verschaffen vermag.

Auch die wirtschaftliche Werbung gehört zu den funktionellen Funktionen, mit denen der Markt der Massengesellschaft gesteuert und deren wirtschaftliches Leben der Massenkultur eingeordnet werden kann. Die zunehmende Konzentration des Handels und der Dienstleistungsunternehmen macht eine spezialisierte Orientierung des Publikums über das Angebot durch das Fernsehen möglich, je mehr die regionale Begrenzung der Werbung durch die Massenproduktion und die Markenartikel überwunden wird.

Die bildliche Vorführung der Waren und ihres Gebrauches im Fernsehen ist das Schaufenster des künftigen Warenhandels. Sie kann durch keine Organisation von Angebot und Verkauf im Warenhaus und Geschäft selbst vollkommen ersetzt werden. Die Masse der potentiellen Kunden, besonders der Hausfrauen, wird mit der Zeit nach diesen Auslagen und persönlichen Anpreisungen im Schaufenster Fernsehen ihren Bedarf decken.

Die Sparten Erziehung und Seelsorge sind der Personalkultur, mit der Anwendung der Noosphäre zugleich der Geisteskultur zuzuordnen. Die Télévision Educative gehört zwar zu den Spezialaufgaben der regulierenden Kommunikation des Fernsehens. Sie muß allerdings ihre pädagogische Tendenz, also die eigentliche Form der Regulation, in Informationsfunktionen einkleiden, um erwachsenen Zuschauern das Gefühl des Belehrtwerdens zu nehmen.

Letzten Endes fragt man natürlich nach der Rolle der *Unterhaltung* im Fernsehen. Hier tritt die Massenkultur in der Tat in Erscheinung und in ihr Recht auf Beteiligung der Massenmedien. Alle *stimulierenden Kommunikationsfunktionen* haben den Zweck, die Menschen in der Masse der Teilnehmer am Fernsehen durch Darbietung objektiver Kulturgehalte und subjektiven Kulturlebens zur

Pflege einer eigenen Lebenskultur zu veranlassen, die für die Person beglückend und für das Leben der Gesellschaft befriedigend wird. Der Massenbedarf an entsprechenden Gebilden und Vorgängen zwingt zur Entwicklung einer Spezialbranche von Industrie und Handel, die als Kulturwirtschaft bezeichnet wird. Darin nimmt die Unterhaltungsindustrie einen zunehmenden Raum ein.

Es ist hier zu fragen, mit welchen Darbietungen das Fernsehen vorwiegend zu einer subjektiven Lebenskultur beitragen kann. Da das Fernsehen den Zuschauer zur Konzentration von Sehen und Hören zwingt, fällt die permanente Sendung von Gesang und Instrumentalmusik aus, wie sie im Rundfunk geboten wird. Dafür bringt das Fernsehen die ganze Fülle dramatischer Kunst und Kleinkunst zur Vorführung, welche den Zuschauer in seiner Muße beschäftigen und erfreuen kann.

In erster Linie sind es die dramatischen Sparten des Schauspiels, Filmdramas, Fernsehstückes mit der Abwandlung aller Themen aus dem Liebesleben, den Verbrechen, der menschlichen Entartung, die zum Gebrauch des Fernsehens in rationeller Produktion durch künstlerische und technische Kräfte hergestellt werden. Auch die Stücke des Volkstheaters sind für diesen Zweck geeignet und werden den Dramen klassischer und moderner Literatur höheren ästhetischen Anspruchs durch die Masse vorgezogen. Die technische Ausstattung des Fernsehens läßt daneben Oper und Operette in entsprechender szenischer Gestaltung zur Aufführung zu. Großen Zuspruch erreicht auch die Kleinkunstbühne, das alte Kabarett, das nach amerikanischem Vorbild heute in der Show mit großer Ausstattung aufgeführt wird.

F.

In der Beurteilung der Massenmedien hat Marshall McLuhan den Begriff Medien sehr weit gefaßt, indem er zu den Mitteln aller Kommunikation auch Zivilisationsmittel wie Kleidung, Wohnung, Straße und Verkehrsmittel hinzurechnet. Er klassifiziert diese Vielheit nach ihren sozialen Rückwirkungen und unterscheidet danach heiße Medien wie Radio und Film von kühlen Medien wie Telefon und Fernsehen. Das Medium, das einem einzigen Sinn Informationen mit reichem Inhalt vermittelt, wie der Rundfunk, wird als heißes Medium bezeichnet. Es läßt zwar die Person relativ unbeteiligt, bietet ihr aber in intensiver und massiver Form eine Fülle von Kommunikationen an, wie sie die Bevölkerung hoher Kultur braucht und in ihrer kulturellen Differenzierung wirken läßt. Dagegen erscheint ein kühles Medium wie das Fernsehen als ein detailarmes Organ der Kommunikation, insofern es Auge und Ohr nur verwischte Konturen, verschwommene Informationen gibt, die der Vervollständigung durch die Teilnehmer bedürfen.

Ich kann dieser Unterscheidung nicht zustimmen, so sehr sie bereits eingeführt zu sein scheint. Sie ist weder in der sinnespsychologischen noch erst recht in der soziologischen Begründung stichhaltig. Das Fernsehen erreicht bei aller Flüchtigkeit der optischen und akustischen Reize eine hohe Intensität der Kommunikation und eine weite Extensität der Erfahrung, wie sie auch dem Film zukommt, der von McLuhan den heißen Medien zugeteilt wird. Beide Bildmedien aber sind dem Rundfunk in ihrer sozialen Wirkung nach aller Erfahrung und Forschung weit überlegen.

Daher muß auch „Der schüchterne Riese", wie McLuhan das Fernsehen nennt, als durchaus geeignet erscheinen, politische Wirkungen durch das Auftreten von Personen wie durch die Vorführung von problemgeladenen Szenen auszulösen, zumal es nach seinen eigenen Worten zum Mitmachen anregt. Schließlich erkennt McLuhan ausdrücklich an, wie stark das Fernsehen auf die kultivierten Völker eingewirkt hat, wenn auch seine Erklärung durch Synästhesie einen psychologischen Irrtum oder eine eigenwillige Benutzung des eingeführten Terminus enthält. (Synästhesie ist nach allgemeiner Terminologie der Psychologen das seltene Phänomen der Mitempfindung eines zweiten Sinnes bei der Reizung eines anderen Sinnes.)

Unter dem Aspekt des Soziologen betrachtet *Paul Lazarsfeld*, einer der führenden Vertreter der wissenschaftlichen Kommunikationsforschung in den Vereinigten Staaten, die ganze Problematik der Massenmedien. Für ihn ist die Rolle der Massenmedien in der Gesellschaft, nicht ihre individuelle psychische Wirkung bei der Beurteilung ihrer Funktionen entscheidend. Er meint, die Rolle werde im allgemeinen überschätzt, weil die Macht und Ausbreitung der Medien gefürchtet werde.

Nach Lazarsfeld sind hier folgende Umstände zu beachten: zuerst die Ubiquität (Allgegenwart) und die kulturelle Macht der Medien als Anstalten der privaten Wirtschaft, danach die gewaltige Zahl der interessierten Teilnehmer, schließlich die mögliche zunehmende Entartung des ästhetischen Geschmacks und der ganzen Popularkultur. Zu den wichtigsten Sozialfunktionen der Massenmedien rechnet Lazarsfeld die positive Wirkung derselben auf die persönliche Position und das öffentliche Prestige von Personen bei ihrem Auftreten im Fernsehen oder in anderen Medien, ferner die Sicherung der Geltung sozialer Normen wie Moral und Recht, schließlich auch die fühlbar lähmende Auswirkung der durch die Medien erzeugten Beanspruchung der Menschen mit der Überfülle der Programme. So scheint als deren Folge ein gewisser sozialer Konformismus der Bevölkerung zu entstehen, der die kulturelle Dynamik der Gesellschaft zum Schaden von Wirtschaft und Politik zu reduzieren geeignet ist.

Die überall in der Öffentlichkeit vertretenen Sorgen vor dem wachsenden schädlichen Einfluß der Massenmedien in Amerika sucht der bekannte Journalist *Leo Rosten* in dem Standardwerk „Culture for the Millions, Mass Media in Modern Society" (1959) in guter Begründung und Kritik richtigzustellen. Dazu gehören die Meinungen, den Massenmedien fehle die Originalität der kulturellen Repräsentation, das ästhetische Niveau und die Mitarbeit führender Geister, ferner sie seien in Information und Kritik zu sehr zurückhaltend, sie würden außerdem weitgehend von Auftraggebern wirtschaftlicher Werbung beherrscht.

In der gesamten Fachliteratur der Amerikaner, die für die Kommunikationswissenschaft maßgebend ist, bleibt indessen der allgemeine Optimismus zur Entwicklung der Massenmedien bestehen, allerdings mit dem Hinweis auf deren Bedeutung für die Verbreitung der Popularkultur. Diese aber gehört zur Massenkultur der industriellen Massengesellschaft, über die nunmehr zu handeln ist.

G.

Zur Beantwortung der Frage nach der kulturellen Funktion der Massenmedien ist zuerst die Bestimmung des Kulturbegriffs erforderlich, wie er in der Kommunikationswissenschaft verwendet wird. Erst auf dieser Grundlage läßt sich ausmachen, inwieweit die Medien Rundfunk und Fernsehen die historisch bedingte und soziologisch gegebene Kultur in ihrer ganzen Vielgestaltigkeit zu vermitteln geeignet sind oder zur Ausbreitung einer Massenkultur beitragen müssen.

Die Schwierigkeit dieser Aufgabe liegt bei der verschiedenen Bedeutung der Begriffe Kultur, Zivilisation und Bildung, wie sie in allen Spalten und philosophischen Standpunkten unter besonderen Aspekten angewendet werden. Die Schwierigkeit liegt ferner in der Anwendung des philosophischen Kulturbegriffes auf die Wissenschaft der Massenkommunikation und der Massenmedien. Ich werde versuchen, meine Position in der Kulturphilosophie und die Anwendung dieses Kulturbegriffes darzulegen.

Eine realistische Kulturphilosophie wird aus der Perspektive der Gegenwart Kultur als das Menschenwerk betrachten, welches den Menschen über seinen Naturzustand hinaus zur Hochform der Humanität erhebt. Damit wird die menschliche Natur im Individuum zur Lebensgestaltung einer geistig leistungsfähigen Person, im Zusammenleben mit den Mitmenschen zu einer sozialen Daseinsordnung befähigt.

Als Urform kultureller Grundfunktionen ist die Arbeit anzusehen, welche die Menschen zur Sicherung ihrer Existenz verwenden müssen. Mit Handwerk, Tierzucht und Landbau werden schon in den ersten Phasen der Entwicklung der Kulturgesellschaft die Bedürfnisse der Sippen, Gemeinden und Staaten befriedigt, in der Entwicklung von Technik und Wirtschaft verfeinert. Die dabei entstehende *materielle Kultur* bildet zu allen Zeiten und in allen Bevölkerungen die Grundlage für die Ausweitung weiterer Kulturfunktionen.

Zu den elementarsten Funktionen des Kulturlebens gehört ferner die Verbindung der Individuen und Gruppen durch Kommunikation. Ohne die Verständigung der Einzelmenschen untereinander und die Aufrechterhaltung dauernder Kontakte in Gruppen der Gesellschaft ist das gemeinsame Werk einer materiellen Kultur nicht denkbar. Diese Kommunikation stellt Beziehungen zwischen den Menschen her, welche zur Herstellung einer Ordnung führen, die durch staatliche Funktionen zu einer gesetzmäßigen Daseinsordnung der Gesellschaft ausgebildet wird. So entsteht als ein weiterer Bereich der Gesamtkultur die *Sozialkultur*.

Hier zeigt sich der erste Ansatz zur Erfassung der vorliegenden Problematik. Die Kommunikationsfunktionen machen einerseits eine materielle Kultur möglich, indem sie die Arbeit regulieren, sie machen andererseits die Sozialkultur lebendig, indem sie das Zusammenleben der Menschen ordnen. Die Kommunikationsfunktionen sind demnach Bedingungen der beiden Kulturbereiche, welche im engeren Sinne als Zivilisation bezeichnet werden.

Im Fortschritt der Kulturentwicklung entsteht eine eigentümliche Form der Pflege und Entfaltung der menschlichen Person in ihrem körperlichen Dasein und in ihrem geistigen Leben. Zur Lebensgestaltung der Person gehört die natürliche und künstliche Pflege des Körpers, die Ausbildung der seelischen Funktionen zu wertgerichteten Leistungen der Sinneswahrnehmung, des Denkens sowie des Gefühls- und Trieblebens. So kommt es zum Aufbau einer geistig differenzierten Individualität in der menschlichen Person. Da diese erst im Laufe des Lebens zur Entfaltung kommt, wird sie in Hygiene und Erziehung mittels zweckhafter Kommunikationsfunktionen regulierender Art zur Ausbildung gebracht. Da der Zweck dieser Kulturfunktionen in der Einzelperson verwirklicht wird, kann die Gesamtheit derselben als *Personalkultur* oder Lebenskultur bezeichnet werden.

Ferner bleibt als Eigenbereich innerhalb der Gesamtkultur das *Geistesleben* zu berücksichtigen, dem in der älteren Kulturphilosophie allein der Rang humaner Kultur zuerkannt wird. Hier erreicht das Leistungsvermögen des Menschen seine höchste Vollendung, sicherlich auch seinen obersten Zweck, wenn wir die Kultur nach der Sinngebung eines wahren Humanismus bestimmen. Durch den Einsatz der geistigen Fähigkeiten entstehen die seelischen Grundfunktionen des Wahrnehmens, Verstehens, Denkens, Wertens, Wollens und Fühlens. Ihre koordinierte Entfaltung führt zu einem seelischen Leben reichster Intentionalität und Funktionalität der Person. Sie bewirkt aber auch die Gestaltung objektiver Kulturgebiete, wie sie in Religion, Moral, Wissenschaft, Philosophie und Kunst zusammengefaßt werden. Ihre objektive Fixierung in Kunstwerk, Sprache, Literatur und Bild unterliegt den Gesetzmäßigkeiten der Kommunikation, ihre Gestaltungsform ästhetischen Normen in den Künsten, logischen Normen in Philosophie und Wissenschaft, ethischen Normen in Religion und Moral. Zu den Künsten gehören die Sondergebiete der Poesie und Sprachkultur, der Musik sowie der darstellenden und bildenden Künste, zu denen auch die verschiedenen Formen der Volkskunst gerechnet werden müssen.

H.

In den durch das kulturelle Schaffen der Menschen erzeugten Gebilden materieller und geistiger Art häuft die Menschengeschichte einen Bestand an Gütern und Werten auf, der in Behütung und Zerstörung der Geschichte zu einem stets wandelbaren substantiellen Besitz der Menschheit wird. Die Kulturgeschichte weist diese Veränderungen des Besitztums auf und folgt dem geistigen Wandel seiner Bewertung. Sie zeigt Entstehung und Verfall hoher Kulturen auf. Sie entdeckt mit Hilfe der Kultursoziologie Gesetzmäßigkeiten in der Beteiligung der sozialen Gruppen und Schichten der Bevölkerung am Kulturleben. Der bleibende Bestand an Kulturgütern wird als *objektive Kultursubstanz* behandelt. Er ist Gegenstand der historischen und systematischen Kulturwissenschaften.

Durch die kollektiven Leistungen der Gesellschaft erfährt dieser Kulturbesitz in seinen nationalen Ausprägungen eine ständige Umformung. Zu jeder Zeit der Geschichte sind die lebenden Generationen in den doppelseitigen Prozeß der Rezeption der Substanz und der Neugestaltung des kulturellen Lebens und Schaffens eingeschaltet. Es entstehen Traditionen mit zeitbedingtem Wandel ihrer kanonischen Geltung. Es entstehen zugleich neue Formen und Stile geistigen und materiellen Schaffens, es bilden sich immer neue Lebensformen der Gesellschaft und neue Strukturen ihrer Daseinsordnung aus. Auf die später als klassisch bewertete Antike ist das christliche Mittelalter, auf dieses die humanistisch aufgeklärte Neuzeit gefolgt. Die Gegenwart erkennt sich selbst seit der Jahrhundertwende als eine Kultur menschlicher Selbstentfremdung durch die Entwicklung einer die gesamte Kultur durchdringenden wissenschaftlichen Forschung und Technik, welche das Weltbild und durch deren Anwendung auch die Gesellschaft grundlegend verändert. Der statische Kulturbesitz bleibt für die Menschheit toter Ballast, soweit er nicht in den Prozeß des kulturellen Lebens und Schaffens neuer Generationen eingeschaltet wird. Jede Generation wird durch Erziehung und Schulung mit einem Querschnitt des Bestandes an Wissen und Können, an Lebensformen und Institutionen der Gesellschaft vertraut gemacht. Sie erfährt eine *Enkulturation,* deren personale Auswirkung als Bildung bezeichnet wird.

Die kollektive Nutzung des Kulturbesitzes und seine Erweiterung übernimmt die Gesellschaft in ihren sozialen Lebensformen und in ihrem materiellen und geistigen Schaffen. Dabei zeigt sich die Trennung von Nutzung und Neugestaltung der Substanz, zugleich die Doppelseitigkeit des genießenden und des wirkenden kulturellen Lebens. Passivität und Aktivität gehören zum natürlichen Verhalten der Person in ihrer Lebensgestaltung. Sie wirken sich im sozialen Leben als verschiedenartige Formen des Daseins sozialer Schichten und Berufsgruppen der Gesellschaft aus. Diese Schichten und Gruppen partizipieren an den einzelnen Kulturbereichen in eigener Weise und bestätigen sich in ihnen entsprechend ihrer sozialen Funktion.

Dabei scheiden sich die Schichten hoher didaktischer Bildung, mittlerer didaktischer und pragmatischer Bildung und elementarer Bildung, denen im allgemeinen bestimmte Berufsgruppen entsprechen. Deren kulturelle Leistung verteilt sich auf die differenzierte Bildungsschicht einer geistigen Elite und die breite Schicht der werktätigen Bevölkerung, deren Bildungsstand als Volksbildung bezeichnet zu werden pflegt.

In allen Kulturen der Vergangenheit war eine Lebenskultur ausgeprägter Art Privileg der sozialen Oberschicht, die Geisteskultur verpflichtende Berufsfunktion einer besonderen Mittelschicht der Gesellschaft. Die Aufrechterhaltung des werktätigen Schaffens im Dienste der materiellen Kultur war immer von der Zusammenarbeit wirtschaftlicher und technischer Führungskräfte mit der Masse der arbeitenden Bevölkerung abhängig. Auch die Existenz selbständiger Landwirte und Handwerker ist stets von Organisationen und staatlichen Vorschriften bestimmt worden.

Die Gesellschaft der Gegenwart hat wissenschaftliche, literarische und publizistische Tätigkeit zum Auftrag der Intellektuellen gemacht, die aus allen Sozialschichten hervorgehen und auf den verschiedensten Bildungswegen zu ihrer Berufsstellung gelangen.

So entsteht eine durch Gesetz, Organisation und Sitte festgelegte Bindung des kulturellen Lebens und Wirkens an die Gesellschaft und ihre Daseinsordnung. Die Zuordnung von Kulturformen zu bestimmten Lebensformen muß in ihrer Bedeutung für alle Arbeit in der Massenkommunikation der Medien erkannt und gewürdigt werden, wenn diese Erfolg haben soll. Kommunikation ist hier Vermittlung von Kulturbeständen an das Publikum, das sie anzunehmen und zu verwenden bereit ist. Die rechte Vermittlung von Kultur an die Gesellschaft ist die Bedingung einer kulturellen Versorgung der Person für ihre eigene Lebensgestaltung, zugleich die Bedingung eines kulturellen Maximums der Gesellschaft. An der Erfüllung beider Bedingungen sind die Massenmedien wesentlich beteiligt.

Da die moderne Schul- und Sozialpolitik der Kulturstaaten das Bedürfnis aller Schichten der Bevölkerung nach einer permanenten kulturellen Orientierung durch Institutionen der Erwachsenenbildung befriedigt, ist eine Umformung der Kultursubstanz entstanden, welche die fachliche und akademische Geisteskultur allgemein zugängig macht und alle Menschen an den Fortschritten des kulturellen Lebens und Schaffens teilnehmen läßt. Die gesamte Öffentlichkeit wird durch Presse, Literatur und Werbung, neuerdings durch die übrigen Massenmedien ständig informiert und aufgeklärt. Sie wird mit dem wechselnden Bestande der Gesamtkultur in allen ihren Bereichen bekannt gemacht in einer Form, die man als *Popularkultur* (Volkskultur) bezeichnet. Diese didaktisch und taktisch umgeprägte Kultur ist keineswegs an Niveau und Wert reduzierte Substanz an Wissen und Können, an Lebensformen und Sozialfunktionen. Sie ist nach ihrem Bestande hochwertige, aber ausgewählte Substanz zur Befriedigung aller Bildungsschichten und darum das eigentliche Material der Programme der Massenmedien. Ihre Gestaltung ist Aufgabe der Medien selbst, die sich dabei der populären Literatur und der Fachleute bedienen.

Es ist für die Praxis der Programmgestaltung und Kontrolle der Massenmedien erwiesen, daß die Popularkultur bei allen Bildungsschichten der Teilnehmer anerkannt und als eine erholsame Beschäftigung und nützliche Orientierung überall empfunden wird. Sie genügt den Ansprüchen sozialer Oberschichten für den Alltag und die Muße, sie entspricht den Bedürfnissen aller übrigen Schichten der Bevölkerung.

Die individuelle Aufnahmefähigkeit ist für alle Gebiete der Popularkultur bei allen Teilnehmern weniger durch den Bildungsstatus der Einzelperson als vielmehr durch die Eignung des Stoffes für die jeweilige subjektive Sphäre der personalen Bereitschaft zum Konsum gegeben. Man wird für den praktischen Zweck der Programmgestaltung folgende Sphären der Aufnahmebereitschaft der Teilnehmer unterscheiden können.

In erster Linie ist die *Interessensphäre* der Teilnehmer in ihrer Masse zu berücksichtigen. Die Sphäre ist nach der Altersschicht und vorwiegenden Wirtschaftsschicht der angesprochenen Bevölkerung verschieden. Jugend und Alter, ländliche und industrielle Berufe gehen in ihren Interessen am kulturellen Leben weit auseinander. Vollends sind die Interessen der Sozialschichten in unterentwickelten Ländern dem Grade ihrer *Akkulturation* angepaßt. Bei allen Schichten darf man aber die Tendenz voraussetzen, die aktuelle Information und die Unterhaltung vor anderen und speziellen Interessen zu bevorzugen.

Nicht weniger wichtig ist die Berücksichtigung der *Erlebnissphäre* der Teilnehmer. Alle Menschen leben in einem eigenen Milieu der religiösen, nationalen und beruflichen Daseinsformen, die mit ihrem Vorstellen und Fühlen verknüpft sind. Sie stehen fremden Sitten und Ideen ablehnend gegenüber. Sie beschränken ihre Teilnahme auf die Annahme von Zivilisationsgütern. Aber sie wenden sich nur den aus Heimat und Stand vertrauten Gebilden des Kulturlebens und des Schaffens zu. Für die Erfassung der Bevölkerung unterentwickelter Länder ist diese Rücksicht auf ihre Erlebnissphäre außerordentlich wichtig.

Schließlich darf die Vollständigkeit der *Sachgebiete* und der Zwang ihrer Bearbeitung nicht übersehen werden, wenn die Massenmedien ihrer Aufgabe einer lückenlosen Kulturvermittlung entsprechen sollen. Jede Vernachlässigung eines Faches schädigt das Gesamtbild der Kultur im Rahmen ihrer systematischen Vollständigkeit. Sie würde aber nur die Interessen einer kleinen Gruppe fachlich orientierter Teilnehmer berühren. Dagegen muß im Rahmen der Popularkultur ein übersichtliches Gleichgewicht aller Bereiche des kulturellen Lebens und der kulturellen Substanz eingehalten werden, um den Anspruch aller Teilnehmer auf vielseitige Orientierung nach allen Geschmacksrichtungen hin zu befriedigen. In diesem Rahmen sind die Einzelbereiche ohnehin in dem Umfange vertreten, der ihnen nach den Wünschen und Meinungen der Teilnehmer zuzumessen ist. Das Gesamtbild der Popularkultur entspricht nicht der enzyklopädischen Vollständigkeit eines Systems der Kultur in theoretischer oder historischer Ordnung. Es wird vielmehr von den wechselnden Moden der öffentlichen Meinung und den jeweils bevorzugten Idealen der Kultur in einer Gesellschaft bestimmt, die über perfekte und frei gestaltete Kommunikation verfügt.

I.

Bei der Anwendung dieser Kulturtheorie auf die Massenmedien und ihre kulturelle Mission stellt sich der Diskussion der Praktiker leicht der Terminus *„Massenkultur"* innerhalb des Wirkungsbereiches der Massenkommunikation zur Verfügung. Alle Kritiker der Massenmedien benutzen ihn.

Zum Abschluß meiner Abhandlung ist daher zu fragen, ob man in der Kultursoziologie überhaupt von Massenkultur sprechen und unter welchen Bedingungen man bei der Gestaltung der Massenkommunikation auf die Pflege einer solchen Massenkultur bedacht sein darf.

Ohne Zweifel ist alle Massenkommunikation durch Medien darauf eingestellt, mit ihren Darbietungen eine Masse von Teilnehmern zu erfassen. Die Massenmedien wenden sich an eine zerstreut lebende Masse von Menschen, die ohne Kontakt mit ihnen und untereinander nur den Inhalt der Kommunikationen aufnehmen sollen. Diese Menschen werden durch die Einheit und Gleichheit der Kundgabe zu einem kollektiven Verhalten veranlaßt, bei welchem sie in der Masse unter Wahrung individueller Stellungnahme ein analoges Verstehen, Urteilen, Werten, Handeln vollziehen können, deren Funktion auf die Dauer feste Formen annehmen kann.

Es entsteht also eine fortschreitende soziale Integration der diffusen Masse, die zu einer *Massengesellschaft* wird, wenn sie in ihrem kollektiven Verhalten zu einem Konformismus gelangt. Für die Soziologen war die Massengesellschaft lange Zeit ein umstrittenes Phänomen, das die Sozialpsychologen auf das kollektive Verhalten zurückzuführen suchten. Es wurde der in engster Konzentration lebenden Bevölkerung der Großindustrie zugeschrieben. Diese Bevölkerung von Arbeitern, Angestellten und Geschäftsleuten erhält ihre Daseinsordnung durch Gesetz und Organisation. Ihre kulturelle Einheit aber wird durch die uniforme Wirkung der Massenkommunikation hergestellt. Damit aber verliert sie die organische Struktur, ihre soziale Differenzierung in primären und kleinen Gruppen, ihren Pluralismus kultureller Richtungen und Bewegungen. Sie wird zu einer hochkomplexen Gesellschaft der mechanisierten Massenproduktion und des Massenkonsums. Sie entfaltet ihr kulturelles Leben in gemeinsamen homogenen Lebensformen.

Die soziale Ordnung hat in der Massengesellschaft eine hochdynamische Struktur, die jederzeit Massenbewegungen aus verschiedenen Ursachen und Tendenzen auslösen kann. Sie ist daher auch für regulierende Kommunikationsfunktionen wie Propaganda und Agitation äußerst anfällig. Ihre Massenbewegungen manifestieren sich in politischen Versammlungen und Demonstrationen, in Sportveranstaltungen, in ideologischen Bewegungen von Parteien und Standesgruppen. Sie bekunden sich gleichfalls im religiösen Leben der Kirchen und Kulte im utopischen Denken und revolutionären Leben der Jugend. In allen diesen Bewegungen behalten die Individuen ihre konforme personale Lebensform. Ihr eigener Spielraum individueller Gestaltung wird aber durch die Außenlenkung des Gruppenlebens und der Massenmedien eingeschränkt. Der Einzelperson geht das individuell geformte Lebensziel und der eigene Lebenswille verloren. Es bleibt ihr nur die Einordnung in den Strom der Massenbewegungen, das Mitgehen mit den aktuellen Positionen der öffentlichen Meinung, mit den Moden und den Parolen des Zeitgeistes.

Es geht nicht an, dieser Massengesellschaft nur die Daseinsordnung moderner *Zivilisation* zuzuerkennen. Ihr Dasein ist mit der materiellen Kultur von Großindustrie und Technik nicht erschöpft. Es bleibt also die Möglichkeit, ihr alle Funktionen der höheren Kultur zuzugestehen und sie als vollwertige Kulturgesellschaft zu betrachten. Dieser kulturellen Wirklichkeit der Massengesellschaft aber kann der Charakter der *„Massenkultur"* zugesprochen werden. In diesem Sinne ist Massenkultur also eine Sonderform des normalen kulturellen Lebens und Wirkens der Gesellschaft, ausgebildet in der Massengesellschaft. Eine solche Massenkultur unterscheidet sich von der Popularkultur durch Nivellierung des kulturellen Lebens und die Homogenisierung der angebotenen Konsumgüter der Kultur. Während die Popularkultur ein Abbild der Vielgestaltigkeit echter Hochkultur, gleichsam eine reduzierte Bildungskultur bleibt, in der alle Kulturfunktionen und alle Gebilde der Kultursubstanz ihre Geltung behalten, muß in der Massenkultur eine radikale Reduktion der Werte und Funktionen auf den geistigen Horizont der Masse vollzogen werden.

Die Masse scheidet die ihr nicht homogenen Werke aus ihrem Interessenkreis aus. Sie begnügt sich in ihrem kollektiven Verhalten mit den stereotypen Formen ablenkender und anregender Beschäftigung. Sie bleibt im Bereiche ihrer Erfahrung aus sinnlichen Reizen und Wahrnehmungen direkter personaler Kontakte oder vermittelter Kommunikationen.

Es liegt nahe, kulturelles Leben solcher Art auf *Unterhaltung* zu beschränken und die Massenkultur mit der stimulierenden Funktion der Kommunikation gleichzusetzen. Unterhaltung läßt sich bestimmen als die durch stimulierende Kommunikation erzeugte befriedigende Beschäftigung der Person mit Sinngehalten, welche Daseinsgefühle der Lust und Freude, Stimmungen der Vergnügtheit und Heiterkeit, aber auch Erregungen des Erstaunens, des Entzückens, der Spannung und der Angst hervorrufen. Solche Wirkungen entsprechen dem natürlichen Erlebnisdrang und den Triebregungen, welche durch Lust- oder Spannungseffekte befriedigt werden. Sie können bei den Massenmedien nur entstehen, wenn ihre Sendungen Sinngehalte vermitteln, die für alle normalen Menschen eine seelische Leere wie Langeweile auszufüllen oder eine körperliche und geistige Beschäftigung und Anpassung zu verdrängen vermögen.

Die Reduktion der Massenkultur auf Unterhaltung halte ich für einseitig. Man wird der Masse auch in der Massengesellschaft das Bedürfnis nach Vermittlung geeigneter Sparten aus allen Kulturbereichen nicht absprechen dürfen. Die Massenkultur würde fragmentarisch bleiben, wenn sie die gesamte Information und Regulation ausschließen und nur der Hochkultur und der Popularkultur überlassen würde. Ohne eine permanente Information über das Weltgeschehen und die Ereignisse in der näheren Umwelt kann gerade die Massengesellschaft nicht leben und zum kollektiven Denken und Handeln gelangen. Wenn auch die Weiterbildung aus dem Bildungswillen der Person hervorgeht, so wird man die Förderung bildender Orientierung der Massen über Wissen und Arbeit von der Kommunikation der Medien nicht ausschließen dürfen.

Nicht zuletzt aber bleibt das ganze Gebiet des Geisteslebens für alle Menschen eine Sphäre respektvoller Annäherung und interessierter Nutzung. Über der materiellen Welt wird die geistige Welt als ein Lebensraum geachtet, in welchem die geplagte Seele des Massenmenschen durch Umgang mit Religion, Philosophie, Wissenschaft und Kunst eine Erhebung des Gemütes und einen Zugang zur Weisheit finden kann.

Meine Bestimmung der Massenkultur ist in der Begründung von den Schriften amerikanischer Spezialisten durch die Verschiedenheit des empirischen Materials abweichend, im Wesen der Sache jedoch ähnlich. *Hannah Arendt,* Vertreterin pragmatischer Philosophie in den USA mit ihrem bekannten Werk „Vita activa", hat in einer vorzüglichen Abhandlung „Society and Culture" die Massenkultur als eine Kommunikation der Massengesellschaft bezeichnet, die auf das Leben derselben eingestellt ist. Während die älteren Formen der Gesellschaft durch ihre Bildung wahre Kultur in Perfektion pflegten, wird die Massengesellschaft in Zukunft eine solche Kultur nicht gebrauchen, sondern die Unterhaltung in breiter Gestaltung zur Anwendung auf das Leben bringen. Das Material hierfür stellt eine Kultur- und Vergnügungsindustrie her und der private Handel zur Verfügung. Die Autorin begrüßt diese Entwicklung als einen gewaltigen Aufstieg und eine fruchtbare Ausbreitung von Produktion und Konsum aller Künste und Wissenschaften, beklagt aber zugleich die Malaise derjenigen Intellektuellen, welche als bloße Werkleute der Medien zum Verfall der Kultur beitragen müssen, weil sie allein auf Vulgarisierung und Nivellierung echter Kultur angewiesen sind. Ihre Formel zur Erklärung dieser Phänomene lautet:

> *Culture relates to objects and is a phenomenon of the world;*
> *Entertainment relates to people and is a phenomenon of life.*
> (Culture for the Millions, ed. N. Jacobs, Princeton 1961, p. 50)

In einer grundlegenden Abhandlung „A Theory of Mass Culture" hat *Dwight MacDonald* die Massenkultur als eine Popularkultur beschrieben, welche nicht aus dem Schaffen des Volkes wie die Volkskunst hervorgeht, sondern durch Industrie für eigenen Gewinn künstlich hergestellt wird. Eine ganz andere Funktion erhält die Massenkultur in dieser Studie durch totalitäre Regierungen, die mit ihrer kulturell aufgemachten Kommunikation weniger auf Unterhaltung als vielmehr auf Propaganda und Massenerziehung bedacht sind. In ihren Schlußfolgerungen wird die Studie bezüglich der Kulturentwicklung pessimistisch, bezüglich der Massenkultur noch pessimistischer, weil keine Aussicht auf eine Hebung des kulturellen Niveaus und der Lebensförderung der Massen durch bloße Kommunikation besteht.

K.

In kurzer Zusammenfassung meiner Ausführungen stelle ich folgende Thesen auf:

1. Die Kommunikationen der *Massenmedien* dienen in ihren verschiedenen Funktionsarten sowohl der Lebensgestaltung der Person als auch der Versorgung der Masse der Bevölkerung mit notwendigen Informationen und Kulturgütern. Ihre Wirkung liegt in der Erhaltung der Daseinsordnung und in der Förderung eines kulturellen Maximums der Gesellschaft.

2. Die *Kultur* kann nur in der Vielheit ihrer Wirkungsbereiche den Zweck der Realisierung der Humanität erfüllen. Ihre Hochform erreicht sie in einer Gesellschaft, in welcher durch eine Elite schöpferischer Personen und Gruppen Fortschritte der Zivilisation erzielt und klassische Werte der Geisteskultur hervorgebracht werden.

Die *Volkskultur* geht aus dem Schaffen aller Volksschichten hervor und dient ihrer eigenen Befriedigung. Unter *Popularkultur* versteht man heute die allgemeine Zurichtung der Gesamtkultur in allen ihren Gebilden und Phänomenen für die verstehende Rezeption breiter Bevölkerungsschichten.

3. Mit der sogenannten *Massenkultur* entsteht eine Abwandlung des kulturellen Lebens und Schaffens, welche durch die moderne industrielle Massengesellschaft hervorgerufen wird. Sie bildet auch bei perfekter Zivilisation das niedrigste Niveau des kulturellen Daseins passiver Massen, von denen alle Kulturleistungen anerkannt und auf die ihnen gemäßen kulturellen Lebensformen angewandt werden.

III. Angewandte Medienwissenschaften

1. Fernsehperspektiven prognostischer Soziologie

Das Fernsehen ist ein Mittel der Massenkommunikation im Dienste der Information, der Unterhaltung und aller Arten der Regulierung mit dem Zweck der Belehrung, Propaganda und Werbung.

Es ist in seiner Organisation und in seinen Funktionen einer dreifachen Bindung unterworfen, auf deren Eigenart alle Zukunftsprognosen einzustellen sind.

1. Als Institution des Staates oder der privaten Kulturwirtschaft unterliegt das Fernsehen den rechtlichen Normen von Staat und Gesellschaft und damit ihren politischen Konstellationen und Wandlungen. Deren Zukunftsbild ist aus der politischen Entwicklung im Lande und in der weiten Welt abzuleiten. Aber diese Entwicklung ist abhängig von den Bedingungskomplexen der gesamten Daseinsordnung der Gesellschaft, in welche auch das staatliche Leben eingefügt ist.

Zu diesen Bedingungen gehört vor allem die Funktion der Wirtschaft, deren Konjunkturen und Krisen Gesundheit und Krankheit des ganzen Sozialkörpers bedingen.

Die gesellschaftliche Ordnung ist in ihren Veränderungen nicht dem blinden Geschehen der Weltgeschichte oder ihren Zufällen überlassen, sondern wird durch Maßnahmen der Politik und der sozialen Organisation fortlaufend reguliert. Mit der Autorität der Regierungen und mit der Macht der sozialen Gruppen werden Planungen regulierender Art nach ihren jeweiligen Interessen vorgenommen, nach denen die Zukunft gestaltet werden kann.

2. In seiner Abhängigkeit von der Technik ist das Fernsehen an die Fortschritte der Technik gebunden, insbesondere der angewandten Optik, Akustik und Elektrotechnik. Diese Fortschritte wiederum sind durch die Ergebnisse der wissenschaftlichen Forschung und technischen Entwicklung bedingt. Es wird also zu prüfen sein, inwieweit diese Fortschritte einer gewissen Gesetzmäßigkeit und Berechenbarkeit unterliegen, so daß sie durch Planung methodisch gefördert werden können. Daraus ergibt sich das Zukunftsbild der Fernsehtechnik und ihrer Anwendungen in der Massenkommunikation der Fernsehsendungen.

3. Schließlich gehört das Fernsehen zu den Einrichtungen, welche der Bevölkerung das kulturelle Leben der Gegenwart in den verschiedenen Kommunikationsfunktionen vermitteln. Es ist Medium, das heißt bloßer Vermittler, gleichsam ein Spiegel der Gegenwartskultur, nicht ihr eigentlicher Schöpfer und Träger. Seine Zukunft in seinen Funktionen und Leistungen für das kulturelle Leben der

Gesellschaft liegt aber innerhalb der Linien und Kurven permanenter Veränderungen der Struktur der sozialen Daseinsordnung, der Bedürfnisse einer Popularkultur für die breite Masse, der Ansprüche an höhere und ideale Lebensformen der Oberschicht der Gesellschaft und endlich innerhalb der Veränderungen der Horizonte geistigen Lebens, deren Weite und Gehalt in allen sozialen Schichten differieren.

Es wird also zu untersuchen sein, in welcher Weise wir derartige Wandlungen der Kultur verfolgen und für einen bestimmten Status annähernd exakt beschreiben können.

Diese drei Aspekte einer Zukunftsprognose des Fernsehens nötigen uns also zu einer getrennten Einzelbehandlung der Entwicklungsmöglichkeiten des Fernsehens in den verschiedenen Bereichen der Prognose.

1. Der Wandel und der zukünftige Status der Organisation des Fernsehens gehören zu den Bedingungen der Entwicklung der Gesellschaft.

2. Der Wandel der Technik des Fernsehens ist an die Fortschritte der Wissenschaft und ihrer technischen Anwendungen geknüpft.

3. Der Wandel der Kulturfunktionen des Fernsehens unterliegt dem Strukturwandel der objektiven Kultur der Gesellschaft und ihren eigengesetzlichen immanenten Lebensbedingungen.

Wir haben uns daher an diese dreifache Zukunftsperspektive zu halten und am Ende den Versuch zu wagen, die verschiedenen Ergebnisse und Einzelbilder in einer konstruktiven Synthese zu einem Gesamtbild zu gestalten, wie es sich für die nächsten Generationen einer prognostischen Soziologie darstellt.

Die Zukunftsperspektive läßt sich ausdehnen über ein Menschenalter von 75 Jahren, wie es die statistische Prognostik zugrunde legt, oder über den Generationswechsel von 15 Jahren, wie er bei der Marktforschung und Betriebswirtschaft angewandt wird. Damit erreicht man das Jahr 1980 als Zielpunkt. Bis zu dieser Zeit steht die heute verantwortliche Werkgeneration noch in der Führung von Politik, Wirtschaft, Wissenschaft und Technik. Die heutige Jugend, erst nach dem Kriege geboren, daher ohne Erfahrung einer Weltkrise, wird um 1980 in diese Verantwortung für die weitere Zukunft eintreten. Insofern ist die Weltsituation um 1980 für eine soziologische Prognostik berechenbar und realistisch erfaßbar. Ich lege sie meinen Betrachtungen zugrunde.

Es scheint hier angebracht zu sein, die ganze Problematik einer prognostischen Soziologie darzulegen, in deren Systematik überall die Ansätze zu näherer Bestimmung der speziellen Prognosen für die Zukunftsentwicklung des Fernsehens zu suchen sind. Man steht dabei vor der Antithese eines Utopismus revolutionärer Sozialideologie und eines soziologischen Determinismus gesetzmäßiger Phasenentwicklung. Zwischen allen Doktrinen des Marxismus und des Positivismus von Auguste Comte vermittelt aber ein realistischer Konditionalismus, wie ich ihn auf dem Boden moderner Kultur- und Sozialphilosophie vertrete.

Der Realismus zwingt zur Eingrenzung der Perspektive auf den engen Raum nachweisbarer Gegebenheiten und Tatsachen. Der Konditionalismus läßt die Möglichkeiten der Variation von Bedingungskomplexen und der freien Verfügbarkeit ihrer Anwendung offen.

Damit ist eine bedingte Zukunftsgläubigkeit mit optimistischem Einschlag vereinbar, wie sie das Weltbild des Abendlandes und seine Geschichtsphilosophie fordern. Sogar Katastrophen ganzer Völker und Kulturen lassen sich in dieses Gefüge des Geschehens sinnvoll einordnen.

Die Zukunft der Gesellschaft läßt sich nicht einfach mit Hegel nach dialektischer Gesetzlichkeit oder mit Comte nach soziologischer Phasengesetzlichkeit vorausbestimmen. Sie ist vielmehr das hochkomplexe Ergebnis der Wirksamkeit von Primär- und Sekundärfaktoren unter Berücksichtigung verschlungener Einflüsse von jeweilig auftretenden und nicht berechenbaren Konditionalkomplexen.

Zu solchen Komplexen gehören die Massenmedien, besonders das Fernsehen. Das Fernsehen in seiner Funktion als Mittel der Massenkommunikation kann seinen Einfluß aber nur geltend machen und ausüben im Bereiche der Tatsachen, welche die Faktoren in bestimmter Zeitsituation der Gesellschaft geschaffen haben.

Der wichtigste Primärfaktor der Zukunftsgestaltung ist ohne Zweifel die explosive Zunahme der Weltbevölkerung, die in absehbarer Zeit von 2,8 Milliarden gegenwärtiger Schätzung bis auf 8 Milliarden Menschen ansteigen wird. Eine solche Populationsdynamik ist durch die Industrialisierung großer Länder und durch die Maßnahmen der Hygiene von Regierungen und Weltorganisationen in Bewegung gesetzt worden. Mit dieser Entwicklung werden die technischen Investitionen des Fernsehens und seine Programmplanungen Schritt halten müssen, um den zugleich zunehmenden Bedürfnissen nach aktueller Information und entsprechender Stimulation Rechnung zu tragen. Zugleich rechnet die Industrie mit permanenter Konjunktur des Apparatebaues für die Teilnehmer und der technischen Installationen der Anstalten. Daraus ergibt sich von selbst eine zunehmende Koordination der Interessen der Fernsehanstalten und der Wirtschaft, in die auch die Werbung durch das Fernsehen einbezogen werden muß.

Unter den Sekundärfaktoren der Entwicklung der Gesellschaft kommt der Wirtschaft die wichtigste Rolle zu. Sie wird auch bei freier Entfaltungsmöglichkeit durch Maßnahmen der Regierungen, der internationalen Organisationen und der Organe von Industrie, Handel und Finanz reguliert. Im Rahmen der fortschreitenden Industrialisierung aller Kontinente entsteht eine zunehmende Automation aller Betriebsformen, verbunden mit den elektronischen Streuungs- und Kontrollverfahren, deren soziale Aspekte auf Einschränkung der Arbeitszeit, Erleichterung der Arbeitsfunktion und Ausdehnung der Freizeit hindeuten. Damit sind die Zunahme der Mobilität der arbeitenden Massen, die Verlagerung von Wohnung und Freizeitaufenthalt sowie die Ausdehnung des Verkehrs verbunden. Für das Fernsehen ergibt sich daraus die Berücksichtigung der allgemeinen Freizügigkeit des Daseins der Teilnehmer, der Verteilung des Zuschauens auf zahlreiche Wohnräume und die Benutzung von transportablen Transistorgeräten an allen Orten.

Eine solche Anpassung der Massenkommunikationsmittel an die Wirtschaft wird der gewaltigen Verschiebung der Machtverhältnisse in Europa und in der Welt Rechnung tragen müssen. Im Jahre 1980 wird das Potential der Wirtschaft im Vergleich zu Großbritannien in den USA siebenmal, in der SU sechsmal, in China vierzehnmal so groß sein. China wird dann die zusammengefaßte Leistung von USA und SU erreicht haben. Alle in der WEU zusammengefaßten europäischen Länder werden nur annähernd die Macht der USA oder der SU erreichen. Die wirtschaftlichen Informationsbedürfnisse der Länder werden entsprechend sein. Sie werden durch wirtschaftliche Spezialprogramme gedeckt werden.

Bei dieser Entwicklung kann das Fernsehen in seiner Organisation nicht mehr auf den nationalen Bereich der einzelnen Länder beschränkt bleiben. Es entsteht vielmehr der Zwang zur engsten Kooperation sowohl innerhalb der Länderanstalten als auch mit den Sendern der Nachbarstaaten, wie sie mit der Eurovision bereits organisiert worden ist. Das gilt für die Ausbildung weiterer Netzwerke ebenso wie für den vermehrten Programmaustausch. Da die meisten Menschen in nächster Zukunft durch neue Unterrichtsmethoden und Lernmaschinen in der allgemeinen Schulbildung zur Zweisprachigkeit angeleitet werden, können die Programme auch in mehreren Sprachen ausgetauscht werden. Schließlich hängt die Zukunftsentwicklung von den Bedingungskomplexen jeweiliger Zeitsituationen ab, die sich in jeder Phase des Geschehens verändern und gänzlich unberechenbar sind. Alle politischen Ereignisse in der Innen- und Außenpolitik aller großen und kleinen Staaten, in der Konstellation der UN und der internationalen Blocksysteme, alle wissenschaftlichen Entdeckungen und technischen Erfindungen, die den Lebensstandard der Menschheit verändern, bewirken mehr oder weniger einschneidende Wandlungen der Zivilisation und Daseinsform der Völker in aller Welt. Elektronik und Raumbeherrschung werden die industrielle Revolution und die politische Evolution, die sich daran anschließt, für die nächste Zukunft bestimmen.

An beiden Bedingungen ist das Fernsehen unmittelbar beteiligt, so daß es deren Konsequenzen zu beachten haben wird.

Unter diesen Voraussetzungen können die drei Zukunftsperspektiven, wie sie eingangs aufgewiesen worden sind, mit berechenbaren Daten und annehmbaren Synthesen in konkreter Weise dargestellt werden.

1. Auf der Seite der westlichen Demokratien kann sowohl die autoritäre Form einer stabilen Mehrheitspartei als auch die parlamentarische Form eines wechselnden Parteiensystems jede Art von Informationspolitik und Fernsehorganisation anwenden. Die Zunahme privatwirtschaftlicher Fernsehanstalten sowie die Verstärkung unmittelbaren wirtschaftlichen Einflusses auf ihr Programm ist jedoch wahrscheinlich. In den kommunistischen Ländern des Ostens hingegen ist das Staatsmonopol der Massenmedien, insbesondere des Rundfunks und Fernsehens, unentbehrlich.

Sicher ist in allen Fällen, daß die Trennung der beiden Systeme sich erhalten und vertiefen wird. Die Entwicklung weist nicht auf einen Ausgleich, sondern auf eine Stabilisierung der beiden Organisationsformen hin.

Jedoch wird der Einfluß der Massenmedien, besonders des Fernsehens, auf die gesamte Bevölkerung auf beiden Seiten in gleicher Weise zunehmen. Das bedeutet auf der westlichen Seite die verschärfte Fortsetzung des bereits eingeleiteten Machtkampfes zwischen Regierungen und Wirtschaftsgruppen, insbesondere Pressekonzernen, um die Anstalten, deren Einfluß durch Nachrichten, Propaganda und Werbung die öffentliche Meinung und den Markt zu bestimmen vermag.

Auf der östlichen Seite kann davon nur eine Stabilisierung der gegebenen Staatsform und Gesellschaftsform erwartet werden.

Nur die Erwartung einer Monopolbildung der Träger der Massenmedien in der freien Welt kann die Sorge um eine „Telekratie“ begründen, welche die Angst vor einer neuen Diktatur verstärkt. Aber bei aller Erkenntnis der Unumgänglichkeit zunehmender Abhängigkeit der Menschheit von der alltäglichen Information und Beschäftigung durch die Mittel der Massenkommunikation bleibt die Annahme einer organisatorischen Verwirklichung solcher Monopole völlig unbegründet und die Erhaltung des konkurrierenden Pluralismus der Medien und Richtungen ist für die Zukunft gewährleistet, solange die Demokratie ihre politische und geistige Dynamik beibehält.

Für den Betrieb der Sendeanstalten ergeben sich aus der Wirkung der behandelten Faktoren und Bedingungen langfristige Planungsaufgaben. Nach den Erfahrungen und Methoden der betriebswirtschaftlichen Praxis ist die allgemeine Planungsstrategie auf zehn Jahre, die organisatorische Planung auf fünf Jahre anzusetzen.

Bei allgemeiner Verbreitung des Massenempfanges sowohl der Rundfunk- als auch der Fernsehsendungen wird die Aufgabenteilung zwischen beiden Medien unumgänglich sein. Die Konkurrenz der Sender und der Programme wird ausgeschaltet und in eine Gemeinschaftsarbeit mit langfristiger Planung verwandelt. Die zweckmäßige Planung auf lange Sicht für Investitionen, Materialbeschaffung und Verträge wird die Jahresetats der Anstalten bestimmen. Die Zunahme der wirtschaftlichen Werbung und der damit verbundene Einfluß der Agenturen und Unternehmungen erschließt den Anstalten hohe Einnahmequellen und sichert die Finanzierung der Investitionen und Programme in den jährlichen Etatansätzen.

2. Die Behandlung der technischen Fortschritte aus der zweiten Perspektive würde sehr viele Seiten füllen, wenn sie für das Thema ergiebig sein soll. Ich kann daher nur die in der Entwicklung und ersten Anwendung befindlichen Neuerungen und die bis zum Jahre 1980 zu erwartenden Fortschritte kurz aufzählen und mich dabei an Informationen aus Forschung und Industrie halten, da ich hier nicht fachkundig bin. Die Verbesserung der Übertragung durch Verwendung von Höchstfrequenzbereichen mit Laserwellen und Laserstrahlen wird bald eine wesentliche Steigerung der Kapazität bewirken. Dazu kommt eine erhebliche Verbesserung in der Produktion und Leitung der Signale. Wichtige Veränderungen sind auch für die Speicherung der Fernsehbilder zu erwarten, die für den Betrieb mehrfacher Programme unerläßlich ist. Bis zum Jahre 1970 wird die allgemeine Benutzung der Videotape erreicht sein. Ein Jahrzehnt später haben wir mit der Entstehung einer großen Bildindustrie und mit dem Zusammenschluß der Industrie für Film und Fernsehen nach einem gewissen Konkurrenzkampf zu rechnen. Das bedeutet den Abbau der eigenen Produktion der Anstalten, den Verlust ihrer bisherigen Investierungen.

Im Ausbau des Netzwerkes zeichnet sich für diese Frist der Zusammenschluß der bisher selbständigen nationalen Systeme zu globalen Systemen ab, die nur mit Satelliten arbeiten können und zu diesem Zwecke einer weltweiten technischen Organisation bedürfen. Voraussetzung hierfür ist wiederum die Tendenz angemessener politischer Förderung dieses kulturellen Unitarismus, der eine über die ganze Welt ausgebreitete und demnach uniforme optische Kommunikation erfordert.

Auf der Seite der Teilnehmer ergeben sich bis zum Jahre 1980 umwälzende Neuerungen. Das Fernsehtelefon wird dann alle Menschen in akustisch und optisch vermittelten persönlichen Kontakt miteinander bringen und jeden auch unliebsamer Öffentlichkeit ausliefern.

Das Münzfernsehen bietet allen Abonnenten eine beliebige Auswahl von Filmen, Theater- und Konzertveranstaltungen, Sportereignissen zu jeder Zeit an.

Wohnungen und Amtsräume, Gasthäuser und Betriebe erhalten ein zentrales Empfangsgerät mit Anschlüssen an Luminiszenzschirme und Wandapparate, die in allen Räumen stereoskopische Fernsehbilder mit stereophoner Akustik darbieten. Die Auswahl von sechs Programmen wird bis dahin noch erweitert sein.

Außerdem ermöglicht die Herstellung preiswerter Transistorfernsehgeräte jedem Menschen zu jeder Zeit und an jedem Orte den Empfang mehrerer Programme.

In wenigen Jahren werden die europäischen Länder das Farbfernsehen eingeführt haben. Der Konkurrenzkampf der Systeme wird zum Nachteil für die universalen Kommunikationsmöglichkeiten durch die Politiker entschieden. Bis zum Jahre 1980 wird die Sättigung der Märkte in allen Ländern erreicht sein. Für die Sendeanstalten ergibt sich damit eine erhebliche Aufwendung an Investitionen für die Sendeanlagen, die Beleuchtung, die automatische Bedienung, für die Vermehrung des Personals und die Beschaffung von genügend Programmaterial. Der Empfänger wird mit der Anschaffung von Apparaten zu rechnen haben, die anfangs das Dreifache, später nur das Zweifache der heute gebräuchlichen Empfänger kosten.

3. Die Veränderungen unserer gesamten Daseinsordnung, die uns die nächste Zukunft bringen wird, werden im allgemeinen unterschätzt. Wir befinden uns in Wirklichkeit in einem reißenden Strome gesellschaftlicher Umwälzungen, die alle Völker und Kontinente erfaßt haben und auch in der europäisch-abendländischen Kulturgesellschaft radikale Wandlungen der Lebensformen hervorrufen müssen.

Mit den siebziger Jahren entsteht in Westeuropa eine Umschichtung der Gesellschaft in den Berufsfunktionen. Die werkmäßig arbeitende Bevölkerung, etwa 60 v. H., erhält durch Automation und Rationalisierung der Betriebe und Verwaltungen ein Privatleben von drei Tagen. Diese sind also mit Freizeitbeschäftigung und geselligem Leben in Familie und sonstigem Lebenskreis auszufüllen. Hier muß das Fernsehen große Ausweitungen der Programme zur Vermittlung einer Popularkultur vornehmen, für welche das herkömmliche Schema nicht ausreicht.

Eine Oberschicht von fünf bis zehn v. H. der Bevölkerung hat in den verantwortlichen Positionen der Verwaltung, der Wirtschaft und des Kulturlebens nur eine individuell regulierbare Freizeit zur Verfügung, wird sie aber ganz nach eigenen Interessen auf geistige Arbeit und Geselligkeit verwenden. Das Fernsehen genügt solchen Interessen durch seine Spezialprogramme mit kultivierter Geistespflege und Kunstpflege.

Die restlichen 30 v. H. an Kindern und Jugendlichen nehmen im Reifealter am Schulfernsehen und an den Bildungsprogrammen des Fernsehens teil. Diese Aufgaben des Fernsehens werden durch die erheblich verbesserten Methoden des Unterrichts und die gesteigerten Anforderungen an Fertigkeiten und Wissen für alle eine bedeutende Ausweitung erfahren.

Die Menschen der Zeit um 1980 stehen bei verlängerter Lebensdauer und Arbeitsfähigkeit vor ganz neuen Aufgaben der Lebensgestaltung. Sie leben in einer technisch perfektionierten Umwelt und sind mit neuen Geräten der Massenkommunikation ausgestattet, die ihnen den alltäglich jederzeitigen Zugang zur Information aus aller Welt offenhalten. Sie tragen den Radioempfänger am Armband, den Fernsehtransistor in der Tasche, sie haben an allen Wänden der Wohnung den Luminiszenzschirm für viele Programme des Fernsehens, sie verfügen über Magnettonbandgeräte zur eigenen Aufzeichnung von Fernsehsendungen. Sie werden also in ihrem täglichen Lebenslauf sozusagen von einem allgegenwärtigen Mentor Fernsehen beraten, beschäftigt und beeinflußt.

Zunächst nimmt in der personalen Sphäre der Lebensgestaltung die Sorge um Körperpflege und Kosmetik einen weiten Raum ein und beansprucht sicherlich die doppelten Kosten heutiger Hygiene. In der verlängerten Freizeit kann eine hygienische Muße der Erholung, dem Sport und der Gesundheitspflege gewidmet werden. Das Fernsehen gibt überall die Anleitungen dazu.

Daneben widmen sich immer mehr Menschen einer intensiven und planmäßigen Weiterbildung über Schule und Berufsausbildung hinaus. Die Impulse aller Medien fördern ohnehin die pragmatische Bildung auf vielen Gebieten, die der Masse bisher verschlossen waren. Mit Hilfe der Spezialprogramme des Fernsehens werden aber für die wichtigsten Bereiche der Arbeitswelt und des Wissens Orientierungsmöglichkeiten geschaffen, von denen die Menschen in allen Schichten und Berufen nach Neigung und Sachinteresse Gebrauch machen werden.

Man wird bei solchen Aspekten kaum von einer Verflachung der Persönlichkeitskultur sprechen können, im Gegenteil eine erhebliche und allgemein ausgebreitete Verfeinerung der Lebenskultur der Masse erwarten dürfen.

In der sozialen Lebensgestaltung vollziehen sich Wandlungen, die mehr durch die Veränderung des Gemeinschaftslebens als durch individuelle seelische Bedürfnisse bedingt sind. Die Familien werden die Möglichkeit haben, wenigstens einen der freien Tage gänzlich dem Zusammensein und einer religiös oder kulturell erfüllten Gemeinschaftspflege zu widmen. Die bisherige Trennung von Eltern und Kindern kann durch die zahlreichen Wandschirme des Fernsehens vermieden werden. Zahlreiche Programme des Fernsehens werden im Gruppenleben, in Freundeskreisen, Vereinen, Clubs und Arbeitskreisen verwendet.

Auch die berufliche Lebensgestaltung erhält vielseitige Förderung durch die im Fernsehen vermittelte Beratung bei der Berufswahl und Ausbildung, durch Sendungen über die Sachgebiete der Berufsarbeit und durch die aktuellen Informationen über alle Vorgänge der Berufsbereiche.

Die Anpassung der Kulturfunktion des Fernsehens an die Zukunft ist aber nicht allein durch die Veränderung der individuellen Lebensgestaltung bedingt, sondern auch durch die Veränderungen der Kultur der Gesellschaft selbst. Wenn es auch keine immanente Gesetzmäßigkeit für diese Veränderungen gibt, die ihre Vorausbestimmung ermöglichen würde, so sind doch die Erkenntnisse der Soziologie über den Formenwandel des sozialen Lebens ausreichend, um den Fortschritt der Kultur in ihren verschiedenen Funktionsbereichen bis 1980 verfolgen zu können.

Dabei zeigt sich zuerst die ungeheuere Verbreitung der materiellen Kultur in der Daseinsordnung der künftigen Gesellschaft. Wirtschaft und Technik werden bis zur Gegenwart in den westlichen Ländern der Geisteskultur nachgeordnet, in der nächsten Generation aber sicherlich auch hier den Vorrang im sozialen Leben erhalten. Die Sozialkultur aber ist in ihren Zielen und Formen der materiellen Kultur zugeordnet. Sie bestimmt die Daseinsordnung der Massengesellschaft, die ohne den gewaltigen Apparat von Organisation nicht leben und in Frieden schaffen kann. Das hochkomplizierte Gefüge ist daher auf totale Ausnutzung aller Kommunikationsmittel angewiesen. Presse, Rundfunk und Fernsehen sind die unentbehrlichen Vermittler der Beziehungen aller Gruppen, Institutionen und Bürger untereinander. Der Ausfall von Post und Telefonverkehr würde die Gesellschaft wirtschaftlich schwer schädigen, der Ausfall von Presse, Rundfunk und Fernsehen zugleich alle kulturellen Funktionen lahmlegen.

Daher ist der normale Betrieb aller Massenmedien Bedingung für eine stabile Kultur und ihr Maximum für jeden einzelnen. Das Fernsehen wird in Zukunft die Nachrichtendienste vervielfältigen müssen, um diesen Umständen gerecht zu werden. Die Befriedigung der Informationsbedürfnisse der Massengesellschaft kann aber nur im Wettbewerb der Massenmedien erfolgen, bei welchem der Nachrichtendienst so reichhaltig und vielgestaltig wie möglich gestaltet wird. Monopole würden sie einengen und nivellieren.

Die wissenschaftliche Untersuchung eines Schweizer Soziologen – Professor Dr. Silbermann – über die Informationsleistung von Fernsehen und seriöser Presse in fünf westeuropäischen Ländern hat ergeben, daß das Fernsehen hinter den Zeitungen an Zahl und Inhalt der aktuellen Nachrichten erheblich zurücksteht, ferner, daß die Sparten Wirtschaft, Wissenschaft und Technik im Fernsehnachrichtendienst nur unzureichend behandelt werden. Die exakten Zahlenwerte dieser Forschung führen den Soziologen zu der Begründung seiner Forderung nach Vermehrung der Fernsehanstalten der privaten Wirtschaft, deren Streben nach einem Nachrichtenmonopol er freilich nicht befürchtet, In jedem Falle wird das Fernsehen bis zum Jahre 1980 eine außerordentliche Ausweitung der Nachrichten und der dazugehörigen bildlichen Dokumentation für alle Bereiche des Lebens und Werkens vornehmen müssen.

Die künftige Gesellschaft ist ferner angewiesen auf eine methodische Schulung der Jugendlichen und Erwachsenen. Die Spezialprogramme im Dritten Programm können den berechtigten Forderungen nach regulierender Kommunikation für Freizeit, Beruf und Gesellung nur entsprechen, wenn sie die ganze Breite des Wissens, Könnens und Schaffens der Menschheit nicht in der enzyklopädischen Systematik der Wissenschaften mit Auswahl vermitteln, sondern einzelne Sachgebiete in didaktischer Formung gezielt an die Interessengruppen verteilen und überall in engste Beziehung zur Praxis der Berufe setzen.

Weiter wird das Fernsehen mit der Verstärkung der politischen Propaganda von seiten der Regierungen wie der Bürgerschaft zu rechnen haben. Das Fernsehen wird sich den Forderungen nach ihrer Vertretung in der Öffentlichkeit nicht verschließen dürfen, seine Redaktion die Vertretung der öffentlichen Meinung für sich allein nicht in Anspruch nehmen können, um den politischen Raum der Demokratie publizistisch auszufüllen. Die Pressefreiheit rechtfertigt nicht ein publizistisches Monopol auf freie Meinungsäußerung. Der Vermittler Fernsehen wird wie die übrigen Massenmedien allen Organen der Politik und allen Schichten der Bevölkerung seine Kommunikationsmittel zur Verfügung stellen müssen, um die Funktionen der Information, der Diskussion, der Verteidigung, der Rechtfertigung im Sinne der freien Verfassung der Demokratie aller Bürger zur Geltung zu bringen. Jede Einengung der politischen Kommunikation, soweit sie nicht staatsgefährdend ist, schädigt die Interessen der Bürger, die am Gemeinleben teilnehmen wollen und sollen.

Die größte Ausbreitung im Rahmen regulierender Kommunikation durch das Fernsehen wird ohne Zweifel die wirtschaftliche Werbung erfahren. Die Werbesendungen müssen in Zukunft zu eigenen Programmen kommen und werden vielleicht mit eigenen

Privatsendern betrieben werden. Sie werden den Hausfrauen alltäglich ihre Waren und ihre neuesten Produkte vor Augen führen, sie werden ihre Qualität und Brauchbarkeit anpreisen, sie werden das Fernsehen zum Schaufenster der Angebote machen und telefonische Bestellung vorschlagen, ohne die Käufer in das Warenhaus zu bitten. Die Eindrucksmächtigkeit des Farbfernsehens wird den Anreiz zum Kauf vieler Waren erhöhen, deren Gestaltung von der Farbgebung abhängt. Die Vertretung des Angebotes durch bekannte Personen des öffentlichen Lebens oder durch überzeugte Käufer und Nutznießer wird den Entschluß der Kunden zum Kauf erleichtern.

Endlich muß auch die Rolle der stimulierenden Funktionen des Fernsehens in der Kultur der Zukunftsgesellschaft hervorgehoben werden. Ohne die Künste würde die Freizeitgestaltung einer viele Tage unbeschäftigten Masse kaum sinnvoll sein. Ohne die Vorführung leichter Muse und volkstümlicher Show würde weiten Kreisen kein Interesse an den Sendungen abzugewinnen sein. Namentlich muß auf die Vorführbarkeit guter Musik nicht nur im Rundfunk, sondern mit der Optik des Fernsehens verwiesen werden. Die Gesellschaft der nächsten Zukunft wird im Konsum dieser Fernsehunterhaltung unersättlich sein. Das Fernsehen wird sich auf eine Massenproduktion geeigneter Künste einrichten müssen, um die gewünschten Programme ausfüllen zu können.

Jede Analyse der Situation des Fernsehens in der Gegenwart wird bestätigen, daß die erste Phase seiner Entwicklung mit unserer Gegenwart abgeschlossen ist.

Das Fernsehen wird daher schon heute vor die Entscheidung gestellt, in welcher Richtung in nächster Zukunft seine kulturellen Funktionen zu erweitern sein werden. Wird das bisherige Schema der Programmgestaltung beibehalten, so kann die Kritik mit Recht den Mangel an Information rügen, wie gezeigt worden ist, aber auch die einseitige Pflege des Fernsehtheaters mit Fernsehspielen, Kriminalstücken und Showaufführungen.

Als Instrument der Geisteskultur muß das Fernsehen in der Sicht auf die Zukunft die Pflege von echter Kunst, Wissenschaft und Religion neben das künstlich gemachte dramatische Geschehen stellen, das in den Köpfen der Zuschauer mehr Verwirrung als echtes Phantasieerleben erregen kann.

Als Vermittler der materiellen Kultur mit ihrer wachsenden Beherrschung der Gesellschaft hat das Fernsehen den Bereichen der Wirtschaft und der Technik weit mehr Raum als bisher zu gewähren. Damit ist eine ausgewogene und allseitige Behandlung des sozialen Lebens zu verbinden, das von der technischen Entwicklung weitgehend bestimmt wird.

Nach meiner Prognose wird also das Programm des Fernsehens

in naher Zukunft das gesamte Kulturleben in seiner Vielgestaltigkeit so zu vermitteln haben, daß ein Gleichgewicht zwischen der Popularkultur und der differenzierten Kulturpflege höchster Perfektion der Gestaltung für höchste Ansprüche des Publikums erzielt wird. Das Fernsehen darf also weder einseitig zum Unterhaltungstheater noch einseitig zum Informationsmittel oder Werbemittel entwickelt werden. Es bleibt vielmehr das für westliche Universalkultur und nationale Kultur verantwortliche Massenmedium mit den besten optischen und akustischen Mitteln und allen Kommunikationsfunktionen.

Der Fortschritt der Methodik prognostischer Soziologie wird das sich vermehrende Material empirischer Forschung und Statistik mit der konstruktiven Synthese der gewonnenen Daten zu einem real begründeten Zukunftsbilde der Gesellschaft und ihrer Massenmedien ausgestalten. So erhalten die leitenden Organe der Presse, der Rundfunk- und Fernsehanstalten, der Kulturpolitik und der Wirtschaft Planungsmöglichkeiten, ohne deren Anwendung die Zukunftsentwicklung dem Chaos der Naturkräfte und der Zufälle und der Willkür der Machtfaktoren ausgeliefert sein würde.

2. Die Aufgaben der Medienpädagogik

A.

Mit der Entwicklung der neuen *Massenmedien* und deren Einwirkung auf Kinder und Jugendliche hat sich die Notwendigkeit methodischer und systematischer Bearbeitung einer einheitlichen Disziplin der Medienpädagogik ergeben. Nacheinander sind Film, Rundfunk und Fernsehen in den Erlebnisraum der jungen Generation eingedrungen und haben alle Faktoren bisheriger Erziehung und Bildungsarbeit an Extensität der Beanspruchung und Intensität der Wirkung übertroffen.

In diesen Medien, deren Gebrauch zunächst den Erwachsenen überlassen war, stellte sich Haus und Schule eine neue Welt gegenüber, welche sehr bald den Anspruch machen konnte, auch die Jugend in ihrem Beschäftigungsbedürfnis und Bildungsstreben zu erfassen und in der Richtung ihrer Lebensziele und Lebensansichten zu beeinflussen. Sie erschien den berufenen Erziehern und Lehrern zunächst als ein Raum privater Lebensgestaltung reifer Menschen, die sich nach Wunsch und Interesse diesen künstlichen Quellen von Weltorientierung und Vergnügen zuwenden. Sie erschien darum als eine dem Gehege jugendlichen Lebens fremde Macht mit gefährlichen Tendenzen und Verlockungen, von denen alle pädagogischen Maßnahmen ferngehalten werden sollten.

Für die *Pädagogik der Neuzeit* war diese Welt der Erwachsenen dem Kinde verschlossen und die Aufgabe der Erziehung im wesentlichen die Schaffung und Eingrenzung eines eigenen Lebensraumes für Kindheit und Jugend mit eigener Soziosphäre und Noosphäre. In der Reformbewegung unseres Jahrhunderts hat die Jugend selbst ein Eigenleben eigener Prägung für sich beansprucht und die pädagogische Praxis ihr auch das Eigenleben in der Welt der Erwachsenen zugebilligt. Frühzeitige Auseinandersetzung mit Wirtschaftsleben und Politik, rechtzeitige Aufklärung über die Lebensbedingungen in der Gesellschaft, dosierte Anteilnahme am Kulturleben sollten nach den Reformpädagogen den Weg von der Lebensregelung unselbständiger Menschen zur Selbständigkeit freier Lebensgestaltung bahnen. Dabei war an die Umwandlung der modernen Welt durch die Technisierung der Arbeit wohl gedacht, aber die technische Umwandlung des kulturellen Lebens noch nicht berücksichtigt worden.

Die Benutzung der Medien im heutigen Alltag der Arbeit und Muße, des privaten und öffentlichen Lebens bedeutet in der Tat eine tiefgreifende Wandlung der Gesellschaft in ihrem Verhältnis sowohl zur Lebens- und Sozialkultur als auch zur Geisteskultur, deren Verwaltung die Medien in ihrer besonderen Funktion an sich gezogen haben. Die Technik hat mit den Empfangsapparaturen handliche Mittel für alle Menschen und alle Räume geschaffen, mit denen jedermann seine Freizeit sinnvoll ausfüllen, am Geschehen der Welt teilnehmen und alle Arten von Kunst genießen kann. Diese Mittel ermöglichen dem modernen Menschen die Anschauung lebendiger Wirklichkeit und beliebiger Phantasiegebilde in der Vermittlung von Apparaturen, welche den Sinnen die Außenwelt nicht in ihrer natürlichen Gegebenheit unmittelbar darbieten, sondern im Filter technisch reproduzierter Sprachlaute und Töne, im Spiegel der Film- und Fernsehbilder. Es ist mithin nicht das reale Sein und Geschehen, sondern eine kunstvoll geschaffene *zweite Welt*, die dem Zuhörer und Zuschauer durch die Geräte übermittelt wird.

In dieser zweiten Welt lebt auch die junge Generation von ihren Kindertagen an. Sie erlebt die Gebilde der Technik mit Aufmerksamkeit und Spannung, als ob sie in ihren Phänomenen zur wirklichen Welt gehören. Wirkliche Welt göttlicher Schöpfung und vermittelte Welt menschlicher Schöpfung werden von Kindern und Jugendlichen als eine einheitliche Erlebniswelt hingenommen. Ihre Erfahrung spaltet sich in die Wahrnehmung von Natur und menschlichem Dasein einerseits und von Ton- und Bildphänomenen andererseits. Ihre große Täuschung besteht in der Annahme der Echtheit und Einheit der beiden Welten und ihrer Erfahrung, eine Täuschung, der auch die Erwachsenen ohne Kritik unterliegen.

Bei einer solchen *Erweiterung der Erfahrungswelt* steht die ältere Generation in ihrer Verantwortung für die Erziehung der Jugend vor der Aufgabe, die neuen Vermittler einer künstlichen Welt in die Lebensregelung und Ausbildung der jungen Generation einzufügen und diese fähig zu machen, sie in ihrer Lebensgestaltung sinnvoll und zweckmäßig anzuwenden.

Diese praktische Aufgabe gehört in den Pflichtenkreis der Betreuer der Erziehungswirklichkeit. Ihre wissenschaftliche Erhellung im ganzen ist der *Erziehungswissenschaft* aufgetragen. Die Erschließung des neuen Problemfeldes aber erfordert den Ausbau einer eigenen pädagogischen Disziplin, die vorläufig als *Medienpädagogik* bezeichnet wird. Ihr Aufgabenkreis soll hier in Kürze umschrieben werden.

Die Bestimmung des Aufgabenkreises setzt die Umgrenzung des Forschungsgebietes und damit die Einordnung seines speziellen Problemfeldes in den systematischen Rahmen der umfassenden Wissenschaft voraus. Als solche bietet sich der Medienpädagogik zunächst die Erziehungswissenschaft an, die zahlreiche praktische Einzeldisziplinen aufweist. Danach wird zu prüfen sein, welche Rolle die Medienwissenschaft in der Begründung und Ausführung der medienpädagogischen Forschungsarbeit spielt. Erst nach der Klärung dieser wissenschaftstheoretischen Vorfragen läßt sich zeigen, was mit dieser Arbeit zu leisten ist.

B.

Es ist daher ein erstes wichtiges Anliegen der Erziehungswissenschaft, mit der Übernahme des neuen Arbeitsgebietes der Medienpädagogik zugleich um eine neue Systematik ihres Aufbaus und ihrer Gliederung bemüht zu sein.

In der *älteren Pädagogik* stehen philosophische Grundlegung und praktische Doktrinen der Erziehungs- und Unterrichtslehre nebeneinander. Die systematische Pädagogik unseres Jahrhunderts verzeichnet zunächst die philosophische Grundlegung, danach die einzelwissenschaftliche Grundlegung der Pädagogik als eine fachbezogene Aufarbeitung desjenigen Materials, welches die sogenannten Grundwissenschaften oder Hilfswissenschaften dem eigenen Gedankengefüge der Erziehungswissenschaft zur Verfügung stellen sollen. In der Systematik dieser Wissenschaft bleibt die Trennung der allgemeinen Erziehungswissenschaft von der praktischen Pädagogik und die Selbständigkeit ihrer praktischen Einzeldisziplinen aufrechterhalten. Erziehungsvorgänge äußerer Regulierung und Bildungsvorgänge innerer Funktionsgesetzlichkeit werden voneinander geschieden.

Nach ihrer philosophischen Grundrichtung suchen die Systeme vorwiegend soziologischer Orientierung den Primat der Erziehungsvorgänge und damit der Lehre von der Lebensregelung zu vertreten. Andere Systeme vorwiegend psychologischer Orientierung begründen die Notwendigkeit, alle Vorgänge in der Erziehungswirklichkeit auf die Gesetzmäßigkeit der physischen und psychischen Entwicklung zurückzuführen und demgemäß aus der Konditionalität der Umweltfaktoren zu erklären. Schließlich vermögen die Systeme einer umfassenden rein geisteswissenschaftlichen Orientierung den Bildungsprozeß allein aus den verstehenden Bezügen des Seelenlebens zur objektiven Kultur zu erklären und demgemäß den Primat der Bildung im Gefüge der Erziehungswissenschaft zu verkünden.

In der geisteswissenschaftlich begründeten pädagogischen Enzyklopädie der Göttinger Schule sind demgemäß die Funktionen des Wachstums und der seelischen Entwicklung in der Lebensform der Individualität zu einer Einheit verbunden, welche durch den Bildungsprozeß ihre personale Prägung erfährt. Daher kann in das System einer Bildungswissenschaft sowohl die Körperfunktion, Spielfunktion und Werkfunktion einbezogen werden als auch die Ausbildung der Fachkenntnisse und Kulturfähigkeiten aller geistigen Grundrichtungen.

Eine solche Systematik würde für die Behandlung der Medien nur Platz lassen, wenn deren Bildungsfunktion allein in Betracht gezogen werden dürfte. Aber gerade die informierende und stimulierende Macht der Massenmedien gibt der Pädagogik Anlaß zur Prüfung ihrer Wirkung auf die Lebenserfahrung und Weltvorstellung der Jugend sowie auf ihr Verhalten in der Gesellschaft. Die Entfaltung der Bildung unterliegt der Lebensregelung durch die Erzieher und Lehrer ebenso wie die Ausformung des Charakters im Willens- und Gefühlsleben. Die soziale Bedingtheit dieser Regelung wird von der Bildungstheorie dieser pädagogischen Zeitrichtung nicht erfaßt. Die Erklärung der personalen wie der visuell lebendigen Kommunikationsprozesse wäre in dem geisteswissenschaftlichen Schema der Diltheyschule nicht unterzubringen. Es ergibt sich hiernach die Notwendigkeit, den Aufgabenkreis der Medienpädagogik in einer anderen Gliederung der pädagogischen Disziplinen zu suchen. Eine solche Neugestaltung pädagogischer Systematik vermag eine realistisch begründete Erziehungswissenschaft vorzunehmen, indem sie den Komplex der Bedingungen aller Lebensregelung und Bildung um den Faktor der Vermittlung durch Medien erweitert und der Verlaufsgesetzlichkeit dieser Vermittlung eine eigene Untersuchung neben Erziehung und Unterricht widmet.

Die *realistische Erziehungswissenschaft* betrachtet den menschlichen Lebenslauf als einen Naturprozeß, in welchem die Entwicklung des physischen und psychischen Lebens durch die Einwirkung der Mitmenschen auf das Subjekt und durch die Auseinandersetzung des Subjektes mit der Kultur der sozialen Umwelt gesteuert wird, so daß sich der Naturprozeß in eine kulturelle Lebensregelung und Lebensgestaltung überführen läßt.

Während bisher in der Konvergenztheorie nur die direkten Bezüge von Mensch und Umwelt geregelt werden konnten, fordert die heutige Lage des Menschen die Anerkennung der Geltung von Vermittlern zwischen beiden Seiten und demgemäß die Einschaltung der Medien in den Bedingungskomplex aller seelischen Entwicklung und kulturellen Bildungsentfaltung.

Die Medien erscheinen in diesem Funktionskreis als dritter Faktor eigenständiger Gestaltung und Äußerung neben Subjekt und Umwelt. Sie wenden sich der Wirklichkeit der Gesellschaft und der Kultur als Betrachter zu, um alles Brauchbare und Zeitgemäße auszuwählen und weiterzugeben. Sie wenden sich alsdann an die unsichtbare Masse der Zuhörer und Zuschauer, um die Substanz ihrer sozialen und kulturellen Auslese an das Publikum zu vermitteln.

So übernehmen die Medien Funktionen, wie sie jedem Erzieher obliegen, wenn er mit dem Blick auf Daseinsordnung und Kultur deren Wertgehalt prüft und seine Auswahl an die suchende und fragende junge Generation übermittelt. Beide Mittler unterscheiden sich darin, daß Erzieher und Lehrer das Subjekt unmittelbar vor sich haben und ihre Regelung und Ausbildung den individuellen Bedürfnissen anpassen können, während die Medien von ihrem Publikum getrennt sind und ihre Kundgabe nur in technischer Filterung vermitteln können.

Der Realismus der Erziehungswissenschaft erkennt auch die Mehrseitigkeit der Bedingungen an, unter denen der Mensch lebt und kulturell geprägt wird. Er scheidet die personalen Einwirkungen sorgender und lenkender Art, die zur Lebensregelung gehören, von den Einflüssen, welche aus der Anpassung an die Umweltverhältnisse und aus der Rezeption objektiver Kulturelemente im Bildungsprozeß wirksam werden. Äußere Steuerung und innere Entfaltung gehen im Prozeß der Synthese der Persönlichkeit ineinander über.

Wenn man die Medien als tätige Miterzieher in der Lebensregelung betrachtet, werden sie den Bedingungen der personalen Kommunikation unterworfen, wie sie bei aller intentionalen Erziehung vorliegen. Auftritt und Rede der Leitbilder, Gebahren der Darsteller, Beherrschung der Situation sind ebensoviele Akte der lenkenden Lebensregelung, wie sie im Alltag der Erziehungswirklichkeit vorkommen. Wenn die Medien nur als Anlaß zur Regelung der Nutzung betrachtet werden, erscheinen sie als totes Werkzeug für Spiel und Beschäftigung der Kinder und Jugendlichen. Wenn sie endlich als lebendige Faktoren der Lebensgestaltung anerkannt werden, so erfordern sie eine Kenntnis ihres unberechenbaren Wesens und eine Fertigkeit ihrer Benutzung, die alle Chancen wahrnimmt, zu gewinnen, und alle Risiken beachtet, die mit ihrem Umgang verbunden sind. Hier liegt die wichtigste Aufgabe aller Medienerziehung.

C.

Hier ergibt sich die Frage nach der Zweckmäßigkeit der Einbeziehung des gesamten Problemfeldes der Medienpädagogik in die Erziehungswissenschaft und ihre praktischen Disziplinen. Gewiß werden die Vertreter dieser Wissenschaft immer als zuständig für eine derartige Spezialforschung pädagogischer Sachbezüge und Verfahrensweisen angesehen werden müssen, wenn überhaupt geeignete Fachleute gefunden werden sollen. Die gründliche Durchforschung dieser neuen Zweige der Wissenschaft aber erfordert heute eine ehrliche Arbeitsteilung zwischen den Vertretern der erziehungswissenschaftlichen Forschung und denjenigen der einzelnen praktischen Disziplinen. In deren Arbeitsgebiet fällt der Aufgabenkreis der Medienpädagogik. Ihre Vertretung sowohl in der Forschungsarbeit als auch in der akademischen Lehrtätigkeit setzt aber eine Vertrautheit mit der Medienwissenschaft voraus, die auch mit praktischer Erfahrung an den Medien zu verbinden ist, und erstreckt sich darüber hinaus auf die Sachbereiche der Psychologie, Soziologie und Publizistik, die ohnehin an die Erziehungswissenschaft angrenzen.

Die psychologischen Vorarbeiten der Grundlegung der Erziehungswissenschaft können auf die Medienpädagogik nur übernommen werden, wenn sie der speziellen Untersuchung der seelischen Reaktion von Kindern und Jugendlichen auf die Medien gewidmet sind. Hier ist aber die bedeutendste Vorarbeit für die gesamte Medienforschung geleistet worden. Mit der jugendkundlichen Bearbeitung des Mediengebrauches hat die Entwicklung des ganzen Wissenschaftszweiges begonnen. Vertreter der entwicklungspsychologischen Forschung im Rahmen der Erziehungswissenschaft sind als die Begründer der neuen Medienwissenschaft und ihrer pädagogischen Anwendung zu bezeichnen.

In der *jugendkundlichen Forschung* stehen, soweit sie sich mit dem Medienbezug befaßt, die Probleme der Medienwirkung im Vordergrund von Planung und Durchführung. Auf der Seite des Kommunikators ist der intentionale Gehalt der verschiedenen Kundgaben und Darbietungen von besonderer Bedeutung, sofern der Effekt der Kommunikation durch die Modulation des Gehaltes in der Übertragung die besondere Reaktionsweise des Hörers oder Zuschauers bestimmt. Aber jeder Sinngehalt der Sprache und jedes kulturelle Gebilde kann in der Vielgestaltigkeit der möglichen Vermittlungen bei den verschiedenen Medien durch tendenziöse Aufladung die verschiedensten Reaktionen auslösen. Solche Tendenzen zielen auf politische Meinungsbildung, moralische Gesinnungsbildung, ideologische Überzeugung, Gefolgschaft oder Aktionsbereitschaft. Gehalt und Vermittlungsweise gehören daher in allen Mediendarbietungen zusammen und müssen zur Erklärung der Effekte gemeinsam untersucht werden. Dabei hat jede Sparte der Darbietungen in den verschiedenen Medien ihre eigene wirksame Strukturformel, die zu beachten ist.

Da die Kindheit und Jugend gegen derartige Beeinflussungsmethoden besonders anfällig ist, muß in der Medienpädagogik gerade den Modulationsmöglichkeiten und Aufladungen der Jugendfilme und Jugendsendungen der Funkmedien eine eigene Beobachtung gewidmet werden, durch welche derartige Tönungen bei der Schwierigkeit ihrer Erfassung und Deutung auf ihren Tiefeneffekt kontrolliert werden können. Nicht die Substanz der Sinnesreize, sondern die Aufladung der Gehalte mit Tendenzen bewirkt die Induktion ihrer Potenzen im Seelenleben, besonders in seinem emotionalen Schaltraum. Werbung und Agitation liefern signifikante Beispiele für diesen Effekt im Gemüt der Jugend.

Die jugendkundliche Forschung wird zur Bestimmung der Intensität und Qualität der Medieneffekte im individuellen Seelenleben den Habitus der Versuchspersonen und befragten Kommunikanten sowohl vor dem Empfang bestimmter Darbietungen als auch nach dem Empfang zu untersuchen haben. Sie wird, wie es bereits gründlich geschehen ist, Kinder und Jugendliche nach Altersgruppen und Intelligenztypen überprüfen, die mit den Medien vertraut sind, und solche auswählen, die das neue Fernsehen noch nicht kennen. Befragung und Versuch lassen sich auch auf individuelle Differenzen ausdehnen, um die Medieninteressen, Geschmacksrichtungen und Leitbilder aus den Spielhandlungen bei dem einzelnen festzustellen.

Weiterhin offenbart sich der Effekt der verschiedenen Medien und ihrer Vermittlungen in der individuell höchst variablen Erlebnisstruktur bei den verschiedenen Stoffen der Film- und Sendesparten. Jede Sparte der Informationen wie erst recht der Künste weist einen typischen Vorstellungs- und Stimmungseffekt auf.

So wird die intellektuelle Seite des Seelenlebens durch die sachgebundenen Koordinationen mit dem vorhandenen Orientierungsfeld, der Phantasiekraft, dem Gedächtnisbestande und der Wertungsnorm der Person bestimmt. So erfährt die emotionale Seite die Erregung einsatzbereiter Gefühle, Triebtendenzen und Willensimpulse. Die personale Funktionsgesetzlichkeit kann bei den verschiedenen Lebensaltern als gleichartig angesehen werden.

Auf der anderen Seite der methodisch angelegten Wirkungsforschung erfolgt die Einstellung der Beobachtung und experimentellen Anordnung direkt auf den Empfänger von Filmvorführungen und Funksendungen. Diese Forschung kann sowohl die psychologische als auch die kommunikationswissenschaftliche Zielsetzung anwenden, da beide Gesichtspunkte in jeder Funktion des Vermittelns von Sinngehalten zu berücksichtigen sind. Vor allem erfordern die Bildmedien Film und Fernsehen ganz eigentümliche Ergründungsweisen des Verstehens ihrer Symbol- und Sachgehalte und dafür wiederum eigene hermeneutische und wahrnehmungspsychologische Untersuchungsmethoden.

Das Ergebnis derartiger Forschungen liegt bei der Jugendkunde zunächst in der Erkenntnis der phasenmäßigen Entwicklung des sprachlichen und bildlichen Verstehens der Mediengehalte sowie in dem Nachweis der besonderen Bedingungen beider Kommunikationsformen, die durch Anlage und Bildungsstand der Individuen gegeben sind.

Für die Medienpädagogik ist der wesentliche Ertrag dieser psychologischen Forschung in den Anwendungen auf die jugendkundlichen Spezialuntersuchungen über die Medienwirkung zu suchen. Hier lassen sich typische Reaktionsweisen der Geschlechter und Altersschichten aufzeigen und nach ihrer Bedeutung für die Lebensregelung und Ausbildung bemessen. Hier können für alle Gruppen der Kinder und Jugendlichen, die eine gemeinsame Untersuchung erfahren, die Verhaltensmodelle ihrer Reaktionen auf die Medien hergestellt und zur pädagogisch praktischen Verwendung bearbeitet werden.

Mit sozialpsychologischen Methoden kann auch die Wirkung der Medien auf Jugendgruppen bestimmter Kollektivgeistigkeit und Organisationsform untersucht werden. Es ist für die publizistische Arbeit der Medien nicht unwichtig zu erfahren, inwieweit politische Kommentare, Reportagen und Interviews oder religiöse Programme bei den Jugendgruppen ankommen und auf das Gemeinschaftsleben und Gemeinschaftsdenken einzuwirken vermögen, wie andererseits sozialkritische Filme und Sendungen das innere Leben der Familie oder der Dorfgemeinschaft beeinflussen. Für die Untersuchung des technischen Apparats der Medien sowie der publizistischen und künstlerischen Gestaltung ihrer kulturellen Anwendung bedarf es einer eigenen wissenschaftlichen Forschung, wie sie in der neuen *Medienwissenschaft* betrieben wird. Ohne ihre Bearbeitung und deren Ergebnisse kann jene Steuerungsfunktion im Lebenslauf des Menschen nicht zureichend erklärt werden. Das Problem der Massenmedien erhält also für den Bereich der Erziehungswirklichkeit zu dem entwicklungspsychologischen Aspekt den kommunikationswissenschaftlichen Aspekt, dessen Anwendung die Medienwissenschaft betrifft. Erziehungswissenschaft und Medienwissenschaft erhalten gemeinsame Forschungsaufgaben und müssen daher zu einer organisatorischen wie methodischen Fusion gebracht werden.

In dieser kommunikationswissenschaftlichen Ergänzung ist die Untersuchung der Regelung des Gebrauches der Medien auf den hermeneutischen Effekt von Wort, Ton und Bild sowie auf die besonderen Funktionsweisen der Kommunikation im kulturellen Gefüge der Gesellschaft gerichtet. In ihrem Organismus haben die Medien die Funktion der Information, der Regulation und der Stimulation für die Teilnehmer. Ihre Anwendung ist bei den Medien nach dem Schwerpunkt ihrer Programme verschieden.

D.

In der Gliederung der praktischen Pädagogik treten die einzelnen Disziplinen der praktischen Kulturgestaltung als Eigenbereiche wissenschaftlicher Bearbeitung durch pädagogische Zielsetzung und Methodik auf. Man darf diese Disziplinen als praktische *Kulturpädagogik* zusammenfassen. In ihnen wird die Verfahrenslehre für die verschiedenen Kulturfunktionen nach ihrem Bildungswert und ihren Bildungsformen entwickelt.

So werden Moralpädagogik und Religionspädagogik zu Sonderdisziplinen der praktischen Pädagogik, in denen die Lebensform der Persönlichkeit auf ihre Prägungsmöglichkeiten durch Lebensregelung und Ausbildung untersucht wird. So dienen Kunstpädagogik und Wirtschaftspädagogik dem Nachweis der Möglichkeiten der Hinführung der jungen Menschen zu Berufen, Familien- und Staatspädagogik der Ausbildung der Daseinsformen der Gesellschaft durch soziale Orientierung und Lebensgestaltung.

Es ist nun die Frage zu beantworten, inwieweit die Medien an der Förderung oder Hemmung solcher Verfahren und Mittel beteiligt sind. Ohne Zweifel breiten die Medien in verschiedener Weise, aber in größter Fülle die Güter aller Kulturgebiete vor ihren Konsumenten aus. Aber sie sind nur in denjenigen Sparten, welche einen eigentlich belehrenden oder bildenden Charakter haben, für die Funktion der kulturellen Betätigung heranzuziehen.

Wenn die Medien einen eigenen Bildungsraum bilden können, so entsteht für die Medienpädagogik die wichtige Frage, ob es neben den sonstigen Bildungsformen aus dem Leben von Familie und Schule eine spezifische Medienbildung geben könne. Eine nähere Betrachtung der sozialen Bedingtheit aller Bildungsprozesse ergibt in der Tat die Erkenntnis der Sonderart einer aus bloßer Medienkommunikation gewonnenen Unterrichtung und Bildung. Eine solche Bildung läßt sich in psychologischer Analyse der individuellen Lebensformen und in phänomenologischer Überschau ihrer Kulturgehalte bei den verschiedenen abgrenzbaren Typenformen im einzelnen darstellen.

Bildungsvorgänge beruhen einerseits auf der immanenten Entfaltung der Dispositionen und Funktionen seelischer Anlagekomplexe auf Grund von Erfahrung und Mitteilung im Lebensvollzug, andererseits auf dem eigenen Bemühen um Verwertung der in der Umwelt angelegten und wirksamen Güter der objektiven Kultur zur Lebensgestaltung. Sie bewirken eine Differenzierung des Seelenlebens in seinen funktionalen Koordinierungen und einen organischen Aufbau der Person in ihren Seinsschichten und in ihrer individuellen Prägung. Der Bildungseffekt liegt also letzten Endes in der Anwendbarkeit der personalen Fähigkeiten, welche eine kulturelle Lebensgestaltung ermöglichen.

Da alle Bildung dieser Art auf eine lebendige Auseinandersetzung mit der kulturellen Sphäre der Umwelt, der sogenannten Noosphäre, angewiesen ist, wird sie je nach dem Bestand und Wertgehalt an Bildungsgütern dem Kulturgefüge der Gesellschaft in dieser Umwelt entsprechen. Würde diese Umwelt für die Entwicklung eines jungen Menschen ihre homogene Struktur *ohne Veränderung* behalten, ließe sich die zugeordnete Bildung als eine echte Milieubildung bezeichnen, wie sie für alle Sozialschichten der Gesellschaft immer bestanden hat.

Der Lebenslauf führt den Menschen aber durch die verschiedenartigen Bildungssphären der sozialen Gebilde und ihrer Kulturbereiche hindurch und vermittelt ihm in jedem derselben die spezifische Bildung, die sich aus dem immanenten Kulturgehalt und Zeitgeist gewinnen läßt. So erhält der Mensch eine gewisse Familienbildung, Schulbildung, Berufsbildung oder Lebensbildung und behält davon individuelle Prägungen seines Charakters und seiner Persönlichkeit, welche den in ihnen empfangenen Bildungsgütern nach ihrer spezifischen Qualität und Struktur entsprechen.

Im Gegensatz zur didaktisch geordneten Schulbildung wird eine solche Bildung im besonderen Sinne als populäre Bildung bezeichnet werden können.

Was die Zuhörer des Rundfunks und die Zuschauer des Films und Fernsehens noch nicht durch Haus und Schule oder Beruf an Wissensstoff, Orientierung und Einsicht erworben haben, kann durch den beliebigen Gebrauch der Medien auch in ihrer chaotischen Programmfolge und Richtungspluralität durch den ganzen Lebenslauf des Menschen nach und nach ergänzt und zu einer eigenartigen Bildungsform ausgeprägt werden.

Insofern gibt es also neben den gewöhnlichen Bildungsformen aus häuslicher und schulischer Noosphäre eine besondere *Medienbildung*. Hier bedarf es der speziellen Untersuchung der Struktur dieser Formen bei den verschiedenen Medien, um festzustellen, welchen Beitrag jedes Masseninstrument zur kulturellen Prägung der Einzelperson zu liefern vermag.

E.

In der Aufteilung der Gebiete, in denen sich Regelungsvorgänge und Bildungsprozesse vollziehen, wird zuerst die Abstufung aller Maßnahmen nach dem *Lebensalter* und den natürlichen Entwicklungsphasen der heranwachsenden Menschen vorgesehen werden müssen.

Die Zulassung von Film und Fernsehen für das *Kindesalter* läßt sich nach der Beschaffenheit des Bildmaterials bestimmen, wenn nach umfassenden Beobachtungen und Befragungen in Schulpraxis und Experiment die Aufnahmefähigkeit der Entwicklungsstufe und der Orientierungshorizont des späten Kindesalters gemessen werden kann. Im personalen Habitus spielen überdies die besonderen Merkmale körperlicher Kondition, geistiger Reife und der Milieuerfahrung eine Rolle, die nur in der Praxis der Familienerziehung und der Schul- und Internatserziehung zu berücksichtigen sind.

Unter ähnlichen Voraussetzungen ist die Methodik der Filmerziehung der *Jugendlichen* zu entwickeln. Hier bietet die umfangreiche Literatur über die Psychologie des Jugendalters und ihre pädagogische Auswertung in der praktischen Pädagogik das Material zur speziellen Bearbeitung der Mittel und Maßnahmen einer Regelung des jugendlichen Filmkonsums in Haus, Schulleben und Jugendpflege.

Wie der Film in der *Erwachsenenbildung* verwendet werden kann, zeigen die Erfahrungen der Volkshochschuleinrichtungen und der Filmclubs. Hier wird eine vielseitig fruchtbare Arbeit zur Verbreitung filmkundlicher Kenntnisse und filmkritischer Orientierung in einem Umfange geleistet, der in der Filmpublizistik nicht überall gewürdigt wird.

Neben den Doktrinen der Mediennutzung in den verschiedenen Lebensphasen darf die Bearbeitung der Doktrinen für die Handhabung der Medien bei den *beiden Geschlechtern* nicht unterbleiben. Daher werden auch die Untersuchungen des Verhaltens der Knaben und Mädchen vor den Mediendarbietungen in der jugendkundlichen Forschung getrennt durchzuführen sein, um die feinen Unterschiede des Interesses, des Geschmackes, der Verarbeitung, der Nachwirkung aller Arten von Medienkommunikation herauszufinden und für die praktischen Vorschläge der Behandlung der beiden Geschlechter zu verwerten. Männliche und weibliche Seite des Mediengebrauches bleiben auch im späteren Leben voneinander geschieden und sollten daher zu einer differentiell zugeschnittenen Methodik der Behandlung führen.

Für die Sondergebiete der *Defektenpädagogik* ist eine spezielle Behandlung der Mediennutzung um so notwendiger, je mehr der Kompensationswert der einzelnen Medien für den Ausfall normaler Umweltbeziehungen erkannt worden ist.

Die Sinnesdefekte lassen die Benutzung eines kompensierenden Mediums zu einer außerordentlichen Bereicherung der Erfahrung werden, zu einem geradezu idealen Geschenk mitmenschlicher Hilfe für denjenigen, der des Erfahrungsraumes eines Sinnes beraubt ist. Für den *Taubstummen* bilden Filme eine Quelle der Bereicherung seines Anschauungskreises, die beim Stummfilm zudem den Nutzen der Wahrnehmung einer betonten Gebärdensprache aufweist. Der Tonfilm aber ist dem Taubstummen in der ganzen Fülle seiner Erlebnismöglichkeiten verschlossen und darum kaum für seine Unterhaltung verwendbar. Die gleiche Einschränkung gilt für das Fernsehen. Die psychologische Taubstummenforschung wird sich der Aufgabe widmen müssen, taubstumme Kinder und Jugendliche vor der Leinwand und dem Bildschirm zu beobachten und ihre Erlebnis- und Reaktionsformen festzustellen, damit der Film in geeigneter Aufmachung in den Dienst dieser unglücklichen Menschen gestellt werden kann.

Bei den zahlreichen *Blinden* erscheint der Rundfunk als ein allgemein zugängliches Hilfsmittel der Unterhaltung und nicht minder der Belehrung. Die Gewohnheit gespannter Aufmerksamkeit und konzentrierter Aufnahme für die auditiven Inhalte erleichtert dem Blinden das Anhören der Rundfunksendungen aller Art. Die Untersuchung des Hörens bringt Aufschlüsse über die Bewertung von Musik, Vortrag und Hörspiel und ermöglicht die Bereitstellung entsprechender Sendungen zur Auswahl der Hörer. Für den einsamen Blinden bildet das sprechende und tönende Gerät eine Zuflucht der Erholung und Erhebung, des musischen Genusses und der anregenden Bildung, eine Offenbarung fremden Lebens und eindringlicher Kommunikation aus der Ferne. Er gewinnt daraus Lebensimpulse für die Auseinandersetzung mit dem politischen und kulturellen Leben der Zeit, das ihm weitgehend verschlossen ist, und einen Zugang zu hochwertigen Kunstleistungen, denen er sonst fernbleiben muß.

Die Untersuchung der Bedingungen und Wirkungen der Medien bei den verschiedenen Typen *geistig defekter Kinder* und Jugendlichen gehört in das Forschungsfeld der Psychiatrie und Psychopathologie des Jugendalters. Gleichwohl sind sie auf die Erfahrungen der Pfleger und Erzieher angewiesen, die in der Jugendwohlfahrt und Anstaltserziehung gewonnen werden. Die Heilpädagogik liefert umfangreiches Material ihrer methodischen Beobachtung und pädagogischen Praxis. So wird die Ausbildung eines Sondergebietes der Medienpädagogik für diese geistesgestörten oder neurotischen Menschenkinder möglich und fruchtbar gemacht. Aber es wird gründlicher Einzelforschung mit entsprechendem Filmmaterial und Fernsehprogramm bedürfen, um der Gesetzmäßigkeit der Reaktion der verschiedenen Erkrankungsformen näher zu kommen.

Sichere Diagnostik der Psychiater und methodische Kunst der Heilpädagogen müssen bei der Anlage und Durchführung derartiger Untersuchungen zusammenkommen.

Die Aufgabe der Hilfsschule erfordert eine dem praktischen Leben unmittelbar zugewandte Ausbildung ihrer Schüler, bei denen gerade die Schule alles zu leisten hat, was an zweckmäßigen Entwicklungsimpulsen, Erziehungshilfen und Anleitungen im Elternhause in der Regel fehlt oder gar ungenutzt bleibt. Diese Schule wird daher doppelt bemüht sein, die Medien so gebrauchen zu lehren, daß sie den jungen Menschen mit ihren Intelligenzmängeln und Umweltschädigungen nützlich sind oder sie wenigstens nicht nachteilig beeinflussen können. Der vielfach belegte Nachweis des übermäßigen und süchtigen Kinobesuches der Hilfsschüler macht eine solche Anleitung zu einem wichtigen Element der gesamten Schulerziehung und fordert außerdem die Aufklärung der Eltern durch Lehrer und Jugendamt. Regelrechte Kontrolle der Kinder und Betreuung ihrer Teilnahme an Film und Fernsehen sind die unentbehrlichen Mittel der Erziehung dieser gefährdeten jungen Menschen.

Eine weitere Gliederung der Medienpädagogik geht von der Tatsache aus, daß die Regelungsmaßnahmen den *Institutionen* und Sozialgruppen zufallen, welche für die Entwicklung der Kindheit und Jugend Verantwortung tragen oder durch ungewollte funktionale Wirkung bedeutsam sind. Zuerst kommt der *Familie* oder ihren Ersatzformen die Regelung des Mediengebrauches zu, der an die Gewohnheiten der Eltern und Pfleger, an die Ausstattung des Milieus mit Geräten und an die pädagogischen Grundsätze der Hauserziehung gebunden ist. Daneben machen sich mit dem fortschreitenden Verständnis und Interesse der Kinder des Hauses deren Bedürfnisse nach Unterhaltung und Beschäftigung durch die Medien geltend, nicht zuletzt die Anstöße der Spielgenossen und der Mitschüler. Alle Erfahrung zeigt, wie wenig isolierbar das interne Familienleben gegenüber den Einflüssen des Verkehrs der Kinder, der Gewohnheiten des Lebenskreises der Eltern und der Schule in bezug auf die Medienbenutzung ist.

Neben dem eigenen Elternhaus spielt die fremde Familie und deren Lebenskultur eine nicht zu übersehende Rolle in den Ansichten über die Medien und deren Nutzung. Das fremde Milieu unterliegt nicht der Abnutzung der Vorschriften, Verbote und Mahnungen der eigenen Eltern und Angehörigen, behält vielmehr eine eigene Form der Autorität für das Kind und den jungen Menschen, wo immer sie sich eindrucksmächtiger Personen fremder Lebenskreise und deren Sitten gegenübersehen.

Im *Schulleben* spielen die Medien nur die Rolle von gelegentlich angewandten Hilfen des Unterrichts. Sie haben ihren Reiz der Neuheit längst verloren und die Brauchbarkeit von Lehrmitteln erhalten, die den Unterricht beleben und das Lernen erleichtern. Für alle Medien ist diese Anwendung der Medien nach allen Seiten der Fachmethodik erprobt und systematisch geregelt worden. Auch die nützliche Verwendung im Internat, in der Fürsorgeerziehung und im Strafvollzug der Jugendlichen ist erwiesen.

Der Prozeß der Umstellung der gesamten Erziehung und Ausbildung von den natürlichen Formen direkten Verkehrs auf die Kunstformen der technischen Medien ist in der Tat als eine revolutionierende Neugestaltung der Lebensregelung der Jugend zu betrachten.

Während bisher der Anspruch des Elternhauses auf die Durchführung und Richtungsbestimmung familiärer Gemeinschaftserziehung und einheimischer Standesbildung gerechtfertigt erschien, scheint die Verstaatlichung des Schulwesens und die damit verbundene Sozialisierung der Bildung zu einer säkularen Massenbildung zu führen, in welcher die individualisierte Form der humanistischen Elitebildung und die generalisierte Form der Volksbildung durch eine neue Lebensform populärer Durchschnittsbildung ergänzt wird.

Je mehr die Medien die Masse unter ihren direkten und unkontrollierten Einfluß bringen, desto stärker kann sich die Tendenz der Sozialisierung und Generalisierung der Kultur auch in der Jugendbildung auswirken. Eine durch die Medien vermittelte sogenannte Popularkultur zivilisatorischen Zuschnittes ist unter dem Einfluß der Massenmedien auf dem Wege, sich im Leben und in der Daseinsordnung der Gesellschaft auszubreiten und mit ihrem Anspruch auf Allgemeingültigkeit in allen Bildungsschichten durchzusetzen.

F.

Die Verzweigung der Medienpädagogik in die nach Medien getrennten Disziplinen würde ergeben, daß neben der publizistischen Pädagogik und Literaturpädagogik besondere Gebiete der Filmpädagogik, Rundfunkpädagogik und Fernsehpädagogik bearbeitet und gegeneinander abgegrenzt werden müßten. Es scheint aber bei aller notwendigen Spezialisierung der Forschung unzweckmäßig zu sein, diese Einzelgebiete so weit gegeneinander zu isolieren, daß die analogen Verhältnisse derselben mehrfach untersucht und die homogene Wirkung bei Individuum und Gesellschaft übersehen werden.

Zwar kann die *Publizistik* nur die informierende Seite der Medienfunktion untersuchen, aber darin alle Medien einbeziehen, soweit sie zur Information beitragen. Die übrigen Seiten der Medienfunktion werden mit ihrer Methodik nicht erfaßt. Alle pädagogischen Bezüge der Medien liegen außerhalb jeder Zuständigkeit der publizistischen Wissenschaft.

Sicherlich wäre die alleinige Orientierung aus der Tagespresse quantitativ und inhaltlich vielseitig, qualitativ aber einseitig durch die publizistische Richtung und literarische Qualität des Presseorgans bestimmt, das vorwiegend benutzt wird.

Sicherlich übertrifft das Fernsehen die übrigen Medien an visueller Eindringlichkeit der Erfahrung und wohl auch an Reichhaltigkeit der Orientierungsmöglichkeiten.

Von einer Medienbildung, welche ausschließlich aus der Nutzung von Rundfunk oder Film entsteht, kann nach den heutigen Erfahrungen und nach didaktischen Maßstäben keine Rede sein. Aber die Verbindung zweier Medien oder aller zugängigen Medien zu einer auf Dauer benutzten Erfahrungsquelle kann durchaus eine Medienbildung erzielen, die einer hochgestuften Popularkultur entspricht, wie sie in der modernen Erwachsenenbildung angestrebt wird.

In der Behandlung der einzelnen Medien sind die *Wort- und Tonmedien* von den *Bildmedien* zu trennen, die mit oder ohne Ton ihrer Besonderheit gemäß eine eigene Untersuchung und Wesensbestimmung für die pädagogischen Anwendungen erfordern. Im Tonfilm und Fernsehen sind Hören und Sehen miteinander verbunden, wie es der natürlichen Wahrnehmung entspricht, so daß die spezielle Anleitung für beide Bildmedien von der Gewohnheit der alltäglichen Sinneswahrnehmung ausgehen kann. Nur die Isolierung des Hörens im Rundfunk bedarf einer eigenen Anleitung, weil sie die auditive Konzentration des blinden Menschen erfordert, um wirksam zu sein.

Es ist daher für die Pädagogik der Bildmedien unerläßlich, die Kommunikationsfunktion des lebenden Bildes eingehend zu erforschen, bevor ihre Auswirkung auf den jungen Menschen zum Gegenstande der Prüfung ihres Wertes für Lebensregelung und Bildung gemacht werden kann.

Eine Theorie der Bildwahrnehmung ist auf erkenntnistheoretische Erwägungen für die Gültigkeit der Bilderkenntnis angewiesen, die ihrerseits wieder von einer psychologischen Erklärung der Entstehung der Bildeindrücke und Echtheitserlebnisse abhängig ist. Durch die Vollkommenheit der Bildherstellung durch Photographie, Farbdruck, Lichtbild, Film- und Fernsehaufnahme ist den Menschen die Rezeption des Bildes als Ersatz für die Wahrnehmung der Wirklichkeit so selbstverständlich geworden, daß ihm das Bewußtsein der Trennung von Wirklichkeit und Bildlichkeit in der Illusion des Erlebens fast verlorengegangen ist. Die Jugend bedarf daher mehr als kritisch denkende erwachsene Menschen einer gründlichen Aufklärung der technischen und psychologischen Sachverhalte, um zu einer Bewertung des Realitätsgehaltes der Medienbilder fähig zu sein. Die pädagogischen Methoden dieser Aufklärung sind in der speziellen Pädagogik der Bildmedien zu entwickeln.

Die besonderen Aufgaben der *Rundfunkpädagogik* ergeben sich aus der Schwierigkeit konzentrierten Anhörens von Wortsendungen, wie es vom Rundfunk gefordert wird. Das bloße Hören in der Ablenkung des Gesichtssinnes durch die Umwelt und in der Passivität des Hörers gegenüber den Inhalten der auditiven Kommunikation zwingt zu einer mehr oder weniger konzentrierten Aufmerksamkeit des Zuhörers, deren psychische Qualität regulierbare Einstellungen nötig macht, die sich nach der Qualität der Reizkomplexe und nach der Situation des Subjektes richten.

Daher wird die methodische Anleitung zum Rundfunkhören auf diese Bedingungen auditiver Konzentration im Erlebnisstrom des Subjektes Rücksicht zu nehmen haben. Sie wird außerdem von der alltäglichen Erfahrung der Lebenswichtigkeit der Beherrschung der Aufmerksamkeit gegenüber allen Vorgängen Gebrauch machen, die nur mit dem Gehör wahrgenommen werden können. Ziel der eigenen Rundfunkpädagogik ist die Erziehung zu einer Sendungsnutzung, die nicht allein Nachrichten oberflächlich aufnimmt, sondern auch die bildenden und musikalischen Darbietungen nach Interesse und Verständnis voll auszuwerten vermag.

Die Benutzung des Rundfunks in der Schule hat eine so ausgiebige didaktische Rechtfertigung und methodische Bearbeitung gefunden, daß sie zu einem gesicherten Teilgebiet der Rundfunkpädagogik geworden ist.

Ganz anders steht es mit der Methodik der *Bildmedien*. Die Jahrzehnte der Entwicklung des Filmwesens und seiner technischen Vervollkommnung haben Erzieher, Lehrer und Fachleute der wissenschaftlichen Pädagogik dazu geführt, sich nicht nur der Verhütung von Gefährdungen der Jugend anzunehmen, wie es in den Anfängen des Zulaufes zum Filmtheater der Fall war, sondern auch die Möglichkeiten einer positiven Anleitung zum Filmgebrauch bei Kindern und Jugendlichen zu überprüfen. So ist neben der Bemühung um den Jugendschutz gegen übertriebenes und verfehltes Filmsehen die Bearbeitung einer vielseitigen Methodik pädagogischer Filmnutzung getreten, bei welcher Zielsetzung und Verfahrensregelung von der Filmgattung abhängig sind.

Daher ergibt sich von selbst eine Sonderbehandlung von Dokumentarfilmen und Spielfilmen. Das große Gebiet der Anwendung von Lehrfilmen und wissenschaftlichen Filmen im Bildungswesen ist durch eine umfassende Organisation gefördert und durch eine reiche literarische Bearbeitung zur systematischen Darstellung gebracht worden. Die eigentlichen Schwierigkeiten pädagogischer Anleitung zum Filmsehen liegen beim Spielfilm, der bereits in der Herstellung und Zensur auf die Zulässigkeit für die Jugend eingestellt wird. Wie die Kindheit und Jugend gegen die Wirrsale der Gegensätzlichkeiten, Spannungen und Konflikte des Alltagslebens nicht mehr abgeschirmt werden kann, wie es in der Stabilität der bürgerlichen Lebensordnung der Vergangenheit noch möglich war, so können ihr auch die gefilmten Schicksale im Lebenslaufe von Menschen aller Charakterqualitäten nicht mehr vorenthalten werden. Der offene Markt der Filmtheater lockt zu den Vorstellungen von Filmen, die gerade durch die Extremformen der Daseinsschicksale der Kunst, der Gunst des Publikums und der Rentabilität der Unternehmen genügen wollen. Aufgabe der *Filmpädagogik* ist es daher, die Grenzen der Zulässigkeit des Theaterbesuches nach Lebensalter und Filmart so festzulegen, daß Regeln für die Anwendung pädagogischer Maßnahmen im Einzelfall aufgestellt werden können.

Die neueste Entwicklung der Medienpädagogik ist der Fernsehforschung und ihren Anwendungen auf die Probleme der Fernsehnutzung des Kindes- und Jugendalters zugute gekommen. Die *Fernsehpädagogik* bemüht sich vor allem um die psychologische Untersuchung der subjektiven Bezüge dieser Phasen des Werdealters zum Fernsehen überhaupt und der Reaktionen auf die verschiedenen Programmsparten. Sie übernimmt dabei Methoden und Resultate der Filmpädagogik, stellt aber überall die Besonderheit des Fernsehgebrauchs und der Fernsehwirkung gegenüber dem Film heraus. Eine besondere Rolle spielen die sozialen Bedingungen des Fernsehens nach Struktur, Klima und Erziehungsweise der Familie und nach Situation und Zweck der Fernsehgemeinschaft außerhalb der eigenen Familie. Diese Bedingungen bedürfen einer eigenen soziologischen Erforschung. Ihre Resultate ermöglichen die Aufstellung von Regeln für die erziehlichen Maßnahmen des Fernsehgebrauches.

Andererseits gehört zur Ausführung einer umfassenden Medienpädagogik die Überprüfung der flüchtigen Fernsehsendungen durch pädagogische Beobachter, deren Aufgabe es sein muß, ohne Vorurteile einer Kulturkritik und Fernsehkritik den Ertrag der Sendungen im Chaos der Programme auszulesen und auf seine Wertigkeit für die Jugend zu prüfen. Nur in der Kenntnis der Sendesubstanz lassen sich Maßstäbe für die Verwertung des Fernsehens im Leben der Kinder und Jugendlichen aufstellen. Dem weiteren Ausbau einer exakten Fernsehforschung, deren Bereich über die bloße Meinungsforschung weit hinausgeht, bleibt es überlassen, das Material für eine brauchbare Methodik des Fernsehgebrauchs der Jugend zu beschaffen. Erst durch deren Anwendung lassen sich Regeln und Richtlinien für die Gestaltung eines bildungsechten Schulfernsehens aufstellen, ohne welche dessen praktische Entwicklung in den deutschen Anstalten nicht möglich sein wird.

Die in einer flüchtigen Skizze aufgezeichneten Erwägungen zum systematischen Aufbau der Medienpädagogik dienen der hohen Anerkennung der für diesen Zweig der Wissenschaft geleisteten Pionierarbeit Martin Keilhackers, dem zu seinem Geburtstage diese Gabe seiner Freunde und Kollegen mit allen guten Wünschen für die Erhaltung seiner Lebens- und Schaffensfrische überreicht wird.

3. Die Bedeutung der Kommunikationswissenschaft für die experimentelle Pädagogik

A.

Was wir heute in historischer Perspektive als „klassische Pädagogik" bezeichnen, ist jene philosophische Wissenschaft, die aus der Anwendung der Dreifaktorenlehre der aristotelischen Ethik eine praktische Lehre von Erziehung und Unterricht gemacht hat, nach welcher die unter der Autorität von Eltern und Erziehern heranwachsende Jugend gelenkt und gelehrt werden kann.

Die mit der modernen empirischen und experimentellen Psychologie auftretende pädagogische Reformbewegung des 20. Jahrhunderts verwandelte den pädagogischen Aspekt der Prägung der Jugend nach den Normen der Erwachsenenwelt in eine anwendbare Theorie der entwicklungsgemäßen Förderung der Bildung der Individualität des Kindes. Unter diesem Aspekt konnte ein weites Feld experimenteller pädagogischer Forschung erschlossen werden.

Diese experimentelle Forschung untersucht den Lebensgang des Menschen in seinen ersten Entwicklungsphasen sowie dessen differentiellen körperlichen und seelischen Konstitutions- und Entwicklungsformen. Die ersten Erfolge dieser Wissenschaft für die Anwendung auf das pädagogische Denken und Verfahren sind an die Namen Schuyten, Binet, Lay, Meumann, Claparède, Piaget, Decroly, Buyse und vieler Amerikaner geknüpft.

Bis zur Kulturkrise der Jahrhundertwende und zu den durch die Technik bedingten Wandlungen der Gesellschaft der zivilisierten und industrialisierten Völker umfaßte das Problemfeld aller pädagogischen Wissenschaft die Ziele, Methoden und Institutionen der Regulationsfunktionen, welche die Erwachsenen dem Nachwuchs in Pflege, Erziehung und Unterricht zuteil werden ließen.

In diesen Bereichen fiel der Psychologie die Untersuchung der konstitutionellen, genetischen und differentiellen Phänomene des Seelenlebens der Person zu, der Soziologie in einer eigenen Entwicklungslinie die Untersuchung der Umweltbedingungen menschlichen Daseins im Kindes- und Jugendalter. Die Teleologie blieb der Ethik, die Organisation im allgemeinen der Rechts- und Staatswissenschaft vorbehalten.

B.

Mit dem neuen Jahrhundert setzte die allgemeine Ausbreitung öffentlicher Publikationen durch die neuen Massenmedien ein, die eine tiefgreifende Veränderung des kulturellen Lebens der abendländischen Gesellschaft und der ihr folgenden Kulturstaaten der übrigen Kontinente zur Folge hatte und bis heute noch wirksam ist.

Zuerst führte der Film den Massen alltägliches Geschehen und eine künstlich hergestellte Welt biographischer, epischer und dramatischer Gestaltung in bewegten Bildfolgen vor Augen, welche den Schein der Realität der im Kino erlebten Wirklichkeit vermitteln. Das Erstaunen erstmaliger Anschauung wurde vom Publikum bald durch die Gewohnheit der Hinnahme fremder Wirklichkeit in der Illusion abgelöst. Von vornherein waren Kinder und Jugendliche daran beteiligt. Schule und pädagogische Forschung würdigten den neuen Erziehungsfaktor ihrer Aufmerksamkeit erstmalig unter der zunehmenden Gefährdung der Jugend.

Nach dem Ersten Weltkriege hatte die Radiotechnik bald allgemeine Verwendung im öffentlichen Rundfunk erfahren, dessen Sendungen den Kindern in den Familien und allenthalben unbeschränkt zugängig wurden. Die Einführung des Schulfunks wurde gegen anfängliche und verständliche Bedenken der Lehrerschaft durch die wissenschaftliche Überprüfung der Versuchssendungen ermöglicht.

Die Entwicklung einer speziellen Rundfunkpädagogik war aber lange Zeit durch die Schwierigkeit gehemmt, welche das Verstehen des gesprochenen Wortes im technischen Lautsprecher und ohne persönlichen Kontakt mit dem Sprecher einer jeden Untersuchung der Wirkung der Rundfunkkommunikation bereitet. Es handelt sich sowohl um die psychologische Erforschung der Aufnahmevorgänge beim Kommunikanten als auch um die kommunikationswissenschaftliche Bestimmung der Bedingungen einer richtigen Übertragung des sprachlich gegebenen Gehaltes. Für den Kommunikanten ergibt sich daraus beim Verstehen und Annehmen der Kundgabe eine als „tertiäre Erfahrung" bezeichnete Erfassung von informativen oder regulativen Gehalten der sprachlichen Äußerung des Kommunikators in ihrer intentionalen Gewichtigkeit. So wird die hermeneutische Arbeit der Philologie durch die Kommunikationswissenschaft abgelöst, welche den mündlichen Austausch des Gespräches experimentell erfassen kann.

Nach drei Jahrzehnten technischer Entwicklung wurde das Bildgeschehen durch das neue Medium Fernsehen jedem Zuschauer im eigenen Heim vermittelt und in der ganzen Künstlichkeit der Aufmachung und Gestaltung seiner Aufnahme als „sekundäre Erfahrung" zum täglichen Erlebnis gemacht. Hier konnten die Kinder mit und ohne Kontrolle der Eltern Ereignisse und Kulturveranstaltungen aus aller Welt in ihrer echten Dokumentation wie in ihren positiven und negativen regulierenden Tendenzen zu jeder Zeit und in aller Ungestörtheit anschauen und in beliebiger Auswahl und Bewertung zur sekundären Erfahrung und Bildung in ihrer selbständig werdenden Lebensgestaltung machen.

Nach dem Aufbau des öffentlichen Fernsehwesens übernahmen Lehrer und Pädagogen alsbald die Aufgabe einer experimentellen Erforschung der Wirkung der allgemeinen Fernsehnutzung durch Kinder und Jugendliche und schufen die Voraussetzungen für die Programmgestaltung des Schul- und Bildungsfernsehens. Hier fanden die Soziologen ein neues Feld ihrer empirischen Spezialforschung.

Diese Massenmedien haben die Daseinssituation des Menschen wesentlich verändert. Während die Menschheit unter natürlichen Lebensverhältnissen auf unmittelbare Sinneswahrnehmung und primäre Erfahrung der Außenwelt angewiesen war und sich seit der Anwendung der Druckkunst nur im engen Bereich der Schulung und Lebensgestaltung einer literarischen Vermittlung bediente, wird die heutige Menschheit in ein Weltbild eingezwängt, das ihr durch die Massenmedien in tertiärer und sekundärer Erfahrung angeboten wird. Sie lebt in einer bloß vermittelten Welt von Vorstellungen, die durch Sprachtexte und Bilder erzeugt werden. Sie entfernt sich dabei zusehends von der direkten Wahrnehmung der Natur, Artefakte und Menschen. Dieser Prozeß der Mediatisation hat tiefgreifende Folgen für das seelische Gefüge der jungen Menschen, denen nicht mehr die Heimat, sondern eine technisch projizierte und getextete Darstellung der Wirklichkeit dargeboten wird.

Andererseits bedeutet dieser Vorgang im modernen Kulturwandel zugleich eine Visualisierung der Erfahrung, d. h. eine Verlagerung der Information von den sprachlich-literarischen Quellen auf die optische Dokumentation in statisch photographischen und filmisch bewegten Bildern. Die tertiäre Erfahrung wird in zunehmendem Maße durch die sekundäre Erfahrung ergänzt, die nur eine künstlich und technisch geschaffene „Zweite Welt" der Illustrationen, Projektionen, Filme und Fernsehbilder präsentiert.

Zugleich wird der Mensch als Zuhörer und Zuschauer unter die Belastung einer permanenten Welle der Informationen und musikalischen Sendungen gezwungen, welche eine Hypertrophie von Perzeptionen erzeugt und den psychophysischen Raum der Vorstellungen und Assoziationen ausfüllt, ohne überall zur Ordnung des Gedankenkreises zu gelangen und bildend zu wirken.

C.

Alle diese Phänomene der modernen Massenkommunikation treten schon im frühen Lebensalter wie beim Erwachsenen auf. Sie bieten sich daher der experimentellen Forschung in Psychologie und Pädagogik als das große, neu erschlossene Experimentierfeld der Wissenschaft an, welche durch Untersuchung der Kommunikationsprozesse die Funktionen menschlicher Entwicklung und Bildung für die Pädagogik zu erkennen strebt.

Für die pädagogische Wissenschaft sind die Massenmedien bis heute eigentlich nur Kulturgebilde geblieben, die wie Literatur und bildende Kunst zum Gegenstand des Unterrichts, allenfalls korrigierender Erziehung zu machen sind. Sie werden dem Lehrplan als zusätzlicher Unterrichtsstoff eingefügt. Soweit sie in den Schulen in Film, Funk- und Fernsehsendung gebraucht werden, dienen sie als Lehrmittel dem gleichen Zweck der Erweiterung oder Illustration der Unterrichtsstoffe.

Die Institutionen, welche die Massenmedien anwenden, haben hingegen mit ihren Programmatikern und Praktikern stets den Anspruch erhoben, an der Kulturgestaltung selbst unmittelbar beteiligt zu sein und der Gesellschaft als Organ kultureller Funktionen zu dienen, wie sie in allen Kommunikationsprozessen auftreten.

Für die Jugend werden die Demonstrationen der Massenmedien daher zu tragenden Faktoren der Lebensregelung und Bildung außerhalb und neben aller konventionellen Erziehung und Belehrung. Sie werden zu selbständigen Elementen der Noosphäre im Dasein aller heranwachsenden Menschen, deren sie sich zu bemächtigen, hinwieder zu erwehren haben.

Aus dieser Einstellung hat die pädagogische Wissenschaft zu folgern, daß eine solche Umwertung der Entwicklungsfaktoren auch eine grundlegende Strukturänderung ihrer alten Systematik und damit eine Neugestaltung ihrer Forschungsmethodik erforderlich macht. Während die Handhabung der üblichen Erziehungs- und Unterrichtsmaßnahmen jede Anwendung experimenteller Verfahren eng begrenzt, wird der experimentellen Pädagogik mit den künstlichen Mitteln direkter Menschenbeeinflussung ein Instrument zur Verfügung gestellt, das alle Vorgänge natürlicher Lebensregelung in dosierte und kontrollierbare Verfahren experimenteller Technik verwandelt. Die experimentelle Pädagogik erhält dadurch die Möglichkeit allgemeiner Verwendung der Massenmedien als selbständiger Kommunikatoren für ausgewählte Kommunikanten als Versuchspersonen.

D.
Zur speziellen Untersuchung der Menschenbeeinflussung im Kindes- und Jugendalter bedarf es zunächst einer allgemeinen Prüfung der daran beteiligten Kommunikationsfunktionen.

Ohne Zweifel nimmt das Werdealter bereits an den vielfältigen Vermittlungen von Informationen durch Presse, Rundfunk und Bildmedien in eigener Weise teil, so daß deren experimentelle Erforschung für alle Massenmedien und für jede Konfiguration von Individuen und Gruppen notwendig ist.

Die eigentlich pädagogische Einwirkung durch Erziehung und Unterweisung vollzieht sich in regulierenden Kommunikationsfunktionen. Die ganze Vielgestaltigkeit der in ihnen auftretenden Prozesse wird in der experimentellen Medienpädagogik zum weit ausgedehnten Problemfeld und Aufgabenbereich. Erst durch den grundlegenden Aspekt der Kommunikationswissenschaft erhält diese Sonderdisziplin ihren fruchtbaren Ansatz und ihre fachliche und methodische Dignität.

Schließlich kann die stimulierende Kommunikationsfunktion aus der experimentellen Pädagogik nicht ausgeschlossen werden, seitdem neben dem Theater die Bildmedien Film und Fernsehen mit ihrer dramatischen Filmkunst und ihren Fernsehstücken die Jugend mit den Schicksalen und Konflikten der Erwachsenenwelt vertraut machen und frühzeitig auf das Leben vorbereiten. Gerade in diesem Felde der frei gestaltenden Kunst der Menschenschilderung und Szenendichtung hat die experimentelle Forschung höchst wichtige, wenn auch methodisch schwierige Aufgaben zu bewältigen, die mit der ernsthaften Filmwirkungsforschung seit einem halben Jahrhundert bereits wertvolle Ergebnisse erzielt und der Anwendung auf die Fernsehpädagogik gangbare Wege gewiesen hat.

Alle diese Funktionen des Kommunikationsprozesses werden in der Mannigfaltigkeit der Bereiche der Lebensgestaltung der Einzelperson wirksam, wo immer Einflüsse von außen ihre Richtung und Verhaltensweise bestimmen. Dabei sind die permanenten Ströme der Reizung der Sinne der Person durch die Massenmedien von besonderer Bedeutung.

So richten sich ihre Verlautbarungen in Sprache und Bild auf den Bereich personaler Lebensgestaltung mit ihren Sorgen um Hygiene, Kleidung, Tagesregelung, Muße, Bildung und Religiosität. Sie geben Informationen und Ratschläge, sie werben für Waren und Dienstleistungen zu solchen Zwecken.

So richten sich ihre Kundgaben ferner auf den Bereich sozialer Lebensgestaltung in der Gemeinschaft der Familie, im Gruppenleben der Gesellschaft, in der politischen Ordnung des Staatslebens wie in der Nutzung von Wirtschaft und Technik. Sie orientieren ihre Teilnehmer und Kunden über die Gegebenheiten der sozialen

Daseinsordnung, sie werben für Beteiligung am Leben von Staat und Gesellschaft.

So richten sich ihre Äußerungen endlich auf den Bereich der beruflichen Lebensgestaltung, durch welche jeder einzelne seine Existenz und sein soziales Prestige finden muß. Durch die Massenmedien werden berufstätige Menschen über die Lage ihres Standes und Arbeitsgebietes, über die sozialen und wirtschaftlichen Bedingungen ihrer Existenz und über die Folgen der Politik für den Berufsstand informiert. Sie befinden sich in der hoch differenzierten Arbeitsteilung der Gesellschaft in einer weitgehenden Abhängigkeit von solchen Nachrichten und Belehrungen.

E.

Wenn die experimentelle Pädagogik in ihrer Heuristik Fortschritte gegenüber der bisherigen empirischen Untersuchung gegebener Konstellationen in den Bedingungen der Erziehungswirklichkeit erzielen soll, muß ihre Forschung vorwiegend auf die in den pädagogischen Maßnahmen auftretenden Kommunikationsfunktionen gerichtet sein. Erst in der experimentellen Variation der Kommunikationsprozesse lassen sich Beobachtungsfelder herstellen, welche den Bedingungen einer organischen Entwicklung des Kindes und Jugendlichen und einer mit ihr vereinbaren Technik der Regulationen entsprechen.

In der natürlichen Entwicklung des Kindes vollzieht sich eine gesetzmäßige Ausbildung der Organfunktionen und eine Anpassung an die Umwelt, die einer andersartigen Gesetzmäßigkeit folgt. Die Entfaltung der Individualität des Kindes unterliegt den unendlich variablen Einflüssen der Noosphäre der Umwelt und den damit gegebenen Prägungen der Personalität. Damit ist eine zunehmende Verselbständigung der Person verbunden. Solange aber die organische und soziale Unselbständigkeit ganz oder teilweise besteht, greifen Maßnahmen der Regulation ein, um den jungen Menschen für das Leben leistungsfähig und gesellschaftsfähig zu machen, das heißt auf die selbständige Gestaltung des Lebens in der Gesellschaft vorzubereiten.

Alle Maßnahmen der Erziehung und Unterweisung sowie der gesamte Prozeß der Bildung werden unter diesem pädagogischen Aspekt der Kommunikationswissenschaft als regulierende Kommunikationsfunktionen aufgefaßt und als solche der experimentellen Variation und Beobachtung unterworfen. Mit ihnen gehen die Funktionen der Information und Stimulation einher, welche mit jenen vielfach verknüpft sind, aber als eigenes Forschungsgebiet zu behandeln sind.

Wenn man nun alle diese Funktionen der Lebensregelung und Bildung des Kindes und Jugendlichen in ihrer Eigenart und Richtungsbestimmtheit zu erforschen sucht, wird man sie im Bereich der personalen und der sozialen Entfaltung der Person zu verfolgen haben. Die berufliche Sphäre tritt erst im Orientierungsalter als Bedingungskomplex weiterer Entfaltung und Lebensgestaltung auf.

F.

Zur personalen Entfaltung gehören alle Maßnahmen der Körperpflege und Wartung des Kleinkindes sowie die Beachtung der Hygiene bis zur Selbständigkeit. Sie werden zwar von jeder Pflegeperson und nach jedem fachlichen Rezept anders gehandhabt, einer willkürlichen Variation am Individuum mit Risiken von Ausfällen aber nicht ausgesetzt werden können.

Experimentell variabel ist die erste Anleitung zum Sprechen je nach Benutzung von Hochsprache, Dialekt oder Fremdsprache beim Wechsel der Erzieher.

Ebenso läßt sich bei Obsorge und Betreuung mit Bedacht mehrfacher Wechsel der Person und des Milieus vornehmen, wobei die Funktionsweise der Kommunikation für die Wirkung entscheidend, aber an das Milieu und seine Personen gebunden ist.

Die experimentelle Pädagogik kann diese personale Umwelt als regulierenden Faktor in unendlicher Variation der Bedingungen und Konstellationen einsetzen. Sie kann zugleich die Gestaltung der Umwelt nach Größe, Einrichtung und innerer Ausstattung nach den Erfordernissen des kindlichen und jugendlichen Lebens vornehmen.

In der alltäglichen Praxis werden solche Maßnahmen in der Regel ohne pädagogische Überlegung durchgeführt, wenn dem Kinde ein Wechsel der Umwelt und der Person auferlegt wird. Echte Experimente mit wissenschaftlicher Methodik würden derartige Verpflanzungen hingegen bei entsprechender Auswahl und genügender Kontrolle der beteiligten Personen mit besonderen Aufträgen nur durchführen können, wenn die Bedingungen auf lange Sicht gleichbleiben und die Maßnahmen nach experimentellen Methoden durchgeführt werden.

Die eigentlichen Erziehungsmaßnahmen, wie Lenkung, Zucht Beratung und Korrektur sind von jeher mit mehr oder weniger Überlegung in unendlicher Vielzahl der Gebräuche und Gewohnheiten, aber auch der individuellen Handlungsweise angewandt worden. Ihre nach wissenschaftlichem Rezept streng durchgeführte experimentelle Variation und Kontrolle kann bei einem begrenzten Kreise von Versuchspersonen und Erziehungsgemeinschaften auf jede Weise durchgeführt werden. Dabei müssen die hier auftretenden Kommunikationsprozesse als die wichtigsten Phänomene des Experimentes behandelt werden.

G.
Im Bereich der sozialen Anpassung nehmen die Kommunikationsvorgänge selbst die Regulierung des Verhaltens vor, mit dem sich Kind und Jugendlicher in das Gemeinschaftsleben organisch einfügen oder von Akten der Anordnung und Werbung einbeziehen lassen.

Die elementaren Gewöhnungen an die Gemeinschaft der Familie und ihres ständigen Umgangs lassen sich zu künstlich angelegten Eingriffen und deren wissenschaftlich angelegte Modifikation und Beobachtung kaum benutzen. Alle Beziehungen sind in diesem Bereich primärer Gruppen auf natürliche Weise gegeben. Alle darin auftretenden Kommunikationen vollziehen sich mit der Automatik der Bedürfnisse und Interessen sowie aus der Emotionalität der Neigungen und Gefühle.

Die Bindungen im Kreise der Spiel- und Schulkameraden sind auf ihre Besonderheit in der Kommunikation besser zu prüfen, weil sie anders als bei den Bindungen der Erwachsenen nach Laune und Willkür wechseln und durch rationale Erwägungen ihrer Zweckmäßigkeit nicht bestimmt werden.

Jede Kommunikationsform dieser Art kann mit soziologischer Methodik untersucht werden, indem die Beziehungen der Kommunikationspartner zweckmäßig abgewandelt und durch neue Kombinationen derselben verändert werden. Die Soziometrie leistet für die Festlegung der Gruppenstruktur gute Hilfsdienste.

Die nur langsam sich vollziehende Anpassung des Kindes und Jugendlichen an das Leben größerer Gruppen der Gesellschaft gehört zum Sozialverhalten des Einzelnen, das teils durch emotionale Motivation, teils durch rationale Zweckvorstellungen bestimmt, aber stets mehr oder weniger zielbewußt gelenkt wird. Das gleiche gilt von der Einfügung des jungen Menschen in das weite Feld des politischen Lebens. Diese Prozesse der Kommunikation sind am stärksten durch die Massenbeeinflussung mittels der Medien und der organisierten Werbung und Propaganda bestimmt. Sie gehören in Verhalten und Effekt bereits zu den durch Bildung vorbereiteten Funktionen selbständiger Lebensgestaltung. Als solche können sie durch Experimente erfaßt und in einem soziologisch abgrenzbaren Problemfelde mit den Mitteln der Kommunikationswissenschaft erforscht werden. Die Selbständigkeit der Person läßt Eingriffe in ihre Lebensgestaltung und Ausforschung ihrer sozialen Orientierung aber nur unter Konzessionen an ihre Einstellung zum Versuch zu. Dabei ergeben sich durch die Fülle der Bedingungskomplexe der sozialen Wirklichkeit besondere Schwierigkeiten, denen bei einer großzügigen und auf weite Sicht angelegten Anlage der Forschung abgeholfen werden kann.

H.

Nach der didaktisch geführten Ausbildung in der Schule wird der junge Mensch dem Berufsleben zugeführt. Er ist dabei auf persönliche Leistung und soziale Anpassung angewiesen, d. h. auf eine selbständige berufliche Lebensgestaltung. Während die Regulierungen durch Fachunterricht und Anleitung fortgesetzt werden, entfaltet sich die Persönlichkeit in einer vorwiegend pragmatischen Bildung, die zur Erweiterung des Horizontes der Orientierung im Dasein und zur Vertiefung geistiger Einsicht und Willensdisposition führen kann. Als Fortbildung im Bestande des Wissens und Könnens, als darüber hinausführende Weiterbildung in den Verzweigungen des Berufs und der Daseinsordnung erlangt die werdende Persönlichkeit jene individuelle Differenzierung und Bereicherung des Innenlebens, welche in der ausgeformten Individualität ihre optimale Gestalt erhält.

Da die meßbaren sinnlichen Reize und kontrollierbaren kulturellen Anregungen, welche die Massenmedien vermitteln, für jeden Menschen einen ihm zugänglichen und nutzbaren Bildungsraum schaffen, werden deren quantitative und qualitative Analysen zum ersten Male ein Verfahren exakter experimenteller Forschung zulassen, wie es der empirischen Erziehungswissenschaft angemessen ist, welche bisher die geheimnisvoll verschlungenen Wege der Bildung mit den Methoden der Geisteswissenschaften nicht zulänglich hat aufhellen können.

J.

Alle diese Vorgänge der Entwicklung, Regulation und Bildung sind in den Lebenslauf des Menschen eingefügt, der die Gesamtheit der Daseinsbedingungen personaler Existenz umfaßt und darin zum historischen Phänomen wird. Daher kann die experimentelle Pädagogik nicht ohne Berücksichtigung dieser Gegebenheiten auskommen. Die moderne Lebenslaufforschung ist zwar zuständig nur für die frühen Lebensphasen der Kindheit und Jugend, sofern sie in den Dienst der Pädagogik gestellt wird. Sie kann hierfür aber auch Daten aus späteren Lebensphasen des Einzelfalles liefern, wenn eine geregelte Beobachtung und Registrierung derselben Rückschlüsse auf Anlagen und Ansätze im frühen Kindesalter zuläßt.

Der Lebenslauf des Einzelmenschen ist in seiner einmaligen Existenz hineingestellt in die Fata des Naturlaufs der Zeit, der Folge der Generationen, der individuellen Erbanlage, der historischen Lage der Umwelt und der Gesellschaft. Er bleibt darin den Gegebenheiten der Situationen verhaftet, welche er in den Grenzen seines Erlebens und Handelns bewältigen muß.

Für die experimentelle Forschung kommt es mithin darauf an, diese Gegebenheiten unter Berücksichtigung der Fatakomplexe so zu erfassen, in Versuchen variabel zu machen und in ihrer Konditionalität zu verfolgen, daß sich diese Kulissen des Daseins für die Person verschieben lassen, um deren Reaktionsweisen zu prüfen. Das Leben selbst wird so zum Experiment gemacht, wenn die Person aus ihrer naturhaften Konstitution mit ihren Erbanlagen und aus ihrer sozialen Determiniertheit in die Sphäre freier Lebensgestaltung erhoben und damit dem Experiment an sich selbst überlassen wird.

Da aber der Lebensgang einmalig und irreversibel verläuft, bleibt für die Prüfung des Lebenslaufes des Einzelmenschen nur die Veränderung der Daseinsbedingungen in den aufeinander folgenden Zeitabschnitten übrig.

Das gewöhnliche biographische Verfahren liefert nur Daten der Bedingungskomplexe und Ereignisfolgen der Lebensphasen und Stationen einer einzigen Person, aus deren Verarbeitung sich das Bild der Persönlichkeit zeichnen läßt. Experimentelle Variationen nach wissenschaftlicher Methode sind erst durch die Einbeziehung der Medien als mitgestaltende Faktoren möglich geworden. Ihre Methodik bedarf einer besonderen Orientierung. Im übrigen verbieten Dauer und Umständlichkeit der Beobachtungen und Aufzeichnungen in der Regel eine praktische Anwendung auf Arbeitsgänge von zusammenhängenden Untersuchungen. Lückenlose Berichte von Erinnerungen und Erfahrungen aus der eigenen Medienbenutzung, wie sie ähnlich den Kindheits- und Schulerinnerungen möglich sind, werden in der ernsthaften Literatur noch lange Zeit fehlen.

Eine perfekte Lebenslaufforschung würde neben den übrigen Vergleichungsmethoden die Untersuchung parallel verlaufender Schicksale mehrerer Personen gleichen Alters und gleicher Herkunft durchführen können, um besser fundierte Resultate zu erzielen. So läßt sich insbesondere die Zwillingsforschung bei zeitlich ausgedehnter Beobachtung für die experimentelle Pädagogik ausnutzen.

K.

Zu den elementaren Funktionen der Kommunikation, welche Menschen durch die Medien mit dem Geschehen in der Welt bekannt macht und in der Masse untereinander verbindet, gehört die Information. Ihre Eigenart besteht in der ausschließlich neutral vermittelten Verbreitung von Nachrichten aller Art, die nach Inhalt und Form in Sprache und Bild vom Kommunikator gestaltet und zur Kenntnisnahme durch Zuhörer und Zuschauer bestimmt sind.

Da die Druckerzeugnisse und die Demonstrationen der Bildmedien Kindern und Jugendlichen allgemein zugängig sind, wird die experimentelle Pädagogik die Bedeutung der Information für deren

Entwicklung in vollem Umfang zu prüfen haben, wobei die Erforschung der Vorgänge bei der Masse der Erwachsenen zugrunde zu legen ist.

Die auf Erfahrung und Routine beruhende Technik der Information stellt sich auf die elementaren Funktionen des Kommunikationsprozesses in den verschiedenen Phasen ein, in welchen sie in spezifischen Kombinationen seelischer Vorgänge angewandt werden. Ihre Erforschung grenzt diese Phasen als aufeinander zugeordnete und voneinander genetisch abhängige Einzelvorgänge gegeneinander ab und beachtet die relative Eigenständigkeit dieser Phasen in ihrer Bedingtheit und in ihrem Ablauf. Die Bedingtheit ist anfangs mehr in dem objektiven Komplex der Sachgebiete der Information zu suchen. In den letzten Phasen macht sich daneben die Einstellung auf die Empfänger und deren Subjektivität geltend.

Der Verlauf eines einfachen Kommunikationsprozesses der Information zeigt die Hauptphasen der Gestaltung, Fortleitung und Rezeption. Anfangs- und Endphase weisen jede für sich 3 trennbare Einzelphasen auf.

Beim Kommunikator beginnt der Prozeß mit der Bildung der Intention in einer Synthese seelischer Funktionen, die teils in Vorstellungen und Gedanken, teils in Strebungen und Willensintentionen verlaufen. Mit den begleitenden emotionalen Tendenzen wird der Entschluß der Kundgabe herbeigeführt, der ebensowohl spontan wie in der Folge von Überlegungen, Zögerungen und Ablenkungen erfolgen kann.

Aus der Entscheidung zur Kundgabe ergibt sich die Gestaltung der Mitteilung. Sie kann diese in mannigfaltige Formen und Äußerungsfunktionen kleiden und dabei sowohl auf den objektiven Sachgehalt als auch auf die subjektive Empfänglichkeit des angesprochenen Menschen Rücksicht nehmen.

Alle auf Kinder und Jugendliche gezielten Kundgaben werden auf diese subjektive Angemessenheit mehr als auf die sachliche Präzision hinsichtlich der Gestaltung des Sinngehaltes eingestellt sein. Jede Beobachtung der kindlichen und jugendlichen Reaktion muß demgemäß beiden Gesichtspunkten Rechnung tragen, aber den Informationswert vorwiegend nach der subjektiven Anpassung beurteilen. Die experimentelle Variation des Informationsprozesses läßt daher mannigfache Änderungen der Kundgabe zu, deren Wirkung sich am Verhalten der Empfänger registrieren läßt.

In der Kommunikationswissenschaft wird der Vorgang der Gestaltung zur Leitung von Signalen als Kodierung bezeichnet, um eine allgemeingültige Formel für alle Vermittlungsweisen zu erhalten und anwenden können. Diese Formel gilt sowohl für die mündliche Ansprache und die Fassungen der Sprache in Schrift und Druck als auch für die Formen bildlicher Dokumentation.

Die Übermittlung solcher kodierten Kundgaben hängt teils von deren Beschaffenheit, teils von den technischen Mitteln ab, die ihre Weiterleitung möglich machen. Sie bildet die funktionale Basis des Prozesses, den Kanal der Leitung der Sinngehalte. Dabei darf ihre Umformung in technische Vorgänge an deren Substanz nichts ändern. Sie muß die Dekodierung, deren Interpretation und damit die Wiedergabe der ursprünglichen Intention des Kommunikators möglich machen.

Bei Presse und Rundfunk bleibt die Sprache in der Originalität der Kundgabe vielfach erhalten und direkt transponibel. Bei der bildlichen Dokumentation von Film und Fernsehen ist die Übertragung bei aller technischen Perfektion stark modifizierbar, deren sinngemäße und sachgerechte Aufnahme bei jungen Menschen daher an besondere Bedingungen des Verstehens gebunden, welche eigener experimenteller Untersuchung bedürfen.

Die Endphasen des Prozesses weisen drei einzelne Vorgangskomplexe auf. Mit der Ankunft der Kundgabe in Sprache, Druck oder Bild beim Empfänger wird das Subjekt zu Akten der Perzeption und teilnehmenden oder gleichgültigen Registrierung gezwungen, soweit der Vermittlungsreiz auditiv oder visuell erfaßt wird. Diese Registrierung erfolgt mittels kognitiver Akte der Wahrnehmung, in welchen sinnliche Vorgänge mit kategorialer Gestaltung verbunden sind.

Erst in der nächsten Phase vollzieht die Apperzeption mit ihren Interpretationsakten und Strukturierungsfunktionen eine organische Einfügung des angelegten Materials in Sinnbezüge, die aus dem fremden Element eine vertraute Kenntnis machen. Was das Subjekt dann empfangen hat, rechnet es zum Bestande seines Gedächtnisses und seines Wissens und vermag es jederzeit in Erinnerung und Vorstellungsassoziationen wieder zu aktualisieren.

Bei jeder reinen Information vollzieht das Subjekt eine eigene Stellungnahme in der Form einfacher bejahender, verneinender oder limitierender Urteile zum Erfahrungsinhalt oder auch wertender Beurteilung zur Position gegenüber dem Gehalt. Der Positionsgehalt der Botschaft kann eigener Überzeugung des Subjekts entsprechen oder kritisch modifiziert werden. Die Stellungnahme erfolgt in problematischen, assertorischen oder apodiktischen Urteilen.

Jede Bewertung des objektiven Sachgehaltes sprachlicher Kommunikation wird berücksichtigen müssen, daß keine Mitteilung mehr Wahrheit enthalten kann als die Primärerfahrung des Augenzeugen und Beobachters.

Da dieser Inhalt aber von jedem der eingeschalteten Vermittler mehr oder weniger subjektiv modifiziert wird, kann die daraus entnommene Botschaft nur als eine vermittelte Nachricht gewertet werden. Ihre Gültigkeit ist an die Relativität der Bedeutungen und an die Subjektivität der Träger der Vermittlungen gebunden. Die Botschaft erscheint also mehrfach gefiltert und darum nicht als echte Vorführung oder Dokumentation mit evidentem Erkenntnisgehalt. Sie wird nur als tertiäre Erfahrung bezeichnet und gewertet werden können.

Dagegen ist der Gehalt bildlicher Vermittlung nach ihrem objektiven Demonstrationswert trotz möglicher perspektivischer Verschiebungen und Verzerrungen in der Wahrnehmung unmittelbar erfaßbar. Der optische Anschauungswert ist einleuchtend. Die Phänomene werden in ihrer Gestalthaftigkeit ohne Interpretation richtig erkannt. Tritt sprachliche Erläuterung hinzu, so wird dem Kinde und Jugendlichen jede bildliche und filmische Demonstration bis in Assoziationen und Apperzeption hinein voll erkennbar sein. Nur die individuellen Abstufungen der gedächtnismäßigen und kognitiven Verwertung bedürfen weiterer Untersuchungen differentiellpsychologischer Kommunikationsforschung.

In der älteren Didaktik erfährt die reine Information als eigenständige Kommunikationsfunktion keine spezielle Würdigung. Mitteilungen, welche Kinder und Jugendliche im Alltag der Familie und des Verkehrs empfangen, haben für diese Didaktik keinen bildenden Wert. In der Formalstufenlehre der Herbartianer ist die Darstellung des Unterrichtsstoffes mit dem Zwang logischer Gedankenführung des Lehrens und des Lernens belastet und ihres rein empirisch-informativen Charakters entkleidet. Die einfache Darbietung wird in die regulierende Kommunikationsform des bildenden Unterrichtes umgewandelt.

Durch den Empfang der Nachrichten und Kenntnisse aus den Massenmedien wird den jungen Menschen aber eine sehr reichhaltige Bildungsquelle erschlossen, die ohne jede Forderung an Aufmerksamkeit und Aneignung dargeboten wird. Der experimentellen Pädagogik fällt daher die doppelte Aufgabe zu, den Bildungswert sowohl der pragmatischen Bildung aus der Alltagserfahrung als auch der didaktischen Bildung des Schulunterrichts in den verschiedenen Altersstufen und Bildungstypen im einzelnen zu untersuchen.

Die pädagogische Praxis wird sich darum bemühen müssen, beide Erfahrungsquellen miteinander zu verbinden und ihre Informationen in einer personellen Bildungsform zur Synthese zu bringen. Die pädagogische Wissenschaft aber kann nur auf dem Wege experimenteller Variation, Beobachtung und Vergleichung zur Erkenntnis dieses Vorganges und seiner immanenten Gesetzmäßigkeit gelangen.

L.

Neben der Information ist die Regulation als eigenständige Kommunikationsfunktion in der ganzen Breite ihrer Anlagen und Auswirkungen zu behandeln. Regulierende Funktionen haben alle diejenigen Kommunikationen, welche durch Wort und Ton, Druck und Bild eine Beeinflussung des Kommunikanten erzielen wollen. Sie sind in ihrer Gestaltung mit Intentionen versehen, die dem Kommunikanten induziert werden und in deren Sinn zur Wirkung gelangen sollen.

Zu solchen regulierenden Kommunikationen gehören in der Erziehung alle Forderungen der Erzieher zur Lebensregelung der Kinder, in der Bildungsarbeit der Schulen alle Lehrfunktionen, in der Seelsorge alle religiösen Ansprachen und moralischen Ermahnungen.

Das Problemfeld der klassischen Erziehungswissenschaft ist auf Erziehung und Unterricht, deren Zielsetzung und Verfahren beschränkt geblieben. Unter den neuen Aspekten der Kommunikationswissenschaft wird es beträchtlich erweitert. Erziehung und Unterricht erweisen sich als regulierende Funktionen der Kommunikation zwischen Erzieher und Zögling, Lehrer und Schüler. Die Analyse dieser Regulierungen, soweit sie den Charakter der Erziehung erhalten, ergibt die Unterscheidung der Maßnahmen der Pflege, Wartung, Obsorge, Betreuung und Lenkung, die in ihrer Zielsetzung und Kommunikationsform isolierbare spezielle Untersuchungen zulassen. Die Analyse derjenigen Kommunikationsfunktionen, welche der Unterrichtung im weitesten Sinne dienen, führt zur Erkenntnis wesentlicher Unterschiede der Verfahren der Anleitung zur Ausbildung von Fertigkeiten, der Unterweisung zum Lernen und der Bestimmung zum normgerechten Handeln.

Mit dieser weiten kommunikationswissenschaftlichen Perspektive auf die gesamte Erziehungswirklichkeit wird der experimentellen Pädagogik die Möglichkeit gegeben, jeden Prozeß erziehlicher Beeinflussung des Kindes und Jugendlichen in seiner generellen und typischen Funktionsweise wie in seinen individuellen Variationen zu erfassen und exakt zu untersuchen.

Der regulierende Kommunikationsprozeß verläuft ähnlich den übrigen Formen in Teilphasen, die charakteristische Eigenstrukturen aufweisen. Besondere Phänomene ergeben sich aus der tendenziösen Aufladung der Gestaltung, mit welcher der Kommunikator bestimmte Zwecke beim Kommunikanten zu erreichen sucht. In der Endphase tritt zur bloßen Rezeption die gewollte ablehnende oder modifizierende Reaktion des Empfängers hinzu.

Zum Komplex der Reaktionsakte des Kommunikanten gehört in den regulierenden Funktionen auch der Vollzug der Reaktion im Sinne der Auflage und Zweckbestimmung. Er kann aus einer einfachen oder bedingten Antwort bestehen wie aus einer bloß sinnlichen Perzeption ohne den Akt der Stellungnahme. Wo dieser aber vollzogen wird, sieht sich das Subjekt genötigt, aus seiner Position heraus entweder eine einmalige Folgerung zu ziehen oder mit einer anschließenden Kette eigener Kommunikationen oder Direkthandlungen Anregungen des Kommunikators aufzunehmen, umzudeuten, zu modifizieren oder ihnen entgegenzuwirken.

Im ganzen besteht diese Schlußphase der Reaktion aus Wertungsakten in pragmatischen Beurteilungen oder Erkenntnisakten in theoretischen Urteilen. Der direkte Übergang aus der Perzeption zum Handeln ist stets gegeben. Bei allen Prozessen der Reaktion ist mit Induktionstendenzen des Kommunikators zu rechnen, welche bei dem geringen Schwellenwert ihrer Erfassung zur Auswirkung kommen.

Für die pädagogische Auswertung dieser Phänomene ist die experimentelle Pädagogik zuständig. Wenn hier die regulierenden Funktionen der Massenmedien zu untersuchen sind, eröffnet sich ein weites Feld ihrer Wirksamkeit. Die Presse erhebt überall den Anspruch, über bloße Information hinaus zum Geschehen und Schaffen kritisch und wertend Stellung zu nehmen. In der Nachrichtensparte bestreiten Rundfunk und Fernsehen perfekte Publizistik mit allen Mitteln der Sprache, des Tons und der Bilddokumentation. In der Gestaltung ihrer Bildungs- und Kulturprogramme übernehmen sie Methodik und Zielsetzung der Erwachsenenbildung. In den selbständigen Sparten des helfenden Schulfunks und Schulfernsehens, neuerdings in der allgemeinen höheren und der beruflichen Fernsehschulung wird die Darbietung zum eigenständigen scholastischen Apparat, der das öffentliche Schulwesen ergänzt, ja in den Ansprüchen zu überbieten sucht.

Kommunikationsfunktionen regulierender Art ergeben sich ferner mit der Einführung wirtschaftlicher Werbung im alltäglichen Programm der Funkmedien, wie sie mit der Presse von jeher verbreitet war. Das Fernsehen hat diese Werbung mit seinen besonders geeigneten Mitteln der szenischen Anpreisung in Ton und Farbe zur perfekten Technik des Angebotes und der Überredung der Massen der Konsumenten entwickelt. Auch Kinder und Jugendliche werden nachweislich davon erfaßt.

Nicht zuletzt ist die Regulation in den publizistischen Funktionen der politischen Propaganda und Agitation der Massenmedien zur Anwendung gelangt. Ihre Texte und Dokumentationen enthalten neben unterschwelligen Tendenzen weitläufige offene Demonstrationen der Begründung und Rechtfertigung der Partei- und Regierungspolitik, der Wahlbeeinflussung, der Werbung von Anhängern und agitierenden Massen. In didaktischer Form dienen sie der politischen Erziehung der Jugend.

M.

Alle diese Funktionen der regulierenden Kommunikation wirken in besonders nachhaltiger Weise auf die junge Welt im Kindes- und Jugendalter ein, welche ihnen überall ausgesetzt ist. Die pädagogische Wissenschaft befaßt sich in ihren psychologischen, soziologischen und medizinischen Grenzgebieten eindringlich mit deren Auswirkung nach ihrer positiven wie negativen Seite. Sie kann sich dazu aller experimentellen Heuristik bedienen, weil die Funktionen der Massenmedien programmiert, modifizierbar und kontrollierbar sind wie eine eigens konstruierte Anlage physikalischer Forschung oder technischer Entwicklung.

Bedingungen so günstiger Art sind allerdings in der privaten Erziehung der Familien nicht gegeben. Die Untersuchung der eigentlichen Erziehungsfunktionen wird deshalb auf die Anstaltserziehung beschränkt bleiben, in der Beobachtung und Experiment methodisch durchgeführt werden können.

Um so größer ist das Experimentierfeld pädagogischer Forschung im Bereich des Unterrichtes und der Bildung. Hier hat die Wissenschaft für die didaktischen Verfahren und die Situation der Schüler bereits alle experimentellen Möglichkeiten ausgenutzt. Indessen steht die Erforschung der regulierenden Funktionen der Massenmedien und der damit verbundenen pragmatischen Bildung sowie der neu auftretenden Möglichkeiten geregelter didaktischer Ausbildung im Fernsehen noch in den Anfängen.

Der Gebrauch der Tagespresse und der illustrierten Organe durch die Jugend bietet der experimentellen Pädagogik sowohl bei der didaktisch geführten Auswertung im Unterricht als auch besonders bei der freien Lektüre vielfache Ansätze zu Problemstellungen, welche die Breitenwirkung der Orientierung ebenso wie die Tiefenwirkung emotionaler Reaktionen erfassen. Die zeitlich genügend ausgedehnte und methodisch konsequente Beobachtung und Registrierung bestimmter publizistischer Organe in kleinen Gruppen erzielt bei gelegentlicher Unterbrechung und eingeplantem Wechsel der Blätter exakte Ergebnisse für die Beurteilung von Auswirkungen auf das Menschenbild und die Lebenserfahrung der Versuchspersonen. Die Zusammenarbeit von publizistischer und pädagogischer Wissenschaft ist bei diesen Forschungen zweckmäßig, wenn sie unter den Aspekten der Kommunikationswissenschaft erfolgt.

Die pädagogische Auswertung des Rundfunks wirft die gleichen Fragenkomplexe auf wie diejenigen der Presse. Ihre Untersuchung ist dabei auf Verfahren angewiesen, die das Abhören der Sendungen unter Kontrolle halten und die besonderen psychischen und ökonomischen Bedingungen des rein akustischen Empfanges berücksichtigen. Hinsichtlich des Inhaltes der Sendungen ergeben sich aus der Prüfung der Programme mit ihren chaotischen Sachfolgen besondere Aufgaben der Untersuchung einerseits der Interessen und Wahlmöglichkeiten, andererseits der von den verschiedenen Sachgebieten ausgehenden Nachwirkungen bei den Zuhörern. Die Bandaufnahme von bestimmten Sendungen, die zu prüfen sind, erleichtert durch die Wiederholung die Durchführung der Versuche.

Die Überprüfung des Schulfunks nach diesen Gesichtspunkten wird durch die kontrollierbare Begrenzung von Stoff und Situation erleichtert. Da alle akustischen Wahrnehmungen des Rundfunks erst in tertiärer Erfahrung zur Wirkung gelangen, ist die Prüfung der seelischen Genese der Rezeptionsakte in den verschiedenen Verfahren unvermeidlich.

N.

Ein weites Feld der Kommunikationsforschung bietet der Film an. Das bewegte Bild erzeugt sekundäre Erfahrung. Seine Eindrucksmächtigkeit macht es zum bevorzugten Organ der Neugierde und des Interesses des späteren Kindesalters und der Jugend. Die Filmwirkungsforschung der Psychologen hat auf diesem Felde umfangreiche Arbeit geleistet und höchst wertvolle Ergebnisse vorgelegt. Was noch zu tun ist, wird durch die engere Problemstellung der Kommunikationswissenschaft im pädagogischen Bereich bestimmt. Die hier waltende Aporetik zielt auf den Prozeß der regulierenden Wirkung des Bildgeschehens und des personalen Filmbildes. Sie erfaßt den Unterschied zwischen der natürlich vermittelten Wirklichkeit primärer Erfahrung und der bildlich vermittelten „Zweiten Welt" sekundärer Erfahrung. Ihre Beseitigung setzt eine gnoseologische Begründung der Bildtheorie voraus.

Zunächst wird der Jugend der Kultur- und Lehrfilm angeboten. Bei ihrer Gestaltung sind didaktische Formung und Zielgebung maßgebend Diese müssen in der sensitiven und kognitiven Wirkung nachweisbar sein. Die Wirkung hängt aber vom Entwicklungsalter, Intelligenzgrad und Interesse des jungen Zuschauers ab. Pädagogische Untersuchungen dieser Filmsparte sind daher zuerst auf die individuelle Differenziertheit der Filmauswertung zu richten.

Ganz anders offenbart sich die Wirkung des Spielfilms bei der Jugend. Die ersten Studien in dieser Richtung galten der Grenzbestimmung des Filmverstehens in der seelischen Reifung des Kindes. Daran schlossen sich in der Anwendung der Verfahren und in der Auswertung der Ergebnisse der Psychologie Prüfungen der Phasen und Objekte des Filminteresses und Kinobesuches der Kinder und Jugendlichen sowie die Nachweise gefährdender Wirkungen bestimmter Filmgattungen. Der gleiche Weg ist der Untersuchung der Wirkungen der Fernsehstücke filmischer und eigener Prägung vorgezeichnet.

Wenn in diesem Bereich die Kommunikationsproblematik zur Geltung kommt, müssen neue aporetische Ansätze und Forschungsaufgaben entstehen, denen sich die experimentelle Pädagogik zu widmen hat. So ist die ganze Problematik der Gestaltung wie des Verstehens von dramatischen Sequenzen und Handlungen aus dem Bildgeschehen mit den begleitenden Monologen, Dialogen und anderen Ausdrucksformen der Sprache und Genetik noch wenig geklärt. Die dramatische Handlung des Theaters, des Spielfilms und der Stücke des Fernsehens empfängt ihre Struktur aus der Konstellation der Beziehungen und Kommunikationen der handelnden Personen. Sie ist in sich geschlossenes Geschehen ohne Ansprache an die Zuschauer, also ohne direkte Kommunikation mit ihnen.

Gleichwohl entsteht in der Teilnahme des Zuschauers an der dramatischen Handlung eine bestimmte Reaktion auf den Sinn der Äußerungen und Handlungen, welche man als Annahme, Deutung und Beteiligung seitens des Kommunikanten erklären kann. Sie ist ein Miterleben des Zuschauers mit den Ereignissen und Schicksalen des Dramas und mit den Charakteren der handelnden Personen, eine emotional bewegte Teilnahme, die bis zur Identifikation mit einem Darsteller und bis zur Aggressivität gegen einen anderen gehen kann.

Bei solcher Teilnahme werden Gedanken und Willensakte zu Erlebnissen der Zuschauer und vollziehen eine nicht gezielte, aber weitgestreute Kommunikation mit den unbeteiligten Zuschauern, deren Reaktion in allen rationalen und emotionalen Funktionen des Seelenlebens ablaufen kann.

Unter solchen Aspekten muß auch die Teilnahme der Jugend am dramatischen Filmgeschehen bei der großen Bedeutung desselben für die Prägung ihrer Lebensgestaltung gründlich untersucht werden. Die dramaturgische Variation der Handlung, die Verschiedenheit der mimischen Kunst der Darstellung, die Abwandlung der Stilformen der Regie, die ganze Fülle der ästhetischen Auffassungen der Spielgattungen bieten der vergleichenden Untersuchung mannigfache Ansätze zur Feststelllung der Einstellung des Publikums auf die vorgeführten Werke.

Für die Kommunikationswissenschaft handelt es sich bei dieser Kunst der dramatischen Vorstellung um stimulierende Funktionen der Kommunikation eigener Art. Beim dramatischen Geschehen in Hörspiel, Film und Fernsehen werden durch die Teilnahme an den handelnden Personen und ihren Schicksalen Gemütserlebnisse ausgelöst, die als echte und direkte Reaktion auf die sprachliche und bildliche Kommunikation zu erklären sind und den zuschauenden und zuhörenden Teilnehmer zum Kommunikanten dieses Prozesses machen. In den einfachen Gefühlsregungen und Stimmungen der Unterhaltung vollzieht sich die Einschaltung des Subjektes in diesen Prozeß und die wertende Stellungnahme zu den Vorgängen und Personen des Spielgeschehens. Zur Unterhaltung in den Bildmedien gehören im weiteren Sinne auch die Vorführungen der Orchestik und der leichten Künste, denen sich die Jugend gerne zuwendet.

Der Inhalt dieser stimulierenden Kommunikationsfunktionen umfaßt somit alle Arten dramatischer Künste, die komischen wie die tragischen Werke, die modernen Richtungen einer Ästhetik und Ethik ohne Normen. Er kann jungen Menschen mit ihrem Zeitgeschmack eine positive Bereicherung der Lebenserfahrung und pragmatischen Bildung bringen, er kann ebensowohl schwerwiegende Gefährdungen seiner Charakterentwicklung und Lebensform herbeiführen.

Insofern dehnt sich das Feld der experimentellen Forschung über den gesamten Wirkungsbereich der stimulierenden Kommunikationsfunktionen im Leben der Kinder und Jugendlichen aus. Sie wertet den positiven Erfolg einer anschaulich gebotenen Menschenkenntnis und Lebensbereicherung durch das klassische Drama und die moralisch genormte Gegenwartsdichtung. Sie warnt vor der Verwahrlosung einer Jugend, die der permanenten Auseinandersetzung mit der Welt des Verbrechens, mit den Ausschweifungen perverser Erotik und ungehemmter Sexualität ausgesetzt ist. Ihre Zuständigkeit für alle diese Bereiche ist gegeben, ihr experimentelles Verfahren aber ist auf eine methodisch gelenkte Beobachtung beschränkt, da die moralische Erprobung des Menschen am verderblichen Gebrauch der Medien und am Mißbrauch ihrer Erfahrung nicht zulässig ist.

O.

Schließlich kann in der Anwendung der experimentellen Kommunikationswissenschaft auf die Pädagogik nicht übersehen werden, daß für die Lehr- und Lernvorgänge durch kybernetische Technik weitere Forschungsmethoden und Forschungsziele eröffnet worden sind. Elektronisch gesteuerte Lehrmaschinen lassen eine kontrollierte Benutzung durch die Schüler, Projektionsgeräte für Filme und Fernsehkonserven einen Austausch zwischen Lehrer und Schülern zu. Ferner macht die experimentelle pädagogische Forschung Fortschritte in der Verwertung von Anlagen zur Fernsehaufzeichnung und Fernsehübertragung von Ausdrucks- und Verhaltensfunktionen, von Erziehungssituationen und Unterrichtsvorgängen aller Art, wie sie auch für den Unterricht der Psychologie, Pädagogik und Didaktik nutzbar gemacht werden.

Diese Studie weiß von ihrer bescheidenen Vorarbeit und propädeutischen Rolle innerhalb der gesamten Forschung zur experimentellen Pädagogik. Sie kann das Geständnis nicht umgehen, die zur Vollständigkeit der Thematik notwendige Ausweitung hier zurückstellen zu müssen. Wer sich im Bereiche der Kommunikationswissenschaft nach ihrer psychologischen und soziologischen Grundlegung umsieht, wird bald gewahr werden, daß die Kommunikation zu einem kybernetischen Zentralproblem geworden ist, ohne dessen gründliche Bearbeitung die endgültige Klärung aller Aufgaben der Kommunikationswissenschaft und damit aller hier behandelten Fragen ihrer Anwendung auf die experimentelle Pädagogik nicht herbeizuführen ist. Der unaufhaltsame Fortschritt der Wissenschaft und der technischen Entwicklung hat eine weitgehende Anwendung mathematischer Methoden und kybernetischer Denkmodelle im Bereiche der anthropologischen Wissenschaften ermöglicht und zum Erfolg geführt.

Ohne die geisteswissenschaftliche und insbesondere die psychologische und soziologische Grundlegung der Erziehungswissenschaft aufzugeben, muß im Fortschritt der experimentellen Pädagogik auf die Heuristik der Kybernetik eingegangen werden. Die totale sensualistische Zurückführung aller seelischen Prozesse auf Sinnesreize und die konsequente Deutung des Seelenlebens mit physikalischen und technischen Formen, Strukturmodellen und Kausalerklärungen hat zum mindesten Wert für die Begründung exakter Experimentalpädagogik im Bereiche der zwischenmenschlichen Beziehungen, ohne welche eine Entfaltung des Geisteslebens nicht denkbar ist. Neben den Erbanlagen des zum selbständigen Dasein nicht genügend vorgeformten Menschenkindes müssen Informationen sowohl aus der Kommunikation mit den Mitmenschen als auch aus langsam entwickelter Eigenerfahrung helfen, das Kind erziehbar und bildsam zu machen. Ohne solche Kommunikation vermag sich die artikulierte Sprache nicht zu entwikkeln, ohne diese die Begriffsbildung und das instrumentale Denken nicht auszubilden. Auch die selbständig betriebene Speicherung und Verarbeitung von Erfahrungen läßt erst mit der didaktischen Unterstützung von Regulationen der Mitmenschen durch deren Beherrschung der Noosphäre echte Bildungsfortschritte zu.

Nach solchen Erwägungen wird die in vorliegender Studie angeregte Forschung ihre Fortsetzung in einer streng kybernetischen Bearbeitung der Probleme der experimentellen Pädagogik erhalten müssen. Sie wird die Lernmodelle verwenden, um die Konstruktion von Lernmaschinen und deren didaktische Auswertung zu ermöglichen. Sie wird allen Funktionen sinnlicher Wahrnehmung und kommunikativer Information auf den Grund gehen, um die Apparatur des Seelenlebens und Kulturschaffens so gründlich kennenzulernen, daß der Mensch durch Erziehung und Bildung zum Instrument vollkommener Lebensgestaltung und humaner Kultur gemacht werden kann.

Der durch die unaufhaltsamen Fortschritte der Technik bedingte Wandel der Gesellschaft, welcher die heutige Menschheit umgibt und in ihrem Dasein verändert, bedingt eine neue kopernikanische Wendung in der Erziehungswissenschaft. Die Aspekte der Kommunikationswissenschaft haben zu der Erkenntnis geführt, daß die kulturelle Prägung der menschlichen Person dynamischen Gesetzmäßigkeiten unterliegt, deren Bedingungen in den Beziehungen der Menschen untereinander und im Austausch der verschiedenen Kommunikationsfunktionen zu suchen sind. Die Erziehungswissenschaft wird also bei ihrer Forschung die bittere Wahrheit weitgehender Machbarkeit des Menschen vorauszusetzen und die harte Arbeit experimenteller Prüfung der Methoden und Techniken solcher Maßnahmen an Personen und Gruppen durchzuführen haben, wenn sie sich nicht aus der Beratung der Praxis in Zukunft ausschalten und den Mißbrauch der Instrumente Massenmedien zum Verderben der Menschen und ihrer Daseinsordnung verhüten will.

4. Grundsätzliches über Sprache und Bild in der Fernsehwerbung

Alle Werbung ist als *regulierende Kommunikation* anzusehen, in welcher der werbende Kommunikator durch eigene Mittel oder durch Massenmedien bestimmte Personenkreise oder die weite Öffentlichkeit für seine wirtschaftlichen oder öffentlichen Interessen zu gewinnen sucht.

Zu einer solchen Kommunikation gehören also der werbende Unternehmer, das werbende Medium und das umworbene Publikum.

Der werbende Träger bestimmt nach seinen besonderen Interessen Art und Zweck der Werbung. Dabei ergeben sich die eigenständigen Formen der Wirtschaftswerbung, der politischen Werbung, die als Propaganda bezeichnet zu werden pflegt, sowie der Interessenwerbung, in der alle sonstigen Bemühungen um die Anbringung von Dienstleistungen zusammengefaßt werden. Hier bleibt die Betrachtung auf die eigentliche *Wirtschaftswerbung* beschränkt.

Bei der wirtschaftlichen Werbung liegt der Nutzeffekt in der Regelung des Absatzes von Waren oder der Abnahme von Dienstleistungen im Wettbewerb eines freien Marktes, also im Interessenkreise von Produktion, Handel und Dienstleistungsbetrieb. Bedürfnisse und Interessen des Abnehmers werden dabei als Werbungs-Motiv, nicht als eigentlicher Zweck der Werbung vorangestellt. Die Werbetaktik ist bei der Information auf die Herausstellung positiver Güterqualitäten und Nutzungseffekte, bei der eigentlichen Beeinflussung auf die Weckung von Bedürfnissen und Wünschen eingestellt. Hierbei müssen Sprache und Bild der Massenmedien kombiniert eingesetzt werden, wenn weitere Kreise von Abnehmern und Kunden erfaßt werden sollen.

Der großen Strategie der Werbung stehen *Presse und Fernsehen* als wirksamste Angriffskräfte zur Verfügung. Sie stehen untereinander in einem Wettbewerb, der durch die Anwendung des Fernsehens als Werbemittel und Werbeträger entstanden ist und die Monopolstellung der Presse im Werbewesen aufgehoben hat. Wer sich mit diesem Konkurrenzstreit befaßt, wird bei den Fragestellungen der Wirtschaft und des Fernsehens nicht stehen bleiben dürfen. Er wird vielmehr die Problemverschlingung in diesem Fragenkomplex zu würdigen haben, die sich aus der Beteiligung verschiedener gesellschaftlicher Gruppen und Institutionen und aus der Vielfalt ihrer Werbemittel ergibt. In diesem Zusammenhang wird die Erörterung auf die Möglichkeiten der Werbung im Fernsehen beschränkt.

Presse und Fernsehen bedienen sich beide in verschiedener Weise sowohl der *Sprache* als auch des *Bildes* als Werbemittel. Im Fernsehen liegt die Vielfältigkeit der Gestaltungsmöglichkeiten und die Effektivität offenbar bei der Bildgebung, während sich die Presse der literarischen Gestaltung und in der Illustration des Textes auch der Bilder bedient. Hier ist der wesentliche Unterschied zwischen der Wirkung statischer Bilder in Fotographie und Druck sowie bewegten und lebendigen Bildgeschehens im Fernsehen bei der Einschätzung des Werbeeffektes zu beachten.

Bei der Gestaltung der Fernsehsendungen erscheint die Sprache in der Regel als Äußerung der im Bilde auftretenden Personen. Sie kann aber auch als begleitende Äußerung des Sprechers verwendet werden, der im Bilde selbst nicht erscheint und, wie bei der Beschreibung von Dokumentarfilmen, zusätzlich Erläuterungen zum Bildgeschehen vermittelt.

Die Analyse der Bedingungen, unter denen die Wirksamkeit von *Sprache und Bild* in den Massenmedien, hier insbesondere beim Fernsehen, hinsichtlich der Werbung zu prüfen ist, führt also zuletzt auf die Gegenüberstellung der verschiedenen Kombinationen zwischen Bildfunktion und Sprachfunktion im Kommunikationsprozeß. Nicht die Antithese Bild oder Wort ist das entscheidende Problem, sondern die aus dem Werbezweck herzuleitende Gestaltung der Kombinationsmöglichkeiten beider Mittel unter Berücksichtigung von Objekt und Subjekt der Werbung.

Unter diesen Umständen muß die Erörterung dieses Problemkomplexes einerseits die Rolle statischer und bewegter Bilder, andererseits die Rolle gesprochener Worte und gedruckter Texte im Zusammenhang mit den Sendemöglichkeiten des Fernsehens zu klären suchen.

Das erste Problem führt in das Untersuchungsfeld der allgemeinen *Bildtheorie,* vielfach als Ikonologie bezeichnet, die einer systematischen Bearbeitung noch bedarf. Das andere Problem gehört der *Publizistik* an. Die grundlegende Erforschung aller Kommunikationsfunktionen obliegt der in Entwicklung begriffenen *Kommunikationswissenschaft.*

Die Klärung der Bedingungen der Effektivität der Fernsehwerbung sollte auf eine theoretische Bestimmung der Bildfunktion zurückgeführt werden. Diese Bestimmung steht vor der Schwierigkeit, die ästhetische Theorie der Bildkunst mit den Erfahrungen der fotographischen Technik in Übereinstimmung zu bringen und auf die spezielle Filmkunst und Fernsehgestaltung anzuwenden. Es ergibt sich hier die Forderung nach einer systematischen Begründung der allgemeinen *Bildtheorie.*

Bilder sind Werke menschlicher Kunst und Technik. Sie wollen ihrem Wesen nach die sinnlich gegebene Wirklichkeit nachgestalten, aber auch den Anspruch auf schöpferische Neugestaltung aus der Phantasie erfüllen.

Die abgebildete Wirklichkeit ist der *primären Erfahrung* zugängig, wie alle natürliche Erfahrung aus der Sinneswahrnehmung bezeichnet werden muß. Auch die Bildwerke gehören als Gegenstände der Außenwelt von räumlicher Konsistenz dieser Erfahrungswelt an.

Vor den Bildwerken aller Art aber entsteht eine neuartige, sogenannte *sekundäre Erfahrung,* die aus den Sinnesbildern ihren objektiven Sinngehalt herauszulesen sucht und den Bezug auf die abgebildete oder neugestaltete Wirklichkeit herstellt. Das Bild nimmt die Funktion der Vermittlung dieser Wirklichkeit an den Zuschauer an, der die ursprüngliche Wahrnehmung und primäre Erfahrung nicht vollziehen kann. Als Zeichnung, Gemälde oder Fotographie ist *das statische Bild* auf die Fixierung des Momentanzustandes des Objektes der Wirklichkeit in einer Anschauungsperspektive beschränkt, die nach dem Standort des Künstlers und Fotographen wechselt. Es enthält also nur die subjektiv und technisch bedingte Ansicht eines Objektes im Moment der Abbildung. Es ist in der Echtheit fotographischer Aufnahme ein Dokument des im Augenblick bildlich erfaßten Zustandes oder Vorganges der Wirklichkeit.

Die technische Erfindung von *Film und Fernsehen* hat die Illusion echter Erfahrung von wirklichem Geschehen und Sein, im Fernsehen außerdem die Möglichkeit gleichzeitiger Fernwahrnehmung und allgemeiner Verbreitung der Bildvorgänge geschaffen. Das wirklichkeitsgetreue Bildgeschehen zaubert dem Beschauer zu Hause die Erfahrung einer *„zweiten Welt"* vor, die nach Erdichtung, künstlerischer Gestaltung und technischer Ausführung beliebig variiert werden kann. Sie kann dem Zuschauer die wirkliche Welt der Natur, das Menschenleben in Gesellschaft und Kultur, dazu die Fülle der vom Menschen geschaffenen Gebilde der Künste und der Technik als eine Vision eigenständiger Phänomene vor Augen stellen, welche als echte Wirklichkeit erlebt und in ihrer artifiziellen Struktur natürlich gedeutet werden.

Diese Bildwahrnehmung und Ausdeutung stellt eine nicht unwesentliche Modifikation der sekundären Erfahrung an statischen Bildern dar, insofern sie nur technisch erzeugte Phänomene erfaßt, welche in einem kontinuierlichen Prozeß unendlich vielfältige Modulationen sinnlicher Gegebenheiten vollziehen, wie sie in der natürlichen Erfahrung der Außenwelt kaum bemerkt werden.

Das Bildgeschehen hat daher keinen sinnlich erfaßbaren Realitätsbezug. Es kann nach Belieben zeitlich gedehnt oder gerafft werden, es kann die Kausalfolge der Natur umkehren, den Konditionalkomplex der Ereignisse variieren, die Situationsbedingungen menschlichen Handelns und sozialer Konstellationen in künstlerischer Freiheit kombinieren. In der Montage des Films und in der Sendung des Fernsehens erscheint das Geschehen determiniert, während es in Wirklichkeit an die Zufälligkeit konditionaler Konfiguration und an die Kausalität und Freiheit menschlichen Handelns gebunden ist.

Die werbende Fernsehsendung läßt die Benutzung der mündlichen Rede ebenso wie die Einschaltung von geschriebenen oder gedruckten Texten im Bilde zu. Es handelt sich bei der Sprache in allen ihren Formen zunächst um die akustische Vermittlung von Äußerungen der im Fernsehbild erscheinenden Personen in Monolog, Dialog, Diskussion oder Gesang. Außerdem ist die optische Darstellung fixierter Namen, Worte und Sätze möglich. Für die Werbung bleibt indessen die mündliche Äußerung wirksamstes Kommunikationsmittel.

Die theoretische Erörterung dieses allgemein bekannten Themenkreises darf sich hier auf eine kurze Bestimmung der Rolle der *Sprache in der Fernsehwerbung* beschränken.

Die menschliche Sprache ermöglicht mit ihrem physiologischen Apparat artikulierter Lautbildung und zusätzlicher Mimik und Gestik den sinnvollen Ausdruck aller seelischen Gehalte und Regungen in der ganzen Fülle ihrer höchst differenzierbaren Intentionalität. Mit ihren akustischen und optischen Funktionen ist sie naturgemäß auf die Kommunikation mit den Mitmenschen angelegt, die sie einzeln oder in Gruppen und Mengen erfassen kann. Durch die Tonmedien erreicht sie weit verstreute Menschenmassen.

Bei der *Information* vermittelt die Sprache alle Arten von Mitteilungen von Mensch zu Mensch. In der *regulierenden Kommunikation* werden die Mitmenschen unter Beeinflussungen gestellt, die ihnen sinnvolle Reaktionen auf Fragen und Forderungen auferlegen. So gehört die Werbefunktion zu den natürlichen Lebensbedingungen, unter denen jede soziale Differenzierung und wirtschaftliche Funktionsteilung zum Austausch von Gütern und Diensten vollzogen werden muß. Sie kann ohne das Verständigungsmittel der Sprache nicht zweckmäßig durchgeführt werden.

Schließlich gehört die Sprache auch zu den *stimulierenden Kommunikationsformen* und erreicht dabei u. U. werbende Wirkung.

In ihrer grammatischen, stilistischen und rhetorischen Formgebung zwingt die Sprache dem Zuhörer eine auditive Aufmerksamkeit ab, mit welcher nicht nur die Interpretation der Satzfolgen, sondern auch der Nachvollzug der Erkenntnis der Bedeutungsgehalte bewältigt werden muß. So gewohnt jedem Menschen das Zuhören beim Sprechen sein mag, so erheblich ist im Grunde der Aufwand geistiger Energie zum Mitgehen in Vorstellen und Denken beim Redefluß des sprechenden Kommunikators.

Mit ihrer kognitiven Funktion der eigenen Weltorientierung und der Verständigung mit der personalen Umwelt leistet die Sprache den humanen Dienst seiner seelischen Entwicklung und geistigen Bildung. Mit der Kommunikationsfunktion ermöglicht sie ihm seine soziale Lebensgestaltung und seine Beteiligung an der Daseinsordnung der Gesellschaft. Insofern wird sie zum Organ der die Menschen in ihren Sachbeziehungen verbindenden Werbung.

Jede sprachlich gefaßte Beschreibung von Dingen der Außenwelt, von Personen, von Vorgängen aller Art erfordert einen Aufwand an geistiger Tätigkeit, der nicht mehr als die logische Aufgliederung des Objektes und die begrifflich abstrakte Form der Registrierung der Sachverhalte ermöglicht. Zu einer lebendigen Vorstellung der Gegebenheiten gelangt der Zuhörer selbst bei anschaulicher Schilderung nur mittels eigener Phantasie und assoziativer Ergänzungen aus der eigenen Erfahrung. In der Sprache bewegt sich der Mensch in der Ebene der Vorstellungen und im Aktionsbereich seiner akustischen Ausdrucksmöglichkeiten. Alle Fixierung der Sprache in Schrift, Druck und Lichtbildtext offenbart das natürliche Bemühen um Veranschaulichung sprachlicher Kundgabe.

Hier zeigt sich am besten die Beschränkung der Macht der Sprache, die im Lobe der Dichtung so hoch bewertet wird, gegenüber der Eindrucksmächtigkeit aller Bilder, die aus der Nebenrolle des Dienstes am Wort befreit und zur primären Informationsquelle im Zeitalter visueller Kommunikation der Menschheit emporgehoben worden sind.

In dieser auf Werbung eingestellten theoretischen Erörterung von *Bild und Sprache* offenbart sich sowohl der wahre Kommunikationswert beider Medien als auch die eigenartige subjektive Bedingtheit und Begrenzung ihrer Wirkungen. Beide Medien erhalten ihre selbständige Kommunikationsfunktion etwa bei der Fotografie oder im gedruckten Sprachtext.

Erst *ihre Vereinigung im Fernsehen* verleiht ihnen die volle Effektivität, wie sie der natürlichen Erfahrung zukommt. Hier läßt sich Massenwerbung betreiben, welche vollkommen der Werbeansprache in der persönlichen Begegnung realer Personen entspricht. Hier erscheint nicht das tote statische Bild der Anzeige der Zeitung, der Prospekte, der Plakate. Hier redet nicht der Werber des Rundfunks in seiner fernen Anonymität. Hier wird die lebende Person mit ihrem Objekt der Masse der Individuen vor Augen gestellt, um sie anzusprechen, wo sie nicht ausweichen können. Hier lassen sich Gesprächspartner in ihrem Erfahrungsaustausch über das Werbeprojekt im Rahmen einer Szene vorführen.

Bei der visuellen Erfassung des Objektes im Fernsehbilde kommt es zur Rezeption der optischen Eindrücke von der Sache. Die Eindrücke sind mit kurzschließenden Induktionen von Begleitgefühlen und Triebreaktionen verbunden. Dabei können disponible Bedürfnisse geweckt und gestaute Wünsche aktualisiert werden. Vom Gefühl der Kauflust bis zur Willenshandlung des Einkaufens oder des Vertrags ist der Seelenweg kurz, wenn auch mit Hemmungsmotiven versehen. Jedenfalls übertrifft das bildhafte Erleben von Gegenständen des Sachbedarfs und der Wünsche alle sonstigen kognitiven Vorgänge in der Potentialität der Tiefenwirkung.

Im Verstehen sprachlicher Kundgaben kommt es dagegen ursprünglich nur zur assoziativen Verknüpfung mit dem verfügbaren Vorstellungspotential. Es bleiben Gedächtnisspuren der Objektgestalt, es bleibt allenfalls deren Apperzeption im Bereich des Wissens und Wertens. Für sich allein vermag sprachliche Empfehlung die Aktualität der Bildwahrnehmung nicht zu erreichen.

Durch die Technik ist die Parallelschaltung der optischen und akustischen Kodierung der Kommunikation in Film und Fernsehen möglich gemacht worden. So ist die Integration der beiden höheren Sinne, wie sie in der natürlichen Wahrnehmung erfolgt, auf die audio-visuelle Erlebniseinheit des Tonbildes übertragen worden. Sie wird in der Terminologie der physikalischen Kommunikationstheorie als Interferenz bezeichnet, obwohl es sich nur um eine psychische Funktionseinheit handelt.

Für die Werbung ergibt sich daraus die Notwendigkeit, alle sprachlichen Äußerungen mit der Anschauung der sprechenden Personen zu verbinden, um an den bloßen Informationseffekt über die Sache zugleich den eigentlichen Werbeeffekt volitiver, nach

Möglichkeit emotional getönter Beeinflussung anzuschließen. Da die visuelle Anschauungskraft der Bilder von Person und Sache ohnehin den auditiven Empfindungsstrom überlagert, muß die Werbesprache auf einprägsam dosierte Empfehlungen reduziert bleiben.

Die Rundfunk- und Fernsehanstalten betreiben das Werbegeschäft teils in eigener Regie, teils unter Vorschaltung selbständiger Werbegesellschaften. Die Organisation dieser Gesellschaften läßt Beteiligungen der Wirtschaft, der Presse und der Vertreter politischer Parteien zu, welche in den Verwaltungsinstanzen der Anstalten Sitz und Stimme haben. Es ist der Wirtschaft daher überall möglich, ihre Interessen an der Unterbringung und Gestaltung von Werbesendungen durch die Organe unmittelbar zur Geltung zu bringen.

Der einzelne *werbende Unternehmer* ist bei seinen Aufträgen auf die Werbegesellschaften und die Abteilungen der Sendeanstalten angewiesen, soweit er sich nicht der Werbeagenturen bedienen will, die Aufträge an die Anstalten vermitteln und für deren Ausführung sorgen. Der große Apparat der Werbewirtschaft ist zwar geeignet, dem Fernsehen laufende Aufträge zuzuführen und dieselben fernsehgerecht zu liefern, gelangt aber auf die Dauer zu einer bürokratisierten und routinemäßig gestalteten Herstellung und Behandlung des Werbewesens.

Diese Entwicklung führt zu einer mehr oder weniger einseitigen Bevorzugung der großen Auftraggeber und zu einer Anordnung der Sendefolge, welche den verschiedenen Zweigen der Wirtschaft und den einzelnen Auftraggebern ihren Platz nach eigenen Interessen anzuweisen sucht, ohne deren Rangordnung nach Konsumenteninteressen zu berücksichtigen. Die besten Kunden erscheinen daher mit Bildsequenzen, die kleinen Kunden mit einer kurzen Wortreklame zum Warenbild.

Da jeder Auftraggeber seinen Zweck bei ökonomischem Kostenansatz in der größtmöglichen Effektivität der Werbung sehen muß, die durch statistische Prüfung des Absatzes nachzuweisen ist, hat der Werbetechniker für die entsprechende Gestaltung von Bild und Wort nach Sachgehalt und Dauer der Sendung zu sorgen. Bei den weitgehenden Variationsmöglichkeiten der Gestaltungsmittel und Gestaltungsformen sind die spezifischen Unterschiede ihrer Wirkung zu berücksichtigen.

In der Verteilung dieser durch den Umsatz kontrollierten Mittel auf Zeitungsinserate und Fernsehwerbung, also auf sprachliche und bildliche Werbung, zeigt sich die zunehmende Bevorzugung des Fernsehens, bei dessen Gestaltung das gesprochene Wort den toten Druck, das lebende Bild die gedruckte Illustration weit übertrifft. Die natürlich wirkende Verbindung von persönlicher Ansprache und anschaulicher Demonstration in der sekundären Erfahrung der Fernsehbilder ist durch keine Reklame zu ersetzen, welche das Publikum zum Lesen zwingt. So bietet die Kombination von Waren und werbenden Personen, die Darstellung der günstigen Situation des Käufers, die Vorführung der Anwendung der Objekte, die Neutralisierung des Angebotes durch Einschaltung der Kundschaft für alle Werbung im Fernsehen Vorteile, die mit anderen Medien nicht zu erzielen sind.

In der Perspektive des Unternehmers enthält das Fernsehen mithin durch die Eindrucksmächtigkeit der Bilder mit ihren optischen und akustischen Kombinationsmöglichkeiten der Kommunikation die vorzüglichsten Gestaltungsmöglichkeiten und sichersten Erfolgsaussichten aller Werbeinteressen.

An der Durchführung der Fernsehwerbung sind die Produzenten des Werbematerials, die *Werbegesellschaften* oder Abteilungen der Anstalten und deren Programmgestalter beteiligt. Sie alle tragen unter ihren eigenen *Interessenperspektiven* zum Erfolge der Werbung bei. Wenn ihr eigenes Interesse auch nicht mit demjenigen des werbenden Unternehmens identisch ist, so bleibt doch die Konkordanz der Ziele und die Abhängigkeit der Betriebsfunktionen voneinander für jeden von ihnen bestimmend. Für das Fernsehen ist die Sparte Werbung eine zusätzliche Einnahmequelle, wenn auch nicht die Hauptaufgabe ihrer publizistischen und kulturellen Kommunikationsfunktionen. Werbesendungen aber gehören zu den legitimen informierenden und regulierenden Funktionen der Fernsehtechnik. Sie können dem Fernsehen von anderen Medien nicht abgesprochen werden.

Im ganzen hat das Werbegeschäft des Fernsehens die Aufgabe, fernsehgerechte und werbeeffektive Bilder in das Programm aufnahmegünstig einzufügen. Die primitive Form der Präsentation statischer Bilder unter Einschaltung eines unsichtbaren Sprechers wird nach dem Schema der Kinoreklame bis heute angewandt. Sie läßt sich aber gegenüber den fernsehmäßigen Methoden nicht länger vertreten, weil der Zuschauer die *offscreen-voice* unter der visuellen Wahrnehmung überhört, welche für sich allein keine genügende Information oder Empfehlung vermittelt. Erst in der Belebung des Bildes durch eine werbende Person entsteht beim Zuschauer die funktionale Zuordnung ihres Angebotes zum vorgeführten Objekt. Sie entspricht dem natürlichen Vorgang des anschauenden und kritischen Mitgehens des Kunden mit der werbenden Empfehlung des Verkäufers.

Die Schwierigkeit dieser Bildgestaltung mag darin liegen, daß der Darsteller jeden Zug der Aufdringlichkeit eines werbenden Vertreters vermeiden muß, der an der Türe erscheint.

Bei der gebotenen Kürze des Auftritts wird sich die Ansprache eher des Jargons und der Schlagworte der Umgangssprache bedienen als einer logisch und stilistisch ausgeformten Beschreibung des Objektes, um bei der Masse anzukommen.

Als die vollkommenste Fernsehwerbung gilt die szenische Gestaltung. In ihr ist der Zuschauer nur noch der unbeteiligte Beobachter des Spiels und Kritiker eines Dialogs, der die neutrale Form des Gespräches geschäftlich unbeteiligter Leute über den Nutzen und Nachteil des Werbeobjektes annimmt. Hier fühlt sich der Zuschauer in der unzugängigen Intimsphäre seines Heimes nicht mehr von außen angesprochen und bearbeitet. Hier ist er der Rücksichten auf höfliche Werber oder neugierige Zuhörer enthoben. Aus der realistischen und dramatischen Gestaltung der Kurzhandlung und ihrer Situation ergibt sich ohne Szenenwechsel die bildliche Demonstration des Angebotes und seines Gebrauches in seinen günstigen Aspekten.

In solcher Gestaltung erhält die Sendung den stimulierenden Charakter des Fernsehspieles, den leichten und eingängigen Stil der Unterhaltung durch eine heitere Note der Aufmachung, in welcher der Nutzwert der Sache aus der Handlung eindeutig zu erkennen ist, ohne daß eine direkte Empfehlung und echte Werbung ausgesprochen wird.

Ausdrückliche Hinweise auf den Erfolg der Vorführung, aufdringliche Einladung an das Publikum zum Kauf verderben den Eindruck des objektiven Geschehens und Sehens. Der Zuschauer muß das Gefühl haben, von Beeinflussung frei zu sein und nach eigenem Ermessen entscheiden zu können.

In allen Formen des Auftretens werbender Personen oder urteilender Kunden gilt das Gesetz der unterschwelligen Sympathie, die mit dem sogenannten ersten Blick verbunden ist. Für jeden Menschen gibt es anziehende und abstoßende Individuen, in jedem Urteil über Mitmenschen die geltende Rangordnung von Typenformen der Rasse, der Konstitution und des Gebarens. Da mit diesen individuellen und stereotypischen Differenzen bei der Masse der Zuschauer überall gerechnet werden muß, bleibt der relative Masseneffekt auf die Anwendung normaler Gestalten beschränkt, die in vorteilhafter telegener Erscheinung eine vom Leben geprägte Individualität darstellen, in der sie dem Zuschauer wie im natürlichen Umgang des Alltags gefallen.

Werbeerfahrung und Filmkunst empfehlen die weibliche Idealgestalt als die eindrucksmächtigste Figur im werbenden Fernsehbilde. Sie erscheint ihnen als die neutrale Vermittlerin eines Angebotes, an dem sie geschäftlich nicht beteiligt ist. In der Herausstellung ihrer sexuellen Reize soll überdies der Blick der Männer gefangen, mit ihrer Erscheinung das Interesse der Frauen geweckt werden, um damit die Aufmerksamkeit der Zuschauer für das Angebot zu fesseln. Die Dynamik ihres Bildes, dessen kunstvolle Aufnahme mit allen Effekten der Perspektive, der Lage, der Mimik und der Bekleidung ausgestattet werden kann, soll aber dazu dienen, das Publikum nicht zu schockieren, sondern für die Sache ihres Auftritts zu interessieren.

Wenn zu der Hypostase idealer Vollkommenheit in allen Eigenschaften der Person der Name und der Ruhm eines Stars hinzukommt, wird ihm die außergewöhnliche Werbekraft des modischen Divismus zugeschrieben. Er wird in Fernsehbilder und Fernsehszenen eingeschaltet, deren Kostspieligkeit durch den erwarteten Ertrag aufgewogen wird. Seine Werbekraft wird den Gestalten beider Geschlechter und ihren jugendlichen Erscheinungen zugeschrieben, soweit sie durch Leistungen oder Wettbewerbe aller Art öffentlich bekannt geworden sind.

Wo der Erfolg dieses Werbedivismus geschäftlich nachgewiesen wird, ist der Beweis seines unmittelbaren Effektes keineswegs erbracht. Der wohlwollende Zuschauer registriert den Auftritt des Stars in einer Werbesendung nicht in Verbindung mit dem Objekt des Angebotes, sondern allenfalls mit dem werbenden Unternehmen, das hierdurch an Prestige gewinnen kann. Auch dieses Ergebnis seiner Public Relations mag den Aufwand lohnen. Es ist aber nicht als ein echter Werbeeffekt zu buchen.

Wenn man der Stellungnahme des Publikums nachgeht, wird man die engen Grenzen einer solchen Werbung mit heterogenen Mitteln entdecken. Für die Zuschauer wirken Anwendung und Empfehlung der Objekte durch einen bekannten Star unglaubhaft und ablenkend, während sie der Regie nach den alten Regeln des Spielfilms als notwendige Requisiten einer gut aufgemachten szenischen Gestaltung erscheinen müssen. Bei den Zuschauern wecken Gestalt und Gebaren nur geteilte Gefühle des Entzückens und des Neides, der Bewunderung und Verachtung — ebensowohl in der Identifikation mit dem Ideal wie in der Kritik und Distanzierung, deren Auswirkung in jedem Falle die Werbung aufhebt.

Die Technik der Einblendung von Namen, Gestalten und Gegenständen in den Grenzen der Merkfähigkeit, die sogenannte „unterschwellige Werbung", wird von der Fachwissenschaft und den Sendern mit Recht abgelehnt. Ihr Werbeeffekt ist ohnehin nicht gewährleistet, da die unterbewußte Registrierung den Zugang zum Sachgehalt des Empfindungskomplexes ausschließt und die Tiefenwirkung derselben determinierende Tendenzen in Erinnerung und Triebleben auslöst, welche das Subjekt seiner Freiheit und Selbstbestimmung beraubt.

In der Sicht der *Fernsehteilnehmer* erscheint die Werbung für jedes Programm als eine Unterbrechung der nachrichtlichen oder kulturellen Sendungen. Weite Kreise betrachten sie als eine unliebsame Störung der Fernsehunterhaltung, als eine aufdringliche Ansprache in der privaten Sphäre häuslicher Abgeschlossenheit. Für viele Teilnehmer hingegen, namentlich für Hausfrauen, ist die Werbung ein interessantes Informationsmittel über den Markt und die Versorgung der Hauswirtschaft und Familienbedürfnisse.

Das umworbene Publikum ist in der Tat an dem Zweck der Werbung selbst nicht interessiert. Es soll aber dafür gewonnen werden, daß zahlreiche Teilnehmer auf die Intention der werbenden Kommunikation eingehen. Insofern diese Kommunikation in Bild und Wort des Fernsehens vernehmbar wird, können die Teilnehmer an beiden Funktionen publizistische und künstlerische Kritik üben. Sie tadeln etwa Gestalt und Auftritt der werbenden Person, sie machen sich lustig über Werbespots und gedrechselte Erklärungen, sie nehmen die ständige Wiederholung gleicher Musik, Empfehlung und Szenerie oder Besetzung mit Darstellern unwillig hin, ohne sich durch die Werbung selbst beeinflussen zu lassen.

Für den Durchschnitt der Fernsehteilnehmer sind alle mit Worten regulierenden Kommunikationen mit ihrer tendenziösen Aufladung Belästigungen ihres unabhängigen Daseins. Sie empfinden schon die direkte Anrede durch eine im Bilde erscheinende Person als Zumutung. Sie weisen die Zureden und Versprechungen als eine aufdringliche Beeinflussung ihrer freien Meinung zurück. Sie widerstreben vollends der direkten Aufforderung zum Kaufen oder Unterschreiben.

Besonders empfindlich sind die meisten Teilnehmer des Fernsehens gegen alle Belehrungen über Werbeobjekte und deren Gebrauch, gegen jeden Tadel der Rückständigkeit in der Ablehnung technischer Vorteile bei den angebotenen Geräten, nicht zuletzt gegen den versteckten Vorwurf falscher Sparsamkeit im Luxus und verkannter Sparmöglichkeit im Einkauf.

Insofern ist die Gestaltung des Werbetextes auf weitgehende Berücksichtigung derartiger Reaktionen des Publikums angewiesen. Alle sprachliche Werbung sollte die Form unverbindlicher Information und vorsichtig dosierter Aufklärung annehmen. Sie sollte den objektiven Charakter der Mitteilung von nachweisbaren Tatsachen, anerkannten Qualitäten und bewiesenen Leistungen zu wahren suchen, wie es jeder reinen Information entspricht.

Andererseits ist das breite Publikum durch Bildwerbung am stärksten zu beeindrucken. Wenn diese Bilder des Fernsehens auch der individuellen Differenzierung ihrer subjektiven Interpretation und ihrer begrenzten sekundären Erfahrung unterliegen, so weisen sie doch allgemein geltende Kommunikationsfunktionen auf, die zu gleichartigen kollektiven Wirkungen führen. Die öffentliche Meinung läßt sich mehr durch Bilder als durch Worte auf die Beurteilung von Persönlichkeiten sowie auf die Anerkennung von Lebensformen und Moden festlegen. Sie hat daher am Fernsehen einen stärkeren Regulator erhalten als an der Presse, welche sie bisher souverän gelenkt hat. Mit den gebräuchlichen Stereotypen prägt jeder Mensch seine Empfindungen und Wahrnehmungen in die Sinngestalten seiner Lebenserfahrung und Weltanschauung um. Er sieht also in einer schönen Frauengestalt nicht die Vermittlerin einer Werbefunktion, nicht die Vertreterin eines Unternehmens, sondern die ihn ansprechende Partnerin seiner eigenen Wünsche, nach seinem Wertgefühl auch das Vorbild für ihre Realisierung. Auf diesem schmalen Wege individueller Wunschbefriedigung allein wird eine Beziehung zu ihrer Werbefunktion hergestellt.

Da die Stereotypen aber zu kollektiven Normen werden, sobald sie verbreitete Anerkennung im sozialen und kulturellen Leben der Gesellschaft gefunden haben, so geht ihre prägende Wirkung über die Einzelperson hinaus und erfaßt als allgemein gültige Form der Anschauung einen weiten Kreis von Zuschauern, denen die Gestalt im Bilde erscheint. Das Bild erhält damit für den Gestalter exemplarische Geltung und in der Werbung allgemeine Nutzung. Mit der Nutzung aber verliert es seine Originalität und Aktualität. Es wird dem Verschleiß aller Werbemittel ausgesetzt.

Der wirtschaftliche Bedarf an Gütern und Diensten der Mitmenschen ist ein objektiv bestimmbarer Komplex von wirtschaftlicher Notwendigkeit des Lebens in einem regulierbaren Lebensstandard zwischen Existenzminimum und Luxus. Er ist für jeden Einzelnen und für die Sozialschichten nach den spezifischen Lebenslagen und Sozialfunktionen sachlich differenziert.

Die Bedürfnisse hingegen ergeben sich aus den subjektiven Ansprüchen der Individuen nach ihren jeweiligen Stimmungen, Wünschen und Strebungen, die auf materielle Güter höheren Wertes sowie auf Unterhaltung und Kulturgenuß gerichtet sind. Sie sind ferner durch das soziale Prestige der Person, der Primärgruppe ihrer Daseinsordnung und den Lebensstandard der Umwelt bedingt. Insofern scheint die Einfügung der angebotenen Güter in eine homogene Umwelt und deren Präsentation durch Personen eines ihnen entsprechenden Standards des Daseins für die Orientierung potentieller Kunden zweckmäßig zu sein.

Die Fernsehteilnehmer erwarten infolgedessen von den Bildern im Werbeprogramm in erster Linie die Demonstration von Bedarfsgütern des täglichen Gebrauchs, in zweiter Linie die Auslage begehrenswerter Sachen, welche den Menschen über den notwendigen Bedarf hinaus zusätzlich von Kunst und Gewerbe angeboten werden, um ihr Dasein zu verschönern und das Leben nach den ewigen Werten des Guten, Wahren und Schönen zu gestalten.

Da der normale Bedarf dem Niveau des allgemeinen Lebensstandards entspricht, wird das Publikum durch die Präsentation standardisierter Produkte im Fernsehbilde befriedigt. Diese kann durch eine gemeinsame Werbung ganzer Geschäftszweige erfolgen.

Erst durch die Spannung zwischen den individuellen Bedürfnissen und der generellen Gestaltung der Werbung in einem Massenmedium entsteht die Notwendigkeit differenzierter Werbung nach Gewerbezweigen und Preislagen. Sie wird in ihren Auslagen den Ansprüchen der Kundschaft nach deren Geschmacksrichtungen und Qualitätsforderungen angepaßt. Das Fernsehbild präsentiert nunmehr eine Vielzahl von Gütern durch eine Vielzahl konkurrierender Aussteller und wird zu einem reich besetzten Schaufenster der Gewerbe, des Handels und der Künste. Vor einer solchen Massenschau erfreut sich jeder der ungestörten Betrachtung der Auswahl und der sorglosen Abwägung der Möglichkeiten zur Befriedigung seiner Bedürfnisse.

Es liegt deshalb in der Entwicklung des Fernsehens, sich zum führenden Vermittler des wirtschaftlichen Alltagsbedarfs und zugleich der kulturellen Bedürfnisse aller Menschen zu machen. Das Fernsehen wird zum Vermittler aller Angebote der produzierenden und absetzenden Wirtschaft. Es übernimmt die Marktregelung in die Regie seiner publizistischen Funktionen, wenn die Aufgabe des Werbegeschäftes es zuläßt.

In dieser Umwandlung der Fernsehwerbung würde die Errichtung eigener Sender für Wirtschaftspublizistik und Werbung denkbar sein. Ihre Sendungen würden den Hausfrauen vom frühen Morgen bis zum späten Abend das tägliche Angebot des Marktes und seinen Wechsel an Waren und Preisen vorführen.

Sachregister

Agitation 90, 116, 136, 153, 177, 198
Akkulturation 134, 176
Allgegenwärtigkeit 167, 170
Anstaltserziehung 224
Anthropologie 47
Aesthetik 36, 43
Aufklärung 129 f
Äußerung 102, 104 f
Automation 187

Begriffsbildung 228
Berufsbildung 201
Betriebswirtschaftslehre 35
Bild 25, 69, 111 f, 229 f
— erfahrung 36, 47, 55 f, 67 f, 165
— information 69, 119
— kommunikation 69 f
— kultur 24
— kunst 22, 24, 36
— medien 56, 206 f
— theorie 11, 17, 231
— wahrnehmung 21, 58, 206
— welt 36 f, 47 f
— wirkung 21
Bildung 32, 63, 70, 135, 171, 212, 224
Bildungswesen 145
— wissenschaft 195
— vorgänge 201
Blinde 60, 203

Carpentereffekt 101
Charakter 120, 125, 195

Defektenpädagogik 202
Didaktik 221
Divismus 238
Dokumentarfilm 39, 119
Dokumentation 63
Drama 227
Dramaturgie 50
Druck 70
— kunst 129
— schriften 129

Eidolismus 79, 81
Elektro-Encephalographie 31
Empirismus 79
Enkulturation 174
Entwicklungspsychologie 30, 32
Epistemologie: s. Wissenschaftslehre
Erfahrung 79 f, 159
primäre 55, 57, 72 f
sekundäre 55 f, 73 f
Erkenntnistheorie 72
Erwachsenenbildung 175, 202
Erziehung s. Lebensregelung
Erziehungswirklichkeit 34
— wissenschaft s. Pädagogik 19, 32, 44, 53, 85, 194 f, 209 f, 222 f
Ethologie 32, 53, 85
Eurovision 15, 184
Existenzphilosophie 27

Familie 35, 204
Familienbildung 201
— pädagogik 200
Farbfernsehen 15, 58, 166, 187
Fernsehen 15 f, 37 f, 41, 53 f, 120 f, 133, 143, 163 f, 230
Fernsehanstalten 54, 235
— didaktik 32
— institutionen 61, 64
— kunde 38, 52
— pädagogik 32
— politik 32
— recht 64
— spiel 237
— teilnehmer 34
— transistor 188
— werbung 229 f
— wissenschaft 16, 21 f, 24, 26, 52 f, 65, 85
Fernsprecher 9, 145
Film 13 f, 37, 53 f, 123 f, 133, 143, 225 f, 231 f
— ästhetik 47
— bild 75 f
— didaktik 32
— dramaturgie 14, 49, 125
— erziehung 202
— ethik 125
— geschichte 40, 43
— gestaltung 13, 49
— konsum 13
— kritik 21

Filmkunde 38 f, 43, 52
— pädagogik 32, 208
— wissenschaft (Filmologie) 14, 21 f, 24, 26, 67 f, 85
— wirkungsforschung 225 f
— wirtschaftslehre 39 f
Forschungsanstalten (Institutionen, Institute) 66
Freizeit 70, 146, 187 f
Funkmedien 11, 133, 143

Geistesgeschichte 41
— kultur 43, 137, 141, 168, 172, 174, 189
— leben 179
— wissenschaften 18 f, 44, 69, 82
Gerontologie 32, 59
Geschichte 148
Geschichtsphilosophie 19, 128, 149, 183
Gespräch 94 f
Gestaltwahrnehmung 58, 165
Gestik 56, 70
Gnoseologie 55, 58 f, 67 f, 72, 76 f
Grammatik 82
Gruppenbildung 34

Heilpädagogik 31, 203
Hilfsschule 204
Hörspiel 117, 163
  Feature 115
Humanismus 136, 138
Humanität 42, 46, 86, 124, 141 f, 171

Idealismus 77
Identifikation 122
Ikonologie 55, 231
Illusion 57, 81, 118, 124
Illustration 112
Individualismus 136
Individualität 120, 214
Information 33, 67 f, 88 f, 145 f, 160, 167, 218 f, 221, 233
Informationstheorie 30
Irrationalismus 21

Jugend
— kunde 197, 199
— gefährdung 31
— verwahrlosung 31, 237

Kino s. Film
Kodierung 219
Kommentierung 70
Kommunikation 17 f, 27, 67, 84, 104, 149 f, 158
  informierende 88 f
  regulierende 89 f, 213, 233
  stimulierende 70, 91 f, 161, 213, 233
  direkte 92 f
  indirekte 93
  funktionale 93
  intentionale 93
Kommunikationsforschung 82 f, 127
— funktionen 17, 54 f, 69 f, 128 f, 140 f, 157
— gesetze 157
— wissenschaft 17, 20, 28, 53 f, 69, 80, 145, 157, 209 f, 231
Konditionalismus 183
Konstitutionstypus 59
Konvergenztheorie 196
Kriminalität 31
Kritizismus 76, 80
Kultur 42 f, 142, 171 f, 180
  materielle 42, 140, 172, 189
  personale 42
  soziale 42
Kulturgeschichte 40 f, 129, 148
— maximum 70, 99, 138, 175, 180
— minimum 99
— pädagogik 200
— philosophie 19, 24, 36, 42, 139, 171
— politik 34, 40
— soziologie 83, 128, 150 f
— wirtschaft 26, 40, 147
— wissenschaften 17 f, 42, 44, 46, 69, 139, 173
— —, angewandte 19, 43 f, 53, 82 f, 127
Kunst 63, 69, 147
— geschichte 40 f
— kritik 23
— pädagogik 200
— schaffen 23
— theater 26
— wissenschaft 43
Kybernetik 227 f

Lebensanschauung 135, 141
— führung 27, 140
— gestaltung 32 f, 42, 63, 88, 110, 115, 120, 130, 133, 136, 139, 146 f, 155, 175, 188 f, 193 f, 196, 213 f
— kultur 24, 168, 172, 188
— regelung 32, 42, 70, 89, 168, 193 f, 196, 212
— lauf 217 f
Lichtbild 74
Literaturgeschichte 41
— wissenschaft 53
Luminiszenz 32, 187 f

Manipulation 163
Marxismus 183
Massengesellschaft 177
— kommunikation 9, 11, 17, 33, 69, 97, 108, 121, 152, 157 f
— kultur 135, 157 f, 161, 167 f, 176 f, 180
— medien 17, 53, 127 f, 135, 142 f 157 f, 170, 180, 223
Mediatisation 145, 160, 211
Medien 11, 87, 126, 160
— bildung 200 f
— forschung 17, 28 f, 127
— kommunikation 109
— pädagogik 64, 194
— wissenschaften 17, 19, 53, 199 f
— wirtschaft 143
Medizin 22, 29
Meinung, öffentliche 34, 152 f, 155
Meinungsforschung 34, 54
— bildung 10, 70
Metaphysik 24, 73, 80
Misologie 21
Mimik 56
Mitteilung 88 f
Moralpädagogik 200
Musikgeschichte 41

Nachricht 63
Naturwissenschaften 18, 22
Noosphäre 61, 134 f, 168, 193, 201, 212, 214, 228

Oper, Operette 26, 117

Pädagogik (Erziehungswissenschaft)
Phänomenalismus 55, 76, 78 f, 81
Philosophie 22, 24, 56
Phonetik 11, 27, 56
Photographie (Fotografie) 69, 71
Politik 23, 63, 82
politische Wissenschaft 44
Popularkultur 134 f, 147, 158, 161, 170, 175 f, 178, 180, 182, 187, 190, 201, 205
Porträt 71
Positivismus 23 f, 73, 80 f, 183
Post 189
Praktik 21, 47 f
Presse 10 f, 54, 109 f, 133, 142, 230
Propaganda 70, 90, 110 f, 116, 145, 153, 168, 177, 216, 229
Psychologie 19, 22, 29 f, 56, 59, 209
Publikum 62, 96, 98, 229, 239
Publizistik (Journalismus) 10 f, 17, 21, 25 f, 28, 44, 53, 65, 83 f, 85, 88, 115, 122, 205, 231

Rationalisierung 187
Realismus 76 f, 183, 196
Recht 35
Rechtswissenschaft 29, 35, 61
Rede 25, 232
Regulationsfunktionen 70, 160, 167 f, 214, 222 f, 224
Rhetorik 53, 56, 82
Rundfunk 12 f, 53 f, 114 f, 133, 161 f, 224 f
— anstalten (Sendeanstalten) 54, 235
— pädagogik 207
— wissenschaft 85

Schauspiel 26, 119
Schrift 70, 88, 113
Schule (Hilfsschule) 204
Schulbildung 201
— fernsehen 63 f, 209
Seelsorge 70, 168
Sensualismus 76, 79
Sozialgesetze 150 f
— kultur 24, 141, 171, 189
— philosophie 19
— psychologie 17, 30, 84, 86
— wissenschaften 83 f
Soziologie 17, 22, 33 f, 60, 65, 83, 86, 139, 157

Soziologie, prognostische 155, 181 f
Soziosphäre 61, 193
Sprache 70, 88, 228 f
Sprachsoziologie 82
— wissenschaft 82
Staatspädagogik 200
— wissenschaft 83
Stress 167
Szientismus 24 f

Taubstumme 60, 203
Technik 22, 63, 140
Geschichte der 40
Technologie 29
Teleologie 46 f
Theater 25, 117, 122
— geschichte 26, 41
— wissenschaft 26
Tonfilm 13
— medien 206
Triergonverfahren 13

Unterhaltung 33, 70, 91, 111, 116 f, 147, 161, 168, 178, 227, 237
Utopismus 183

Verstehen 18, 30
Vision 71, 75, 81, 232
Visualisation 9, 111 f, 160, 211

Wahrnehmung 18, 32, 56, 73
Welt, zweite 55, 73, 79 f, 159, 193, 211, 225, 232
Weltansicht, -anschauung, -bild 62, 135, 141, 159,
Werbung 70, 90, 111, 116, 145, 153, 168, 189, 198, 216, 229 f
Werkforschung 51, 65
Wirkungsforschung 35, 198 f
Wirtschaft 63, 83
Wirtschaftswissenschaften 29, 35, 61
Wissenschaft 63
Wissenschaftstheorie (Epistemologie) 21 f

Zeitung (Zeitungswissenschaft) 10, 109 f, 132, 234
s. auch Publizistik
Zivilisation 141, 171, 178, 180